国家精品课程配套教材

高等院校会计
GAODENG YUANXIAO KUAIJIZI

U0623314

会计信息系统

KUAIJI XINXI XITONG

主　编／徐晓鹏

副主编／王　唐　谢　军　何玉岭　杨　静

参　编／吕　珺　吴春贤　张　静　黄海涛　谭伟荣

主　审／刘永萍

重庆大学出版社

内容提要

本书从会计人员实际工作需要出发,理论结合实际,可供高等院校会计、财务管理、商贸类专业的学生学习使用,也适合会计人员专业岗位培训使用。以期通过本书的学习,会计及相关人员能运用系统分析与设计的思想,以计算机为工具,设计并实现完整的会计信息系统。

本书依托国家精品课程的平台,结合最前沿的学术科研成果和教学实践,采用最新企业案例和财务软件进行介绍,有很强的系统性和实用性。本书在介绍系统的理论和设计基础上,对会计信息系统的若干子系统进行详尽介绍,采用理论和实务相结合的方法,配以练习和课件,让使用者有更加快捷的学习和提高。

图书在版编目(CIP)数据

会计信息系统 / 徐晓鹏主编. --重庆:重庆大学
出版社,2019.12
高等院校会计专业本科系列规划教材
ISBN 978-7-5689-1802-2

Ⅰ.①会… Ⅱ.①徐… Ⅲ.①会计信息—财务管理系
统—高等学校—教材 Ⅳ.①F232

中国版本图书馆 CIP 数据核字(2019)第 209208 号

高等院校会计专业本科系列规划教材

会计信息系统

主　编　徐晓鹏
副主编　王　唐　谢　军
何玉岭　杨　静

责任编辑:尚东亮　　版式设计:尚东亮
责任校对:关德强　　责任印制:张　策

*

重庆大学出版社出版发行
出版人:饶帮华
社址:重庆市沙坪坝区大学城西路 21 号
邮编:401331
电话:(023) 88617190　88617185(中小学)
传真:(023) 88617186　88617166
网址:http://www.cqup.com.cn
邮箱:fxk@ cqup.com.cn(营销中心)
全国新华书店经销
重庆升光电力印务有限公司印刷

*

开本:787mm×1092mm　1/16　印张:18.25　字数:423 千
2019 年 12 月第 1 版　　2019 年 12 月第 1 次印刷
印数:1—3 000
ISBN 978-7-5689-1802-2　定价:45.00 元

前言

会计信息系统是一门实践性非常强的专业课程。本书以提高企业管理信息化和管理水平为宗旨，以财务和业务一体化的会计信息系统为对象，采用会计信息系统的理论、设计和实务的结构体系，着重介绍会计信息化的关键子系统。在内容安排上，首先讲解会计信息系统概论、会计软件，为后续内容的学习打好基础；接着讲解会计信息系统分析与设计、会计信息系统的实施与运行；全书的重点是会计信息系统实务，包括账务处理系统、工资系统、固定资产系统、应收应付系统、报表处理系统、供应链管理系统；另外，本书最后一章提供了会计信息系统最新实验案例资料，是学习内容的操作应用。

本教材采用最新企业案例和财务软件，进行会计信息系统理论、设计和实务三大方面的编写，具有创新性，应用价值高，推广性强。

本教材适合普通高等院校会计、财务管理、商贸类专业的学生学习使用，也可供各级会计师事务所、企业事业单位内部机构的会计人员培训使用。对成本核算工作感兴趣的其他专业人员，特别是财务会计专业人员、计算机专业人员，亦可在工作中参考。

本书由石河子大学经济与管理学院的徐晓鹏负责总体结构设计，并编写其中第5章、第8章、第9章；王唐编写第1章、第6章和第7章；谢军编写第2章、第3章和第4章；何玉岭、杨静、吕珺、吴春贤、张静、黄海涛和谭伟荣参与了编写工作，刘永萍参与审稿。

由于编者水平有限，难免存在不足和错误之处，敬请读者批评指正。

编　者

2019 年 3 月

目录

第1章 会计信息系统概述

学习目标

通过本章的学习,使学生对会计信息系统的基本知识有一个初步的了解,进一步明确在我国开展会计电算化、加强管理工作的重要性。了解会计电算化、会计信息化、会计信息系统;理解 ERP 和 XBRL;理解企业会计信息化工作规范;了解会计信息系统的发展趋势。

1.1 会计信息系统的相关概念

1.1.1 会计电算化

经济越发展,会计越重要。在这个信息化、全球化的时代,会计作为国际商业语言,发挥着越来越重要的作用。随着社会经济的发展和科学技术的进步,信息技术和网络技术在会计实务中的应用越来越普遍,计算机在许多方面可以替代或协助人工进行会计处理,会计信息系统演变为一个人机系统。

会计电算化有狭义和广义之分。狭义的会计电算化是指以电子计算机为主体的电子信息技术在会计工作中的应用,包括利用计算机完成记账、算账、报账,以及对会计信息的分析、预测、决策。

广义的会计电算化是指与实现电算化有关的所有工作,包括会计软件的开发应用及其软件市场的培育、会计电算化人才的培训、会计电算化的宏观规划和管理、会计电算化制度建设等。从会计人员角度来看,会计电算化是由专业人员编制会计软件,由会计人员及有关操作人员操作会计数据,指挥计算机替代人工来完成会计工作的活动。

会计电算化的目标,即会计电算化的工作所要完成的任务,是通过现代化的手段,提高会计工作的地位,提高会计工作的效率和质量,促进管理的现代化,提高经济效益。目前,会计电算化已发展成为一门融计算机科学、管理科学、信息科学和会计科学为一体的新型科学和实用技术。

1.1.2　会计信息化

会计电算化是会计信息化的初级阶段,也是会计信息化的基础。会计信息化是指企业利用计算机、网络通信等现代信息技术手段开展会计核算,以及利用上述技术手段将会计核算与其他经营管理活动有机结合的过程。

会计电算化与会计信息化虽然都是利用现代科学技术处理会计业务,提高了会计工作的效率和企业财务管理水平,但企业信息化环境下的会计信息化系统与会计电算化系统相比,无论是技术上还是内容上,都是一次质的飞跃,两者的内涵大相径庭。

会计电算化是会计信息化的初级阶段,是会计信息化的基础工作。无论会计信息化发展到何种程度,会计电算化所解决的会计账簿自动完成记账登记等会计基础工作,都是会计工作和会计信息化工作的主要内容和重要基础。

1.1.3　会计软件

会计软件是指企业使用的,专门用于会计核算、财务管理的计算机软件、软件系统或者其功能模块,包括一组指挥计算机进行会计核算与管理工作的程序、储存数据以及有关资料。会计软件是以会计制度为依据,以计算机及其应用技术为技术基础,以会计理论和会计方法为核心,以会计数据为处理对象,以提供会计信息为目标,将计算机技术应用于会计工作的软件系统。

会计软件具有以下功能:
①为会计核算、财务管理直接采集数据;
②生成会计凭证、账簿、报表等会计资料;
③对会计资料进行转换、输出、分析、利用。

1.1.4　会计信息系统

会计信息系统(Accounting Information System, AIS),是指利用信息技术对会计数据进行采集、存储和处理,完成会计核算任务,并提供会计管理、分析与决策相关会计信息的系统,其实质是将会计数据转换为会计信息的系统,是企业管理信息系统的重要子系统。

会计信息系统根据信息技术的影响程度,可划分为手工会计信息系统、传统自动化会计信息系统和现代会计信息系统;根据其功能和管理层次的高低,可以分为会计核算系统、会计管理系统和会计决策支持系统。

1.1.5　会计信息系统的特点及功能

会计信息系统是一个组织处理会计业务,并为企业管理者、投资人、债权人、政府部门提供财务信息、分析信息和决策信息的系统。该系统通过搜集、存储、传输和加工各种会计信息,并将其反映给各有关部门,为经营和决策活动提供帮助。

1）会计信息系统的特点

（1）数据的准确性明显提高

计算机具有高精度、高准确性、逻辑判断的特点，使得数据的准确性有了明显的提高。例如，在编制记账凭证的过程中，如果一张凭证不满足"有借必有贷，借贷必相等"的原则时，计算机立即给出出错提示，并不允许错误的凭证保存在计算机中；记账过程完全由计算机自动完成，只要财会人员命令记账，计算机执行记账程序，即可自动、准确、快捷地完成记账工作。可见，在会计信息系统中，减少了人为因素造成的错误，提高了会计核算的质量。

（2）数据处理的速度明显提高

计算机具有高速处理数据的能力，会计信息系统利用计算机自动处理会计数据，数据处理速度大大提高，极大地提高了数据处理的效率，增强了系统的及时性。例如：需要查看某张凭证，只要输入有关该凭证的数据（凭证号、审核人、日期等数据中的一个或多个数据的组合），计算机就会从数万张凭证中找出该凭证，并显示在屏幕上；需要查看某本账，只需要输入科目代码和日期，计算机就会迅速将该账簿显示在屏幕上；需要任何期间的会计信息，只要输入日期，计算机便及时、准确按年、季、月、日提供信息。会计信息系统使广大财会人员从繁杂的数据抄写和计算中解脱出来，大大减轻了财会人员的劳动强度。

（3）提供信息的系统性、全面性、共享性大大增强

计算机的采用，扩大了信息的存储量和存储时间。当前，以国际互联网（Internet）为中心的计算机网络的建设、运作、管理和发展，已成为一个国家经济发展的重要环节。国际互联网作为日益扩大的世界最大网络，正成为联接未来信息化社会的桥梁。网络会计电算化的发展实现了会计信息的全面性、系统性，增加了信息处理的深度和广度，使其能够为管理者、投资人、债权人、财政税务政府部门提供更多更好的信息。

（4）各种管理模型和决策方法的引入，使系统增强了预测和决策的能力

在会计信息系统中，管理人员借助先进的管理软件便可以将已有的管理模型在计算机中实现，如最优经济订货批量模型、多元回归分析模型等，同时又可以不断研制和建立新的计算机管理模型。管理人员利用计算机管理模型可以迅速地存储、传递以及取出大量会计核算信息和资料，并毫不费力地代替人脑进行各种复杂的数量分析、规划求解。因此，管理者可以相当准确地估计出各种可行的方案和结果，揭示企业经济活动中深层次矛盾，挖掘企业内在潜力，提高管理、预测和决策的科学性和合理性。

2）会计信息系统的应用功能

（1）计划与控制

会计信息系统可以为管理者的计划和控制活动提供支持。

（2）处理日常业务

会计信息系统属于信息系统的后台系统部分，管理者进行日常管理所需的与会计有关的信息都通过该系统提供，如收取现金、提供商品信息、处理客户订单、开具发票、记录

往来账目等。

（3）生成报告

会计信息系统可以生成满足组织内部、外部不同使用者所需的各种类型的会计报表。

（4）结构化决策和非结构化决策

结构化决策是指流程固定、经常发生的，所需信息相对简单和重复的，能够事先制定流程的决策过程，大多数低层次的管理决策属于这一类，会计信息系统在设计和处理循环往复的规律性业务时都体现着结构化决策的思想。

非结构化决策是不常发生的，所需信息综合性较强、决策流程相对不固定，需要更多主观经验和判断的决策活动。高层次管理决策一般属于这一类。会计信息系统可以通过与其他子系统的集成协作，为此类决策活动提供参考支持。

1.2 ERP 和 ERP 系统

1.2.1 含义

ERP（Enterprise Resource Planning 的简称，译为"企业资源计划"），是指利用信息技术，一方面将企业内部所有资源整合在一起，另一方面将企业与其外部的供应商、客户等市场要素有机结合，实现对企业的物资资源（物流）、人力资源（人流）、财务资源（财流）和信息资源（信息流）进行一体化管理（即"四流一体化"或"四流合一"）。其核心思想是供应链管理，强调对整个供应链的有效管理，提高企业配置和使用资源的效率。会计信息系统已经成为 ERP 系统的一个子系统。

1）对整个供应链资源进行管理

在知识经济时代仅靠自己企业的资源不可能有效地参与市场竞争，还必须把经营过程中的有关各方，如供应商、制造工厂、分销网络、客户等纳入一个紧密的供应链中，才能有效地安排企业的产、供、销活动，满足企业利用全社会一切市场资源快速高效地进行生产经营的需求，以期进一步提高效率和在市场上获得竞争优势。换句话说，现代企业竞争不是单一企业与单一企业间的竞争，而是一个企业供应链与另一个企业供应链之间的竞争。ERP 系统实现了对整个企业供应链的管理，适应了企业在知识经济时代市场竞争的需要。

2）精益生产、同步工程和敏捷制造

ERP 系统支持对混合型生产方式的管理，其管理思想表现在两个方面：其一是"精益生产"的思想。它是由美国麻省理工学院（MIT）提出的一种企业经营战略体系。即企业按大批量生产方式组织生产时，把客户、销售代理商、供应商、协作单位纳入生产体系，企业同其销售代理、客户和供应商的关系，已不再是简单的业务往来关系，而是利益共享的合作伙伴关系,这种合作伙伴关系组成了一个企业的供应链,即精益生产的核心思想。其二是"敏捷制造"的思想。当市场发生变化,企业遇到特定的市场和产品需求时,企业的基本合作伙伴不一定能满足新产品开发生产的要求,这时,企业会组织一个由特定的供应商和销售渠道组成的短期或一次性供应链,形成"虚拟工厂",把供应和协作单位看成企业的一个组成部分,运用"同步工程",组织生产,用最短的时间将新产品打入市场,时刻保持产品的高质量、多样化和灵活性,即"敏捷制造"的核心思想。

3) 事先计划与事中控制

ERP 系统中的计划体系主要包括需求计划、能力计划、采购计划、销售执行计划、利润计划、财务预算。这些计划功能与价值控制功能已完全集成到整个供应链系统中，与业务处理(Transaction)相关的会计核算科目与核算方式，以自动生成会计核算分录，保证了资金流与物流的同步记录和数据的一致性。这样就有了根据财务资金现状,可以追溯资金的来龙去脉,并进一步追溯所发生的相关业务活动,改变了资金信息滞后于物料信息的状况,便于实现事中控制和实时做出决策。

1.2.2 功能

ERP 系统的基本功能,强调"内部"价值链上所有功能活动的整合;扩展功能则是将整合的触角由企业内部拓展到企业的后端厂商和前端顾客,与后端厂商信息系统加以整合的是属于供应链管理方面的功能,加强整合前端顾客信息的则是属于顾客关系管理和销售自动化方面的功能,而最受瞩目的则是近来推出的电子商务方面的解决方案。下面介绍 ERP 系统的基本功能。

①物料管理。协助企业有效地控管物料,以降低存货成本。包括采购、库存管理、仓储管理、发票验证、库存控制、采购信息系统等。

②生产规划系统。让企业以最优水平生产,并同时兼顾生产弹性。包括生产规划、物料需求计划、生产控制及制造能力计划、生产成本计划、生产现场信息系统。

③财务会计系统。提供企业更精确、跨国且实时的财务信息。包括间接成本管理、产品成本会计、利润分析、应收应付账款管理、固定资产管理、流水账、作业成本、总账报表。

④销售、分销系统。协助企业迅速地掌握市场信息,以便对顾客需求做出最快速的应对。包括销售管理、订单管理、发货运输、发票管理、业务信息系统。

⑤企业情报管理系统。向决策者提供实时有用的决策信息。包括决策支持系统、企业计划与预算系统、利润中心会计系统。

除这 5 个功能块外,很多厂商也提供了其他基本模块来加强企业内部资源整合的能力,例如 SAP(System Applications and Products 的简称,是 SAP 公司的产品——企业管理解决方案的软件名称)提供了 13 个基本功能模块。

1.3 XBRL 可扩展商业报告语言

XBRL(Extensible Business Reporting Language),即可扩展商业报告语言,是国际上将会计准则与计算机语言相结合的最新公认标准和技术,它是以互联网和跨平台操作为基础,专门用于财务报告编制、披露和使用的计算机语言,用于非结构化数据尤其是财务信息的集成、交换和最大化利用,通过对数据统一进行特定的识别和分类,使数据能够直接为使用者或其他软件所读取和进一步处理,实现数据的一次录入、多次使用和信息共享的效果。

1.3.1 作用与优势

XBRL 的作用很广泛,它通过定义统一的数据格式标准,规定了企业报告信息的表达方法,规范了信息披露的途径,企业通过 XBRL 在计算机互联网上有效处理各种信息,并且迅速将信息转换成各种形式的文件。企业的各种信息,特别是财务信息,都可以通过 XBRL 在计算机互联网上有效地进行处理。信息发布者一旦输入了信息,就无须再次输入,通过 XBRL 就可以很方便地转换成书面文字、PDF 文件、HTML 页面,或者其他相应的文件格式。而且,获取到的信息无须打印或再次输入就可以方便快捷地运用于各种财务分析等领域。

XBRL 的主要作用在于将财务和商业数据电子化,促进了财务和商业信息的显示、分析和传递。XBRL 通过定义统一的数据格式标准,规定了企业报告信息的表达方法。

企业应用 XBRL 的优势主要有:

1)能够提供更精确的财务报告与更具可信度和相关性的信息

XBRL 根据底层的元数据形成 XBRL 文档,重新利用只需根据规范的报表格式即可自动生成,无须手工录入,提高了报表编制的效率及准确性,同时降低重新输入资料的次数,减少人工出错的风险。

2)能够降低数据采集的成本,提高数据交换及流转的效率

基于 XBRL 架构的财务报表信息具有标准格式,一次生成后,就可以直接在会计师事务所、监管机关、银行、互联网站以及出版印刷单位之间流通,各个机构可根据自身需要提取数据进行处理利用;另一方面,由于 XBRL 是基于 XML 的,其本身就是一种跨平台的纯文本的描述性语言,因此数据交换也是跨平台进行的。

3)能够帮助数据使用者更快捷地调用、读取和分析数据

XBRL 报表文档能够与微软的 Office 结合,可以与 Excel 进行数据转换,可以直接用 IE 浏览器打开,并且数据从网络浏览器到 Excel 电子表格的转换都是无缝平滑实现的,使得数据处理变得更加容易。

4)为财务数据提供更广泛的可比性

在建立了具有广泛通用性的 XBRL 分类体系后,使用 XBRL 标记的财务报表,为数据比较分析提供了更广泛的可能性,财务数据不仅可以进行纵向的跨越多年份的分析,还可以进行横向的跨越多报表、多公司、多行业、多国家的比较。

5)能够增加资料的可读性和可维护性

XBRL 文件以 ASCII 码存档,只需利用支持 ASCII 码的简单文书处理器就可以读取或修改,增加了资料在未来的可读性与维护性,故非常适用于需长期保存的文献资料。

6)能够适应变化的会计制度和报表要求

因为 XBRL 将财务数据细分为基本的元数据,再次利用和处理都是以元数据为对象,变化了的会计制度以及报表格式只是处理过程不同而已,原有 XBRL 的文档只需按照新的规则进行重组就可满足新的会计制度和报表格式的要求,自动生成具有可比性、一致性的数据。

1.3.2　发展历程

我国的 XBRL 发展始于证券领域。2003 年 11 月上海证券交易所在全国率先实施基于 XBRL 的上市公司信息披露标准;2005 年 1 月,深圳证券交易所颁布了 1.0 版本的 XBRL 报送系统;2005 年 4 月和 2006 年 3 月,上海证券交易所和深圳证券交易所先后分别加入了 XBRL 国际组织;2008 年 11 月,XBRL 中国地区组织成立;2009 年 4 月,财政部在《关于全面推进我国会计信息化工作的指导意见》(财会〔2009〕6 号)中将 XBRL 纳入会计信息化的标准;2010 年 10 月 19 日,国家标准化管理委员会和财政部颁布了可扩展商业报告语言(XBRL)技术规范系列国家标准和企业会计准则通用分类标准。

1.4　企业会计信息化工作规范

为推动企业会计信息化,节约社会资源,提高会计软件和相关服务质量,规范信息化环境下的会计工作,财政部制定了《企业会计信息化工作规范》。

1.4.1　会计软件和服务

1)会计软件

①会计软件应当保障企业按照国家统一会计准则制度开展会计核算,不得有违背国家统一会计准则制度的功能设计。

②会计软件的界面应当使用中文并且提供对中文处理的支持,可以同时提供外国或者少数民族文字界面对照和处理支持。

③会计软件应当提供符合国家统一会计准则制度的会计科目分类和编码功能。

④会计软件应当提供符合国家统一会计准则制度的会计凭证、账簿和报表的显示和

打印功能。

⑤会计软件应当提供不可逆的记账功能,确保对同类已记账凭证的连续编号,不得提供对已记账凭证的删除和插入功能,不得提供对已记账凭证日期、金额、科目和操作人的修改功能。

⑥鼓励软件供应商在会计软件中集成 XBRL 功能,便于企业生成符合国家统一标准的 XBRL 财务报告。

⑦会计软件应当具有符合国家统一标准的数据接口,满足外部会计监督需要。

⑧会计软件应当具有会计资料归档功能,提供导出会计档案的接口,在会计档案存储格式、元数据采集、真实性与完整性保障方面,符合国家有关电子文件归档与电子档案管理的要求。

⑨会计软件应当记录生成用户操作日志,确保日志的安全、完整,提供按操作人员、操作时间和操作内容查询日志的功能,并能以简单易懂的形式输出。

2)会计软件供应商服务

①以远程访问、云计算等方式提供会计软件的供应商,应当在技术上保证客户会计资料的安全、完整。对于因供应商原因造成客户会计资料泄露、损毁的,客户可以要求供应商承担赔偿责任。

②客户以远程访问、云计算等方式使用会计软件生成的电子会计资料归客户所有。软件供应商应当提供符合国家统一标准的数据接口供客户导出电子会计资料,不得以任何理由拒绝客户导出电子会计资料的请求。

③以远程访问、云计算等方式提供会计软件的供应商,应当做好在本厂商不能维持服务的情况下,保障企业电子会计资料安全以及企业会计工作持续进行的预案,并在相关服务合同中与客户就该预案做出约定。

④软件供应商应当努力提高会计软件相关服务质量,按照合同约定及时解决用户使用中的故障问题。会计软件存在影响客户按照国家统一会计准则制度进行会计核算问题的,软件供应商应当为客户免费提供更正程序。

⑤鼓励软件供应商采用呼叫中心、在线客服等方式为用户提供实时技术支持。

⑥软件供应商应当就如何通过会计软件开展会计监督工作,提供专门教程和相关资料。

1.4.2 企业会计信息化

1)企业会计信息化建设

①企业应当充分重视会计信息化工作,加强组织领导和人才培养,不断推进会计信息化在本企业的应用。企业应当指定专门机构或者岗位负责会计信息化工作。未设置会计机构和配备会计人员的企业,由其委托的代理记账机构开展会计信息化工作。

②企业开展会计信息化工作,应当根据发展目标和实际需要,合理确定建设内容,避免投资浪费。

③企业开展会计信息化工作,应当注重信息系统与经营环境的契合,通过信息化推动管理模式、组织架构、业务流程的优化与革新,建立健全适应信息化工作环境的制度体系。

④大型企业、企业集团开展会计信息化工作,应当注重整体规划,统一技术标准、编码规则和系统参数,实现各系统的有机整合,消除信息孤岛。

⑤企业配备的会计软件应当符合会计软件和服务规范的要求。

⑥企业配备会计软件,应当根据自身技术力量以及业务需求,考虑软件功能、安全性、稳定性、响应速度、可扩展性等要求,合理选择购买、定制开发、购买与开发相结合等方式。定制开发包括企业自行开发、委托外部单位开发、企业与外部单位联合开发。

⑦企业通过委托外部单位开发、购买等方式配备会计软件,应当在有关合同中约定操作培训、软件升级、故障解决等服务事项,以及软件供应商对企业信息安全的责任。

⑧企业应当促进会计信息系统与业务信息系统的一体化,通过业务的处理直接驱动会计记账,减少人工操作,提高业务数据与会计数据的一致性,实现企业内部信息资源共享。

⑨企业应当根据实际情况,开展本企业信息系统与银行、供应商、客户等外部单位信息系统的互联,实现外部交易信息的集中自动处理。

⑩企业进行会计信息系统前端系统的建设和改造,应当安排负责会计信息化工作的专门机构或者岗位参与,充分考虑会计信息系统的数据需求。

⑪企业应当遵循企业内部控制规范体系要求,加强对会计信息系统规划、设计、开发、运行、维护全过程的控制,将控制过程和控制规则融入会计信息系统,实现对违反控制规则情况的自动防范和监控,提高内部控制水平。

⑫对于信息系统自动生成且具有明晰审核规则的会计凭证,可以将审核规则嵌入会计软件,由计算机自动审核。未经自动审核的会计凭证,应当先经人工审核再进行后续处理。

⑬处于会计核算信息化阶段的企业,应当结合自身情况,逐步实现资金管理、资产管理、预算控制、成本管理等财务管理信息化。处于财务管理信息化阶段的企业,应当结合自身情况,逐步实现财务分析、全面预算管理、风险控制、绩效考核等决策支持信息化。

⑭外商投资企业使用的境外投资者指定的会计软件或者跨国企业集团统一部署的会计软件,应当符合会计软件和服务规范的要求。

2) 企业会计信息化会计资料管理

①分公司、子公司数量多、分布广的大型企业、企业集团应当探索利用信息技术促进会计工作的集中,逐步建立财务共享服务中心。实行会计工作集中的企业以及企业分支机构,应当为外部会计监督机构及时查询和调阅异地储存的会计资料提供必要条件。

②企业会计信息系统数据服务器的部署应当符合国家有关规定。数据服务器部署在境外的,应当在境外保存会计资料备份,备份频率不得低于每月一次。境外备份的会计资料应当能够在境外服务器不能正常工作时,独立满足企业开展会计工作的需要以及外部会计监督的需要。

③企业会计资料中对经济业务事项的描述应当使用中文,可以同时使用外国或者少数民族文字对照。

④企业应当建立电子会计资料备份管理制度,确保会计资料的安全、完整和会计信息系统的持续、稳定运行。

⑤企业不得在非涉密信息系统中存储、处理和传输涉及国家秘密、关系国家经济信息安全的电子会计资料;未经有关主管部门批准,不得将其携带、寄运或者传输至境外。

⑥企业内部生成的会计凭证、账簿和辅助性会计资料,同时满足下列条件的,可以不输出纸面资料:

所记载的事项属于本企业重复发生的日常业务;

由企业信息系统自动生成;

可及时在企业信息系统中以人类可读形式查询和输出;

企业信息系统具有防止相关数据被篡改的有效机制;

企业对相关数据建立了电子备份制度,能有效防范自然灾害、意外事故和人为破坏的影响;

企业对电子和纸面会计资料建立了完善的索引体系。

⑦企业获得的需要外部单位或者个人证明的原始凭证和其他会计资料,同时满足下列条件的,可以不输出纸面资料:

会计资料附有外部单位或者个人的、符合《中华人民共和国电子签名法》的可靠的电子签名;

电子签名经符合《中华人民共和国电子签名法》的第三方认证;

所记载的事项属于本企业重复发生的日常业务;

可及时在企业信息系统中以人类可读形式查询和输出;

企业对相关数据建立了电子备份制度,能有效防范自然灾害、意外事故和人为破坏的影响;

企业对电子和纸面会计资料建立了完善的索引体系。

⑧企业会计资料的归档管理,遵循国家有关会计档案管理的规定。

⑨实施企业会计准则通用分类标准的企业,应当按照有关要求向财政部报送 XBRL 财务报告。

本章小结

本章是关于会计信息系统的概述,随着我国会计电算化事业的发展,会计电算化的概念也在不断发展丰富。与手工会计相比,会计电算化具有自己独有的特征。每个企业都有自身的特点和要求,这就决定了企业经过慎重的考虑,确定本企业发展最为有利的开发方式。

思考与练习

1.试述会计信息系统的发展阶段及其特点。

2.简述会计信息化的意义。

3.试分析手工会计的特点。

4.试分析会计信息化的特点。

5.试分析手工会计与会计信息化的共同之处。

6.简述我国会计信息化的发展阶段。

7.如何认识和理解会计信息化对传统会计理论与实务的影响？

第2章 会计软件

学习目标

本章简要介绍会计软件的基本知识。通过本章的学习,旨在使学生树立以信息系统的观点来研究会计的观念,建立会计信息系统的整体概念。了解会计软件的概念及分类;掌握会计软件的配备方式和功能模块;了解通用会计软件;重点掌握会计软件的安装调试方法。

2.1 会计软件的概述

2.1.1 会计软件的概念

会计软件是指专门用于完成会计工作的电子计算机应用软件,包括采用各种计算机语言编制的一系列指挥计算机完成会计工作的程序代码和有关的文档技术资料。具体而言,会计软件是以会计理论和会计方法为核心,以会计法规和会计制度为依据,以计算机技术和通信技术为技术基础,以会计数据为处理对象,以为会计核算、财务管理、经营管理提供信息为目标,使用计算机处理会计业务的应用软件。会计电算化的核心工作是建立计算机环境下的会计信息系统,而会计信息系统的重要组成部分是支持会计核算和管理工作的会计软件。会计软件是会计信息系统的核心部分,会计软件的好坏对会计电算化的成败起着关键性的作用。

用友财务软件是目前应用较为广泛的会计软件。它是由开发人员根据具体会计工作,利用一种或多种计算机语言编制的软件,用于配合计算机完成记账、算账、报账以及部分的会计管理和会计辅助决策等工作,如日常核算、量本利分析、投资决策等工作。因此,了解并掌握会计软件是会计电算化工作的重要前提。

此外,会计软件应当符合我国法律、法规、规章的规定,符合《会计软件功能规范》的要求,保证会计数据合法、真实、准确、完整,有利于提高会计工作效率。

2.1.2 会计软件的分类

会计软件分为不同的类型:按适用范围可划分为通用会计软件和定点开发会计软件;按提供信息的层次可划分为核算型会计软件、管理型与决策型会计软件;按硬件结构可划分为单用户会计软件和多用户(网络)会计软件。

单用户会计软件是指将会计软件安装在一台或几台计算机上,每台计算机中的会计软件单独运行,生成的数据只存储在本台计算机中,各计算机之间不能直接进行数据交换和共享。多用户(网络)会计软件是指将会计软件安装在一个多用户系统的主机(计算机网络的服务器)上,系统中各终端(工作站)可以同时运行,不同终端(工作站)上的会计人员能够共享会计信息。

1)通用会计软件

通用会计软件是指在一定范围内适用的会计软件,通用会计软件又分为全通用会计软件和行业性通用会计软件。

通用会计软件的特点是不含或含有较少的会计核算规则与管理方法。其优点在于它实质上是一个工具,由用户自己输入会计核算规则,使会计软件突破了空间和时间上的局限,具有真正的通用性。其缺点是:一方面软件越通用,初始化工作量越大;另一方面软件越通用,个别用户的会计核算工作的细节就越难被兼顾。为了合理确定通用程度,人们开发了一些行业通用软件,如行政单位、事业单位、商业、服务业、制造业、交通业等通用会计软件。

2)定点开发会计软件

定点开发会计软件也称为专用会计软件,是指仅适用于个别单位会计业务的会计软件。如某企业针对自身的会计核算和管理的特点而开发研制的软件。

定点开发会计软件的特点是把适合单位特点的会计核算规则与管理方法编入会计软件,如将报表格式、工资项目、计算方法等在程序中固定。其优点是比较适合使用单位的具体情况,使用方便。其缺点是受到空间和时间上的限制,只能在个别单位、一定的时期内使用。

3)商品化会计软件

商品化会计软件是指经过评审、用于在市场销售的通用会计软件。商品化会计软件一般具有通用性、合法性和安全性等特点。选择通用商品化会计软件是企业实现会计电算化的一条捷径,是企业采用最多的一种方式。采用商品化会计软件的优点是见效快、成本低、安全可靠、维护有保障。其缺点:一是不能全部满足使用单位的各种核算与管理要求;二是对会计人员要求较高(如要求用户定义各种计算公式,设置各种单据表格等,否则会计人员会感到使用不便)。

对于通用性比较好的部分模块,如总账和报表模块,一般使用商品化会计软件,而对于本单位有特殊核算和管理要求的功能,在商品化会计软件不能满足的情况下,自行开发,然后利用商品化会计软件提供的接口,将它们连接起来。

4）核算型会计软件

核算型会计软件是指专门用于完成会计核算工作的电子计算机应用软件，用以实现会计核算电算化。

会计核算电算化是会计电算化最重要的组成部分，它面向事后核算，采用一系列专门的会计核算方法，实现会计数据处理电子化，提供会计核算信息，完成会计电算化基础工作。其主要任务是设置会计科目、填制会计凭证、登记会计账簿、进行成本计算和编制会计报表等。其主要内容包括总账、工资、固定资产、成本、采购、存货、销售、往来账款核算和报表处理等。

5）管理型会计软件——部门级财务软件

企业在市场经济环境下，面临激烈竞争，企业的经营方式、筹资渠道等经济活动更加复杂，为加强经营管理，要求规范细化财务核算与管理，从 1996 年开始，我国会计电算化工作已从全面会计核算的基础上，向会计管理方向过渡。

（1）管理型会计软件的含义

从狭义上讲，管理型会计软件是指支持企业财务部门整体会计业务处理工作要求的部门级财务软件，即指专门用于完成财务部门内部的会计核算与管理工作的电子计算机应用软件。从广义上讲，有以下 3 层含义：

①指以财务为核心的，包括物资、设备、生产、销售等管理在内的企业管理信息系统（Management Information System，MIS）。

②指能综合以财务信息为主的各种因素，分析未来发展趋势，为管理者提供各种决策信息的会计辅助决策支持系统（Decision support System，DSS）。

③指用于完成会计过程中的事前、事中、事后 3 个阶段的管理工作，融会计核算与监督、分析与控制、预测与决策为一体的多功能会计软件。

管理型会计软件的功能是在全面会计核算的基础上，对会计信息进行深层加工，实现会计管理职能。它是核算型会计软件内涵和外延的扩展，它面向管理工作。管理型会计软件以财务管理学为理论基础，以辅助决策为目标，以数据为中心，广泛采用会计学、统计学、运筹学、数量经济学等方法，建立反映特定财务管理问题的模型，提供管理上所需要的各种财务信息。其主要任务是开展财务分析、进行会计预测、编制财务计划和进行会计控制。

（2）管理型会计软件的作用

管理型会计软件的总目标是通过核算、分析、决策处理过程的现代化，提高工作效率、管理水平，使企业经营成本最低、资金周转最快、利润最高。具体作用如下：

从物资、设备、生产、销售、劳动人事等管理子系统中收集各种原始会计数据，进行记账、算账、编制报表等全面会计核算业务处理。

对资金运动进行管理，实现会计的监督与控制职能。如：资金结构分析、资金需要量预测、资金的筹集与管理；资金和利息管理、应收账款管理；股票投资管理、债券投资管理、设备投资管理；成本预测、成本计划、成本控制、成本分析；销售收入管理、价格管理、利润预测、利润分配;现金流量分析、量本利分析、盈利能力分析;分支机构财务监控、领导查询等。

运用数据库和方法库建立各种模型。如:利用成本核算数据和回归分析方法,建立成本估计模型;利用存货核算数据和经济批量法,建立财务预测模型。根据模型进行预测和辅助会计决策,为管理者提供科学的预测与决策信息。

6)企业级财务管理软件

20世纪90年代末,随着全球经济一体化进程的不断加快,电子信息技术的飞速发展,互联网/局域网技术和电子商务的广泛应用,人类已经从工业经济时代跨入知识经济时代,企业面临的竞争环境发生了根本性变化。面对竞争环境的急剧变化及买方市场的迅速形成,国内的很多工商企业显得无能为力,抵抗市场风险能力严重不足,业务部门与财务部门不能很好沟通,造成结算拖延、坏账损失加大、信用下降、库存与账目不符等弊端,财务对购销存业务的发生情况也无法做到有效监控,作为企业整体来讲,根本不能形成完整的分析决策体系。在这种形势下,企业管理必须转变,从生产导向向市场导向转变,从粗放经营向成本控制转变,从部门管理到企业级协同管理转变。适应这种转变的财务软件跨部门应用受到极大关注。

实现购销存业务处理、会计核算和财务监控的一体化管理,提供满足企业经营决策目标的预测、控制和分析手段,并能有效控制企业成本和经营风险的软件,称为企业级财务软件。这种建立在一体化基础上的财务软件能够跨部门应用,使信息资源充分共享,数据在系统间传递非常流畅,企业中各管理部门都能够直接得到其最需要的相关信息,从而以最快速度做出经营决策,完全能够达到企业资金与物流的一体化管理目标。

在财务与业务数据的一致性处理上,企业级财务软件完全不同于单项核算软件。在单项核算软件中所有凭证都是从财务处理模块录入的,为了实现各模块的独立运行,各专项业务处理系统在录入原始资料后不能自动生成会计核算凭证进入财务处理系统,从而没有实现数据的一次录入与共享使用的机制,也没有对系统内的数据一致性提供控制机制,这在企业级财务软件中得到了解决。主要表现在:一是由工资模块进行计算并自动生成工资费用分配以及其他工资核算凭证进入总账模块;二是由固定资产模块录入固定资产变动原始资料,以便对固定资产进行管理,与此同时自动生成固定资产变动核算凭证进入总账模块,此外在自动计提每月固定资产折旧额的同时,也能自动生成折旧核算凭证进入总账模块;三是在应收账款模块进行销售发票和收款处理的同时,自动进行销售和收入核算进入总账模块;四是在应付账款模块进行采购发票和付款处理后,自动生成采购和付款核算凭证进入总账模块;五是在库存管理模块进行出入库等处理的同时自动进行存货成本核算,并将核算凭证转入总账模块。在进行业务信息管理的同时自动进行财务核算,不仅避免了数据的重复录入,而且保证了财务与业务数据的一致性。

在管理功能上,企业级财务软件不同于部门级财务软件,企业级财务软件不仅增强了财务管理功能,而且实现了对物流过程中各种业务的管理。主要表现在:一是应收账款模块中强化对客户及其信誉的管理,并实现对应收账款的账龄分析和收款预测。二是应付账款模块中强化对供应商的管理和付款计划管理。三是采购模块中注重对采购品的价格管理,注重对供应商的交易统计与分析。四是销售模块中注重对各种商品销售收入和利润的排序分析,注重对客户的交易统计分析,注重对销售业绩的管理。在库存管理模块不仅实现对采购原材料库存信息的管理,而且也包括对产成品库存数量的管理。五是加强了对库存资金占用的管理及对库存物品的统计分析。

在管理范围上,企业级财务软件从财务部门延伸到业务部门并实现财务业务一体化管理,打破了传统财务软件局限于财务部门的界限,从根本上解决了将财务数据与业务数据割裂开的做法,使资金流与物流同步,并相互制约,而随资金流和物流产生的信息流自然也就具有真实可靠性和全面性,同时,信息良好的流动性加快了企业对市场的反应速度,提高了决策的有效性。

在管理深度上,企业级财务软件从事后分析延伸到事前计划、事中控制。以前部门级财务软件由于是事后核算、分析,资金流滞后于物流,很难发挥计划和控制的作用,而企业级财务软件实现了财务与业务数据的一体化共享,使得企业事前计划、预测变得可行,事中控制有效,事后分析更为深入全面,如收入预测可根据以前时期或同期的各地区、各个产品的销售情况制定,而资金的使用计划则可根据采购订单或合同等算得,当某客户应收款超过信用额时,系统将及时停开发货单,而这些在部门级财务软件中是难以做到的。企业级财务软件使财务工作重点转移到计划控制分析上来,从静态管理到动态管理,从对结果的核算分析到对过程的控制,使财务人员真正参与企业管理。企业级财务软件可以从企业经营管理的角度出发,通过决策支持信息模块方便地收集财务、业务数据,及时为领导决策提供依据,以帮助企业管理者实现企业利润目标。

在管理层次上,企业级财务软件是面向整个企业经营的管理,部门级财务软件是面向财务部门职能的管理,单项核算软件是面向财务单一岗位的管理,从管理层次上由单一发展到全面,由局部发展到全局,从岗位工作到企业管理,财务软件带来管理层次的不断提升,财务的作用也有了根本性的提高。由于管理层次的提高,管理会计的职能得以真正发挥。在技术上,企业级财务软件发展到一个新的阶段,在以前的财务软件中单机或 F/S 网络技术结构即能满足要求,而企业财务软件则更多采用了 C/S 或 B/S 结构。在数据库里部门级财务软件大多采用桌面数据库,而企业级财务软件一般采用大型数据库,在开发方法上采用面向对象的分析设计编程方法,由于企业级财务软件比以前财务软件功能更为复杂,涉及企业特定需求更多,所以必须采用组件化技术,以便更快满足日益复杂和个性化的需要,使系统对客户需求的适应性大大增强,并使系统维护和升级更加容易。另外,企业级财务软件为了便于与其他系统集成,提供了良好的开发接口以便信息交换,如业务函数、标准文件格式、交互文件、嵌入式连接器等。

实践证明,企业级财务软件的成功运用可使企业在合理控制库存、加快资金周转,有效控制企业经营成本和财务营运风险,提供企业级的分析决策信息、提高用户服务水平等方面取得显著进步,为领导层经营决策提供科学依据,从而真正帮助企业提高竞争实力和盈利水平,增强企业的竞争力。

7) 网络财务软件

(1) 网络财务软件的概念

首先它严格遵循微软 Windows DNA 框架结构,以三层结构技术为基石,结合先进的 Web 技术实现真正的分布式网络计算,从应用上将单一主体的会计核算转换为群体的财务管理。同时,网络财务软件具有图形窗体界面(GUI)和浏览器界面(Browser),将局域网应用和 Internet 应用结合在一起,不但实现了局域网内分布式网络计算,确保了大数据量、多用户数下的网络性能;还通过 Internet 防火墙、Windows NT 用户安全机制、数据传递中的底层加密协议(SSL)、大型数据库权限管理机制四层保护措施,将财务管理应用推向 Internet,在广域网上实现了全球范围内的分布式计算。

(2) 网络财务软件与传统网络版财务软件的区别

网络版财务软件是通过网线将多台 PC 机连接在一起使用,但由于硬件能力和应用软件性能所限,用户机和数据库服务器的距离不能任意扩展。网络财务软件是同时基于局域网环境的财务软件,对传统网络版财务软件应用进行最大限度的扩展,使数据库服务器和用户机能够分布在更加广阔的网络空间。网络财务软件能够通过 Internet 运行,这样,集团的财务应用、移动办公、远程审计和电子商务成为可能,浏览器的界面使软件应用更加简单、便捷,用户在世界的任何地方都可以使用。网络财务软件一方面要解决远程网络数据传输的问题,另一方面还要面对处理大用户的大数据量的需求,因此形成了截然不同于传统网络版财务软件的技术特性。

(3) 网络财务软件与企业级财务软件的关系

企业级财务软件是针对部门级财务软件而言的。部门级财务软件是集中管理的解决方案,包括总账、固定资产、工资、存货、现金管理、财务报表等,继承发展了原有 Windows 版财务软件的决策支持功能和"无缝联结"技术,并通过建立行业知识库,在标准版、工业版、商业版等之下将产品细分为不同行业专版(如医药、金融),差异化优势相当明显。部门级财务软件用户仅限于财务部门,其特点是网络用户量少,业务数据量小,使用简单。而企业级财务软件,则立足于企业全方位管理,网络财务软件与企业级财务软件是包含与被包含的关系。网络财务软件是企业级财务软件的延伸,网络财务软件涵盖了企业级财务软件,企业级财务软件能够在局域网上很好地运作,当其发展到网络财务软件时就能够将局域网和广域网结合起来。

2.2　会计软件的配备方式

企业配备会计软件的方式有直接购买、定制开发、购买与开发相结合等方式。其中定制开发包括企业自行开发、委托外部单位开发、企业与外部单位联合开发 3 种具体的开发形式。这几种开发方式各有特点,对企业来说也各有利弊。每个企业都有自身的特点和要求,这就决定了企业不可能随意选择开发方式,而只能经过慎重的考虑,确定对本企业发展最为有利的开发方式。会计软件配备方式比较如表 2-1 所示。

表 2-1　会计软件配备方式比较

比较项目 软件获取方式	初始投入	维护成本	可操作性	可维护性	安全隐患
购买通用软件	较低	最高	最差	最差	较好
定点开发	较高	较高	较好	较好	一般
自行开发	最高	较低	最好	最好	一般
合作开发	次高	较低	较好	较好	一般
租用	最低	最低	最差	最好	最差
二次开发	次低	较高	较好	较好	较好

2.2.1　购买通用会计软件

通用会计软件是指软件公司为完成会计工作而专门设计开发，并以产品形式投入市场的应用软件。企业作为用户，付款购买即可获得软件的使用、维护、升级以及人员培训等服务。

采用这种方式的优点在于企业投入少、见效快，实现信息化的过程简单。会计软件公司集中了计算机专业技术人员和会计专业人员，由他们共同研发的会计软件性能稳定、质量可靠、运行效率高，能够满足企业大部分需求。软件的维护和升级由软件公司负责，企业在使用过程中遇到问题可以向软件公司求助，能够大大减轻维护软件的负担。商品化软件安全保密性强，用户只能执行软件功能，不能访问和修改源程序，软件不易被恶意篡改，安全性高。

而采用这种方式的缺点则在于软件的针对性不强，通常针对一般用户设计，如果企业有较为特殊的业务或流程，通用软件可能没有对应的功能模块，即使有对应的功能模块，也可能难以适应企业自身的处理流程或方式。软件功能设计过于复杂，常常设置了较多的业务处理方法和参数配置选项，业务流程简单的企业可能感到通用会计软件过于复杂，不易操作。

2.2.2　自行开发

自行开发方式是指自行组织人员进行会计软件开发。即根据项目预算，企业自行组织开发队伍，完成系统的分析和设计方案，组织实施，进行运行管理。采用这种开发方式，一般要求企业具有开发系统的基本必要条件，且技术力量比较雄厚。

采用这种方式的优点在于企业能够在充分考虑自身生产经营特点和管理要求的基础上，设计最有针对性和适应性的会计软件，避免了通用软件在功能上与企业需求不能完全匹配的不足。会计软件在出现问题或需要改进时，由于企业内部职工对系统充分了解，企业能够快速反应，及时高效地纠错和调整，保证系统使用的流畅性。

而采用这种方式的缺点则在于系统开发要求高、周期长、成本高，系统开发完成后，还需要较长时间的试运行。自行开发软件系统需要大量的计算机专业人才,普通企业难以维持一支稳定的高素质软件人才队伍。

2.2.3　委托外部单位开发

委托外部单位开发是指企业委托科研单位或大专院校等外部单位进行会计软件的开发。

采用这种方式的缺点在于委托开发费用高。由于开发人员多是计算机专业技术人员,对会计业务不熟悉,需要花大量的时间了解业务流程和客户需求,会延长开发时间。而且开发系统的实用性差,常常不适用于企业的业务处理流程。外部单位的服务和维护承诺不易做好,如果企业没有专业的维护人员则很难持久使用。目前,这种方式已经很少使用。

2.2.4　企业与外部单位联合开发

企业与外部单位联合开发是指企业联合外部的科研院所或软件公司进行开发,由本单位财务部门和网络信息部门进行系统分析,外单位负责系统设计和程序开发工作,开发完成后,对系统的重大修改由网络信息部门负责,日常维护工作由财务部门负责。

采用这种方式的优点在于开发工作既考虑了企业自身的需求,又利用了外部的软件开发力量,开发的系统质量较高。企业内部人员参与,对系统的结构和流程比较熟悉,有利于日后系统维护和升级。

而采用这种方式的缺点则在于软件开发工作需要外部技术人员与内部技术人员、会计人员充分沟通,系统开发周期长。另外,企业支付给外单位的开发费用相对较高。

2.3　会计软件的功能模块

尽管不同的开发者对会计软件的理解各有不同,对会计软件子系统的划分也有着各自的特点,但经过多年的实践和探索,同时吸收了国外会计软件开发的一些观点,对会计软件的主要职能子系统的划分已基本上达成共识。

2.3.1　会计软件各模块的功能描述

完整的会计软件的功能模块包括:账务处理模块,固定资产管理模块,工资管理模块,应收、应付管理模块,成本管理模块,报表管理模块,存货核算模块,财务分析模块,预算管理模块,项目管理模块,其他管理模块。会计软件的功能模块如图 2-1 所示。

1) 账务处理模块

账务处理模块是以凭证为数据处理起点,通过会计凭证输入和处理,完成记账、银行对账、结账、账簿查询及打印输出等工作。

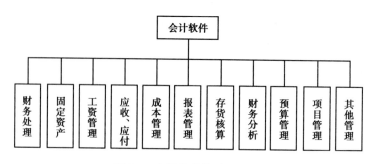

图 2-1　会计软件的功能模块

2）固定资产管理模块

固定资产管理模块主要是以固定资产卡片和固定资产明细账为基础,实现固定资产的会计核算、折旧计提和分配、设备管理等功能,同时提供了固定资产按类别、使用情况、所属部门和价值结构等进行分析、统计和各种条件下的查询、打印功能,以及该模块与其他模块的数据接口管理。

3）工资管理模块

工资管理模块是进行工资核算和管理的模块,该模块以人力资源管理模块提供的员工及其工资的基本数据为依据,完成员工工资数据的收集,员工工资的核算,工资发放,工资费用的汇总和分摊,个人所得税计算和按照部门、项目、个人时间等条件进行工资分析、查询和打印输出,以及该模块与其他模块的数据接口管理。

4）应收、应付管理模块

应收、应付管理模块以发票、费用单据、其他应收单据、应付单据等原始单据为依据,记录销售、采购业务所形成的往来款项,处理应收、应付款项的收回、支付和转账,进行账龄分析和坏账估计及冲销,并对往来业务中的票据、合同进行管理,同时提供统计分析、打印和查询输出功能,以及与采购管理、销售管理、账务处理等模块进行数据传递的功能。

5）成本管理模块

成本管理模块主要提供成本核算、成本分析、成本预测功能,以满足会计核算的事前预测、事后核算分析的需要。此外,成本管理模块还具有与生产模块、供应链管理模块,以及账务处理、工资管理、固定资产管理和存货核算等模块进行数据传递的功能。

6）报表管理模块

报表管理模块与其他模块相连,可以根据会计核算的数据,生成各种内部报表、外部报表、汇总报表,并根据报表数据分析报表,以及生成各种分析图等。在网络环境下,很多报表管理模块同时提供了远程报表的汇总、数据传输、检索查询和分析处理等功能。

7）存货核算模块

存货核算模块以供应链模块产生的入库单、出库单、采购发票等核算单据为依据,核算存货的出入库和库存金额、余额,确认采购成本,分配采购费用,确认销售收入、成本和费用,并将核算完成的数据,按照需要分别传递到成本管理模块、应付管理模块和账务处理模块。

8)财务分析模块

财务分析模块从会计软件的数据库中提取数据,运用各种专门的分析方法,完成对企业财务活动的分析,实现对财务数据的进一步加工,生成各种分析和评价企业财务状况、经营成果和现金流量的各种信息,为决策提供正确依据。

9)预算管理模块

预算管理模块将需要进行预算管理的集团公司、子公司、分支机构、部门、产品、费用要素等对象,根据实际需要分别定义为利润中心、成本中心、投资中心等不同类型的责任中心,然后确立各责任中心的预算方案,指定预算审批流程,明确预算编制内容,进行责任预算的编制、审核、审批,以便实现对各个责任中心的控制、分析和绩效考核。

10)项目管理模块

项目管理模块主要是对企业的项目进行核算、控制与管理。项目管理主要包括项目立项、计划、跟踪与控制、终止的业务处理以及项目自身的成本核算等功能。

11)其他管理模块

根据企业管理的实际需要,其他管理模块一般包括领导查询模块、决策支持模块等。领导查询模块可以按照领导的要求从各模块中提取有用的信息并加以处理,以最直观的表格和图形显示,使得管理人员通过该模块及时掌握企业信息;决策支持模块利用现代计算机、通信技术和决策分析方法,通过建立数据库和决策模型,实现向企业决策者提供及时、可靠的财务和业务决策辅助信息。

上述各模块既相互联系又相互独立,有着各自的目标和任务,它们共同构成了会计软件,实现了会计软件的总目标。

2.3.2　会计软件各模块的数据传递

会计软件是由各功能模块共同组成的有机整体,为实现相应功能,相关模块之间相互依赖,互通数据。会计软件各模块的数据传递如图 2-2 所示。

①存货核算模块生成的存货入库、存货估价入账、存货出库、盘亏/毁损、存货销售收入、存货期初余额调整等业务的记账凭证,并传递到账务处理模块,以便用户审核登记存货账簿。

②应付管理模块完成采购单据处理、供应商往来处理、票据新增、付款、退票处理等业务后,生成相应的记账凭证并传递到账务处理模块,以便用户审核登记赊购往来及其相关账簿。

③应收管理模块完成销售单据处理、客户往来处理、票据处理及坏账处理等业务后,生成相应的记账凭证并传递到账务处理模块,以便用户审核登记赊销往来及其相关账簿。

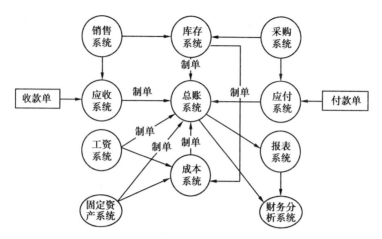

图 2-2　会计软件各模块的数据传递

④固定资产管理模块生成固定资产增加、减少、盘盈、盘亏、固定资产变动、固定资产评估和折旧分配等业务的记账凭证,并传递到账务处理模块,以便用户审核登记相关的资产账簿。

⑤工资管理模块进行工资核算,生成分配工资费用、应交个人所得税等业务的记账凭证,并传递到账务处理模块,以便用户审核登记应付职工薪酬及相关成本费用账簿;工资管理模块为成本管理模块提供人工费资料。

⑥成本管理模块中,如果计入生产成本的间接费用和其他费用定义为来源于账务处理模块,则成本管理模块在账务处理模块记账后,从账务处理模块中直接取得间接费用和其他费用的数据;如果不使用工资管理、固定资产管理、存货核算模块,则成本管理模块还需要在账务处理模块记账后,自动从账务处理模块中取得材料费用、人工费用和折旧费用等数据;成本管理模块的成本核算完成后,要将结转制造费用、结转辅助生产成本、结转盘点损失和结转工序产品耗用等记账凭证数据传递到账务处理模块。

⑦存货核算模块为成本管理模块提供材料出库核算的结果;存货核算模块将应计入外购入库成本的运费、装卸费等采购费用和应计入委托加工入库成本的加工费传递到应付管理模块。

⑧固定资产管理模块为成本管理模块提供固定资产折旧费数据。

⑨报表管理和财务分析模块可以从各模块取数编制相关财务报表,进行财务分析。

⑩预算管理模块编制的预算经审核批准后,生成各种预算申请单,再传递给账务处理模块、应收管理模块、应付管理模块、固定资产管理模块、工资管理模块,进行责任控制。

⑪项目管理模块中发生和项目业务相关的收款业务时,可以在应收发票、收款单或者退款单上输入相应的信息,并生成相应的业务凭证传递至账务处理模块;发生和项目相关采购活动时,其信息也可以在采购申请单、采购订单、应付模块的采购发票上记录;在固定资产管理模块引入项目数据可以更详细地归集固定资产建设和管理的数据;项目的领料和项目的退料活动等数据可以在存货核算模块进行处理,并生成相应凭证传递到账务处理模块。

此外,各功能模块都可以从账务处理模块获得相关的账簿信息;存货核算、工资管理、固定资产管理、项目管理等模块均可以从成本管理模块获得有关的成本数据。

2.4　通用会计软件的介绍

2.4.1　用友

用友(集团)成立于 1988 年,是亚太地区大型的企业管理软件、企业互联网服务和企业金融服务提供商,是中国大型的 ERP、CRM、人力资源管理、商业分析、内审、小微企业管理软件和财政、汽车、烟草等行业应用解决方案提供商。用友 iUAP 平台是中国大型企业和组织应用广泛的企业互联网开放平台,畅捷通平台支持千万级小微企业公有云服务。用友在金融、医疗卫生、电信、能源等行业应用以及企业协同、企业通信、企业支付、P2P、培训教育、管理咨询等服务领域快速发展。用友软件产品服务如图 2-3 所示。

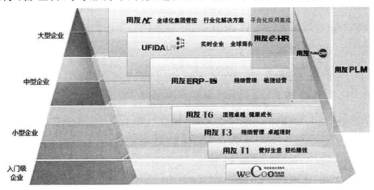

图 2-3　用友产品服务

2.4.2　金蝶

金蝶国际软件集团成立于 1993 年,中国软件产业领导厂商、亚太地区企业管理软件及中间件软件龙头企业、全球领先的在线管理及电子商务服务商。

金蝶软件及服务分类:财务软件供应商,ERP 管理软件供应商,PLM 供应商,BI 供应商,协同软件供应商。金蝶软件及服务分类如图 2-4 所示。

2.4.3　金算盘

金算盘软件(集团)有限公司成立于 1992 年,是中国领先的企业管理软件与电子商务服务提供商。一直致力于为企业提供先进的管理思想和前瞻性的经营理念,提供优质的企业管理软件产品和适合房地产、电器、食品、服装鞋帽、化妆品、化工、交通、医药、五金、计算机等多种行业的应用解决方案。

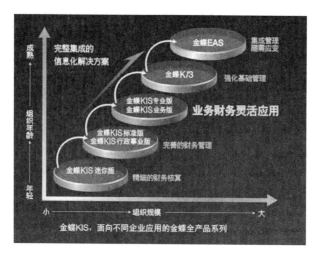

图 2-4　金蝶软件及服务分类

1）面向大型企业、集团企业解决方案 eERP-G

金算盘 eERP-G 是金算盘为大型集团企业打造的全程供应链协同平台，以企业经营模式为核心，以企业 SNS 为纽带，以企业商圈为载体，搭建集 ERP 应用、电子商务、协同物流、在线支付于一体的新型运营平台。

2）面向中型企业解决方案 eERP-E

金算盘 eERP-E 适用于大中型企事业单位管理信息化改造，以先进的理念和控制手段帮助大中型企业从资金、资产、客户、产品、人力资源等各个维度优化经营管理过程，提升跨部门的流程协作和业务协同能力，以全面的商业智能分析协助企业科学决策。

3）面向小型/微型企业解决方案 eERP-B

金算盘 eERP-B 系列产品面向小型/微型企业信息化建设，引导规范化管理意识和关键风险控制意识，协助企业梳理业务管理流程，快速提升企业运营效率。

2.4.4　新中大

新中大软件公司成立于 1993 年，是互联网时代工程项目管理信息化、项目型制造与服务业信息化、政府理财信息化和智慧工会等行业管理软件厂商。新中大软件形成了以"联盟体资源计划（URP）"及"全程项目管理"思想为核心的产品体系和行业解决方案。有三大类业务，即工程项目管理信息化、项目型制造与服务业信息化、政府理财信息化和智慧工会。

2.4.5　会计软件的评价

企事业单位在评价会计软件时应主要从以下几个方面进行认真考评：

1）会计软件是否符合国家有关规范

会计工作要遵循国家统一的会计制度和其他财经制度中的有关规定，在评价会计软件时应该评价该软件是否符合国家统一的会计制度及相关会计准则，是否满足国家有关

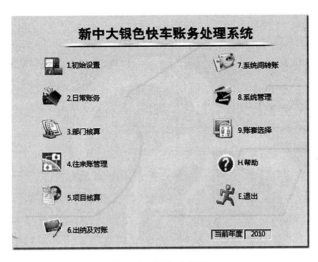

图 2-5　新中大软件

会计软件的管理规定。财政部 1994 年 6 月颁布的《会计核算软件基本功能规范》(以下简称《规范》)中的有关要求和规定中对"会计数据的输入""会计数据的输出""会计数据的处理"和"会计数据的安全"都作了相当详细和具体的说明,会计软件的开发设计者应依此《规范》进行开发和设计,开展会计电算化的单位也应按此《规范》进行考查与评价会计软件。在评价软件时,考虑该软件是否通过有关机构的评审以及现有用户的数量、使用效益。其原因有四:一是通过有关机构评审的软件是符合国家规定的软件;二是软件的评审是由有关专家进行了详细的测试后通过的,专家对软件的评价比单位选购人员的评价要准确全面得多;三是有对该软件的鉴定材料;四是有关机构会对该软件的售后服务进行管理,从而解决电算化的维护问题,免去用户的后顾之忧。

2) 会计软件所需的运行环境

目前,商品化会计软件品种繁多,不同软件公司生产的会计软件对计算机硬件环境和软件环境的要求也不尽相同。因此要考查该软件的硬件、软件环境是否容易满足,是否有特殊要求,是否易于维护等。会计软件对计算机软件环境的要求,主要是指操作系统(Windows、Unix、Linux, OS/2)的要求、对数据库(ACCESS、FOXPRO、Informax、MS SQL、ORACLE、SYBASE 等)的要求、采用远程数据库访问(ODBC, SQL)的要求、网络环境的网络体系结构(F/S、C/S、B/S)的要求。

3) 会计软件的功能

为保证会计软件的质量,应选择经过财政部规定的各级有关主管部门的评审、已在一个或多个行业系统范围内推广使用的会计软件,因为经过评审的会计软件都应满足财政部颁发的《会计核算软件基本功能规范》的要求,符合财务制度、会计制度及税收制度的各种要求。但是,不同的会计软件在满足基本功能的基础上,还有其特有的功能和特点。因此,在评价会计软件时应该从本单位的实际需要出发,从以下三方面进行认真的考查:

（1）会计软件的行业特点

我国会计制度体系由会计制度、会计准则与具体的各行业会计准则组成，企事业单位所在行业不同，会计核算的要求也有所不同。因此，各会计软件公司推出的会计软件也有不同的版本，如工业企业版、商品流通企业版、行政事业单位版、饮食旅游服务版、交通运输企事业单位版、外商投资企业版等。所以，企事业单位在评价会计软件时，应根据本单位所处行业评价该会计软件是否适合本行业的特点。

（2）基本满足单位会计业务处理的要求

企事业单位选择的会计软件所提供的功能必须基本满足单位会计业务处理的要求，这是评价会计软件的关键。否则，一旦购买的软件无法使用或不能满足要求，不仅会影响企事业单位会计工作的正常进行，而且可能造成资金的闲置与浪费。此外，还应该分析会计软件是否满足一些会计核算、会计管理的特殊要求（如外币核算、自动处理汇兑损益、部门管理、项目管理、预算管理等）。如果一个会计软件既能满足某企事业单位的日常会计核算要求，又能满足会计核算和会计管理的特殊要求，那么必然会成为首选软件。

（3）会计电算化工作发展的需要

随着社会主义市场经济的发展，企事业单位的会计工作将会发生重大变化，如经济业务的不断增加，会计组织机构的增减变更等。因此，要分析会计软件是否满足企事业单位发展的需要，是否能够进行相应的设置，满足经济业务增长的需要，满足会计组织的合并、分离等变更处理的需要等内容。

4）会计软件的操作方便性

会计软件操作是否方便，直接影响会计软件的使用。因此，在评价会计软件时应该认真考查。对会计软件的操作方便性进行考查和评价应从以下两个方面进行：

（1）会计软件的操作是否便于学习

对会计软件进行实践考查，评价会计软件的各种屏幕输入格式是否简洁明了，是否有各种操作提示，各种提示的用语是否表达准确并符合会计人员的习惯，各种自定义功能是否便于学习等。

（2）会计软件的操作是否简单方便

会计软件的操作过程是否简单方便，操作过程是否符合会计人员的习惯或易于被会计人员接受，各种自定义功能是否便于操作和使用等。

5）会计软件的安全可靠性

安全可靠的会计软件对保证会计核算工作的安全正常运行尤其重要。会计软件的安全可靠性是指会计软件防止会计信息被泄漏和被破坏的能力，以及会计软件防错、查错和纠错的能力。会计软件公司为了保证其产品的安全可靠性，通常在软件中设计了各种安全可靠性措施。因此，考查会计软件的安全可靠性可以从以下几个方面进行：

（1）会计软件安全可靠性措施的完备性

会计软件由若干个功能模块组成，每个功能模块都应有安全可靠性措施，确保会计信息的合法性、正确性和完整性。因此，可以通过会计软件使用手册和实际操作软件，仔细考查会计软件是否具备各种安全可靠性措施。

（2）会计软件安全可靠性措施的有效性

会计软件一般都具有相应的安全可靠性措施，以保证软件在进行初始设置、会计数据的输入和输出，以及会计数据的处理和存储等环节实施的安全可靠。一些会计软件虽然有各种安全可靠性措施，但是，实际上并没有达到预期的目的。因此，必须对会计软件的安全可靠性措施是否有效进行考查。

①考查会计软件安全可靠性措施是否有效。如仔细考查会计软件是否能够防止非指定人员使用；是否对指定操作人员实行使用权限控制；是否进行对所输入的初始余额进行试算平衡和正确性检查等。

②考查会计数据输入和输出的安全可靠性措施是否有效。如仔细考查是否能够防止非法会计科目的输入；是否能够对一张凭证的借贷平衡进行控制；是否能够正确地提供不同用户所需的各种会计信息等。

③考查会计数据处理和储存的安全可靠性措施是否有效。如仔细考查当记账不成功时，是否能由计算机自动恢复到记账前状态；是否能防止非法篡改数据；一旦发现程序文件和数据被篡改，是否能够利用标准程序和备份数据恢复会计软件的运行等。

（3）会计软件安全可靠性措施的合理性和有效性

如果会计软件具备了各种安全可靠性措施并且是有效的，那么，其合理性和实用性如何？不同的会计软件，其安全可靠性措施的合理性和有效性是不同的。例如，有的会计软件虽然具有设置口令并拒绝非法口令的功能，但当设置灵活输入口令时将口令显示在屏幕上，显然这样的安全可靠性措施不能达到预期目的，是不合理、不实用的。合理和有效的安全性措施将会给会计软件的安全有效使用带来便利。因此，在对会计软件安全措施的完备性和有效性考查之后，还必须对会计软件可靠性措施是否合理和实用进行考查。

6）会计软件使用手册的通俗易懂性

评价会计软件时，还需对会计软件使用手册的通用性进行评价。评价手册的通俗易懂性主要从以下几个方面进行：内容是否完整，手册是否实用，各种命令、功能的用法解释是否清楚，手册中的范例是否实用。会计软件厂家是否能提供通俗易懂的会计软件使用手册，也是评价会计软件所要考虑的重要因素之一。

7）会计软件售后服务的可靠性

会计软件售后服务的可靠性对用户来说是至关重要的，会计信息系统是一个连续运行的系统，任何时候都不能间断，一旦系统中断正常运行，都会给国家、集体和个人带来重大的经济损失。因此，仔细考查会计软件售后服务情况，对企事业单位评价会计软件也是十分重要的。考查会计软件售后服务的可靠性可从以下几个方面进行：

（1）会计软件公司的日常维护和用户培训

会计软件公司应该为其用户提供有偿或无偿的日常服务，即帮助企事业单位解决其使用会计软件过程中无法解决的问题。会计软件公司日常维护质量的好与坏，将影响到企事业单位日常的会计工作。因此,必须对会计软件公司日常维护情况进行认真考查。通常应该通过直接或间接的方式,考查会计软件公司以往用户故障报告的反映时间和维护质量。

会计软件公司还应该为用户提供定期的培训,用户培训质量的好与环,直接影响到企事业单位会计软件能否顺利地应用起来,以及其功能能否得到充分的利用。因此,必须对会计软件公司以往的用户培训工作进行全面的了解和考查,分析其培训计划。

(2)版本升级

会计软件不是一成不变的,会计软件公司根据市场的需要会不断推出新版本的会计软件。对于老用户单位来说,肯定会遇到版本升级的问题。会计软件公司能否根据形势的发展不断推陈出新,并为用户进行版本升级,以及版本升级的费用,都是企事业单位在评价会计软件时应考虑的指标。

(3)会计软件再开发

会计软件再开发是指利用会计软件提供的功能接口继续完善开发会计软件功能的过程。现代企事业单位会计核算是企事业单位经营与管理的重要组成部分。在市场经济条件下,企事业单位会计核算要提供准确、完整的会计信息,保证预测、决策的正确性;要及时提供会计信息,提高会计信息反馈的灵敏度;要提供更多的企事业单位内部管理所需的信息,为企事业单位提高经济效益服务。因此,企事业单位在选择会计软件时,必须以持续经营的观点长远地考虑问题,一方面,保证会计软件的使用能促进本单位会计工作效率的提高和会计电算化工作的开展。另一方面,确保该软件能适应会计工作的未来发展趋势。如会计软件是否留有接口,是否有利于软件的再开发等。再开发应充分发挥产品功能,为用户实际情况服务。因此,会计软件再开发也是评价会计软件要考虑的重要指标之一。

综上所述,企事业单位在评价会计软件时应全面考虑,并且始终坚持客观公正的评价原则。

2.5　会计软件的安装调试

2.5.1　准备工作

①请对照本说明所描述的配置准备环境;
②确定 Web 服务器、应用服务器或数据服务器 Server 版的操作系统;
③应用服务器或 Web 服务器的组件时一定要先在系统中安装 IIS;
④计算机在安装过操作系统和必要的补丁后没有安装过任何其他软件;
⑤安装 SQL 数据库环境。

2.5.2　SQL 安装步骤及说明

下面以安装 SQL Server 2008 为例说明数据库安装简要步骤。

①单击右侧的【全新 SQL Server 独立安装或向现有安装添加功能】,进入【SQL Server 2008 安装程序】界面,首先是【安装程序支持规则】,操作完成之后,单击【确定】,如图2-6所示。

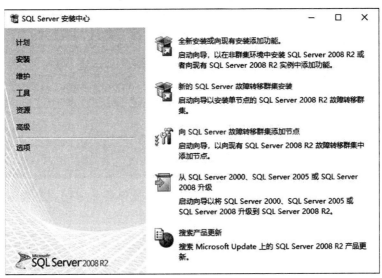

图 2-6　SQL 安装中心

②安装完成之后,又进入【安装程序支持规则】,单击【显示详细信息】可以看到详细的规则列表,单击【下一步】。

③进入【功能选择】,这里选择【全选】,也可以选择具体需要的功能,并且可以改变安装位置,设置完成后,单击【下一步】。

④进入【实例配置】,这里直接选择【命名实例】,其他都按照默认设置,单击【下一步】,如图 2-7 所示。

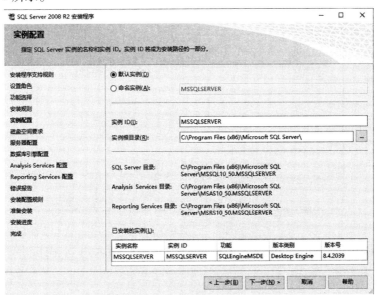

图 2-7　命名实例

29

⑤进入【安装规则】，直接单击【下一步】。

⑥进入【安装进度】，SQL Server 2008 开始安装，等待安装完成即可。安装完成后，会列出具体安装了哪些功能，提示安装过程完成，这时单击【下一步】，可进入【完成】界面，提示【SQL Server 2008 安装已成功完成】。

⑦安装完毕重新启动机器，准备安装用友软件系统。

2.5.3 会计软件安装步骤

1）安装模式

用友 ERP-U8 应用系统采用三层架构体系，即逻辑上分为数据库服务器、应用服务器和客户端。

①单机应用模式。即将数据库服务器、应用服务器和客户端安装在 1 台计算机上。

②网络应用模式但只有 1 台服务器。将数据库服务器和应用服务器安装在 1 台计算机上，而将客户端安装在另 1 台计算机上。

③网络应用模式且有两台服务器。将数据库服务器、应用服务器和客户端分别安装在不同的 3 台计算机上。

2）安装步骤

①运行安装盘里的 setup.exe 程序；

②如果同意许可协议，选择"我接受许可协议中的条款"；

③输入用户名和公司名称；

④安装类型界面中选择所要的安装类型（安装全部产品、单机版安装、服务器安装、数据服务器安装、应用服务器安装、应用客户端），如图 2-8 所示，并可选择安装路径；

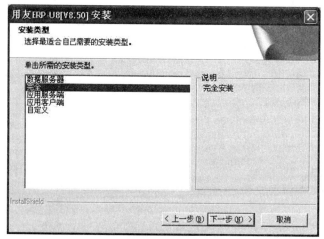

图 2-8　安装类型

⑤系统配置符合要求可单击开始安装继续进行，出现各产品文件的安装进程，如图 2-9 所示；

⑥安装完成对话框中选择重启，如果选择了其他的子产品尚未安装，则可以选择稍

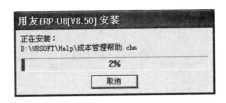

图2-9 产品文件的安装进程

后重启,等所有选择的子产品均完成安装后再自行重启计算机。

3)重新启动

①计算机启动完后 T6 服务管理器会自动运行;

②根据应用需要配置你的服务(设置数据库服务器等),如图2-10 所示。

图2-10 设置数据库服务器

4)启动与卸载程序

①要卸载软件,执行开始菜单→程序→U8 管理软件,卸载 U8 管理软件,单击删除,即可卸载软件,如图2-11 所示;

②单击确认卸载所有组件后进入卸载过程,卸载完后需重启计算机。

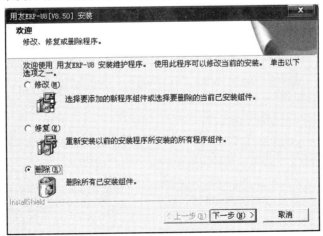

图2-11 卸载程序

本章小结

本章是会计软件的介绍。第一节介绍了会计软件的概念和分类。第二节介绍了会计软件的配备方式,主要有购买通用会计软件、自行开发、委托外部单位开发及企业与外部单位联合开发不同方式。第三节介绍了会计软件的功能模块,对会计软件各模块的功能描述和数据传递进行了分析。第四节介绍了通用会计软件,包括用友、金蝶、金算盘、新中大等,同时对会计软件进行了评价。最后一节介绍了会计软件的安装调试方法,主要是准备工作、SQL安装步骤及说明以及会计软件安装步骤等内容。通过对这些会计软件内容的介绍,可以使读者对会计软件有一定的了解,为后续章节具体操作打下基础。

思考与练习

1.简述会计软件的分类。

2.请说明会计软件一般由哪些功能模块组成,具体完成哪些任务?

3.对会计软件的要求主要有哪些?

4.简述会计软件的实施流程。

5.结合实际,谈谈选择商品化会计软件主要应当考虑哪些因素?

6.简述商品化会计软件的优缺点。

第3章 会计信息系统数据库与设计

学习目标

通过本章的学习,掌握会计信息系统的数据库分析设计方法,并能结合实际,介绍一个具体的财务分析设计案例。了解常见的数据库;理解主要的财务软件数据与备份方法。

3.1 数据库与常见的数据库

数据库是一项计算机技术,它是用来保存数据库对象和数据的地方,数据库技术是计算机科学的一个重要分支。由于数据库具有数据结构化,最低冗余度,较高的程序与数据独立性,易于编制应用程序等优点,常用的信息系统都是建立在数据库设计的基础之上的。

数据库按数据结构形式可以分为 3 种模型:层次型数据库、网状型数据库、关系型数据库。目前主流会计软件使用的数据库类型是微软的 Microsoft ACCESS 和 Microsoft SQL Server 关系数据库。Microsoft SQL Server 是一个可扩展的、高性能的、为分布式客户机/服务器计算所设计的数据库管理系统,实现了与 Windows 的有机结合,提供了基于事务的企业级信息管理系统方案。本章以 Microsoft SQL Server 2000 数据库为例阐述会计信息系统中的数据库应用,会计软件以用友软件 U8 为例阐述数据库中表的应用。

3.1.1 数据库的组成

数据库是数据和数据库对象的容器。数据库对象是指存储、管理和使用数据的不同结构形式。

在 Microsoft SQL Server 系统中,主要的数据库对象包括数据库关系图、表、视图、同义词、存储过程、函数、触发器、程序集、类型、规则、默认值等,如图 3-1 所示。设计数据库的过程实际上就是设计和实现数据库对象的过程。

Microsoft SQL Server 系统提供了两种类型的数据库,即系统数据库和用户数据库。系统数据库存放 Microsoft SQL Server 2008 系统的系统级信息,例如系统配置、数据库的

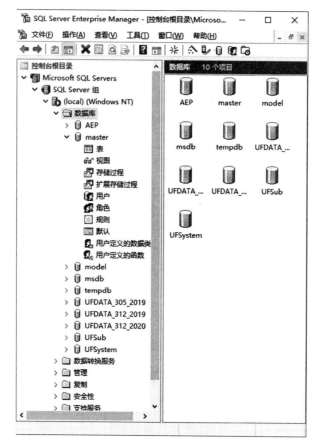

图 3-1　数据库对象

属性、登录账户、数据库文件、数据库备份、警报、作业等信息。Microsoft SQL Server 使用这些系统级信息管理和控制整个数据库服务器系统。用户数据库是由用户创建的、用来存放用户数据和对象的数据库。

1）系统数据库

master 数据库是最重要的系统数据库，它记录了 SQL Server 系统级的所有信息，这些系统级的信息包括服务器配置信息、登录账户信息、数据库文件信息、SQL Server 初始化信息等，这些信息影响整个 SQL Server 系统的运行。

model 数据库是一个模板数据库。该数据库存储了可以作为模板的数据库对象和数据。当创建用户数据库时，系统自动把该模板数据库中的所有信息复制到用户新建的数据库中，使得新建的用户数据库初始状态下具有了与 model 数据库一致的对象和相关数据，从而简化数据库的初始创建和管理操作。

msdb 是与 SQL Server Agent 服务有关的数据库。该系统数据库记录有关作业、警报、操作员、调度等信息，这些信息可以用于自动化系统的操作。

tempdb 是一个临时数据库，用于存储查询过程中所使用的中间数据或结果。实际上，它只是一个系统的临时工作空间。

2）表

表是关系模型中表示实体的方式,是用来组织和存储数据、使之具有行列结构的数据库对象。一般而言,表具有下列一些基本特点:代表实体、由行和列组成、行和列的顺序是不重要的等,如图 3-2 所示。

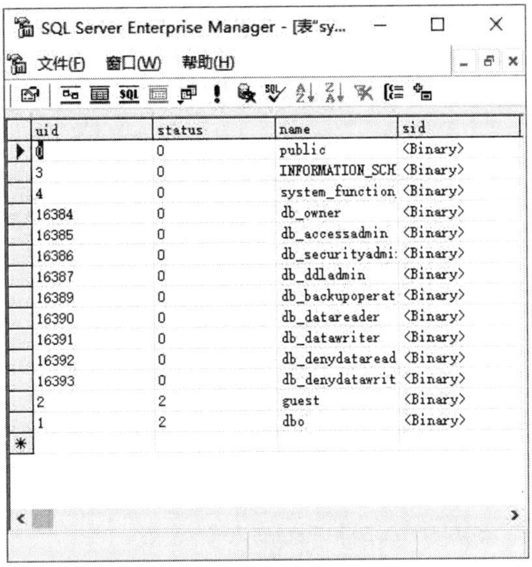

图 3-2　数据库中的表

表是包含数据库中所有数据的数据库对象。表定义是一个列集合。数据库中的表与平常使用的 Excel 相似,都是以行和列的形式进行组织的,数据存在于单元格中。一行数据就代表一条唯一的记录,而一个列则只记录一个字段。例如在一个学生管理系统中存在一个学生表,每一行数据就代表了一个学生,而表中的学号、姓名、生日等列则代表学生的属性信息。SQL Server 中的表包括下列主要组件。

列,每一列代表由表建模的对象的某个属性。行,每一行代表由表建模的对象的一个单独实例。

3.1.2　会计软件和数据库

会计软件作为企业管理和财务核算的工具,除了需要设计人员用开发工具制作出功能齐全、使用方便的前台应用程序,还需要有一个强大数据库。使用者在会计软件中填制的凭证、单据等都会存放在数据库中。

会计软件由程序和数据库两部分组成,SQL server 做后台数据库,负责数据的存取。通过软件界面输入的所有数据都存储在后台数据库内,如会计软件输入的凭证存储在数据库中 gl_accvouch 表内,形成的总账存储在 gl_accsum 表内,辅助账存储在 gl_acssas 表内。那么,如果软件在应用过程中,有时候出现对账不平,需要改相关表内的记录,对SQL SERVER 数据库的应用,只需掌握如何打开数据存放的表,如何去更新删除记录。

通过企业管理器打开一个表,gl_accsum 总账数据表,此表存放各个科目本年度的各月期初余额,借方发生,贷方发生,期末余额。

3.1.3 数据库的不同版本

20 世纪 90 年代,数据库市场百花齐放,竞争十分激烈。SQL Server 的早期版本由于其自身的不足,仅局限在小型企业和个人应用上。直到 1998 年 SQL Server 7.0 的推出才使 SQL Server 走向了企业级应用的道路。而随后发布的 SQL Server 2000 更是一款优秀的数据库产品,凭借其优秀的数据处理能力和简单易用的操作,SQL Server 跻身世界三大数据库之列(另外两个是 Oracle 和 IBM DB2)。表 3-1 为 SQL Server 历史版本的发布时间和开发代号。

表 3-1　SQL Server 历史版本

年　份	名　　称	版　本
1989 年	SQL Server 1.0	1
1993 年	SQL Server 4.21	4.21
1995 年	SQL Server 6.0	6
1996 年	SQL Server 6.5	6.5
1998 年	SQL Server 7.0	7
2000 年	SQL Server 2000	8
2003 年	SQL Server 2000 Enterprise 64 位版	8
2005 年	SQL Server 2005	9
2008 年	SQL Server 2008	10
2009 年	SQL Server 2008 R2	10.5
2012 年	SQL Server 2012	11
2014 年	SQL Server 2014	12
2016 年	SQL Server 2016	13
2017 年	SQL Server 2017	14
2019 年	SQL Server 2019	15

SQL SERVER 的常见版本:

(1)企业版(Enterprise Edition)(大中型企业商用)

企业版提供了最多的功能特性和最佳的性能,适用于大规模的企业生产应用环境。

(2)标准版(Standard Edition)(小型企业商用)

标准版的功能相对少一些,比较适合于中小规模的企业生产应用环境。

(3)开发版(Developer Edition)(开发公司、开发人员使用)

开发版拥有企业版中的绝大多数功能特性,但它只能用于开发和测试,而不能用在生产环境中。

(4)个人版(Personal Edition)(开发人员使用)

个人版的功能和标准版类似,但在扩展性上有一定限制,如最多只能利用两个 CPU、并发连接数超过 5 个时性能会有显著下降等。个人版通常适用于经常断开网络连接而又需要访问数据库的移动办公用户。另外,个人版不单独出售,而只能随企业版或标准版一同获得。

(5)MSDE 2000(Microsoft SQL Server 2000 Desktop Engine)(简单的单机数据库、开发人员开发测试使用)

MSDE 2000 是建立在 SQL Server 2000 的核心技术基础之上的桌面数据库引擎,它提供了 SQL Server 2000 中最基本的功能特性,但同时也有很多限制,如最多只能利用两个CPU、并发连接数超过 5 个时性能会有显著下降、最多只支持 2GB 的数据库、不提供图形用户界面工具、不支持全文检索、不支持分析服务等。因此,MSDE 适用于少量用户的小型数据库应用或学习、测试环境。另外,MSDE 2000 是免费的,可以直接从微软的网站上下载、复制或与用户的应用程序集成再分发。

3.1.4　会计软件数据的秘密

列举用友软件数据库中重要表。

1)ufysftem 库

此库是系统参数数据库,其中主要存放各个账套的共用信息,意义很大,日常应用的也很多。

①ua_account:是账套信息表,其中系统账套存放路径、账套启用年度、账套启用月份、企业类型、行业性质等字段特别重要。

②ua_account_sub:账套各模块启用月度及最大结账月表,其中子系统 id 字段、最大结账月字段、子系统启用日期字段十分重要。

③ua_period:账套会计日期划分表。

④ua_task:异常任务记录表 01(在所有模块退出后,此表应为空)。

⑤ua_tasklog:异常任务记录表 02(同上)。

⑥ua_log:上机日志表。

⑦ua_tonextyear:建立下年年度账时要建立的表(此表也特别重要,在建立年度账失败时,一般可从此表记录的内容进行排查,以发现上年度是哪张表有问题)。

⑧ua_holdauth:记录每个操作员在每个账套每个年度的分配权限。

2)ufdata_00n_200x 库

此数据库称作应用数据库,命名规则是 ufdata_账套编号_年度(四位计数),其中主要存放每个年度的账务数据,包括各个模块的数据。在数据表中,命名方法是模块代码_表名。

其中:ap 代表应付、ar 代表应收、gl 代表总账、wa 代表工资、fa 代表固定资产、pu 代表采购、sa 代表销售、st 代表库存、ia 代表存货、fd 代表资金管理、ca 代表成本等。

①accinformation:账套参数表,包括财务和购销存模块设置选项中定义的所有参数,如启用时间、系统年度等。

②ap_closebill:收付款结算表,主要记录收款单、付款单的内容。

③ap_detail：应收应付明细表，主要记录已结算的采购发票和已审核的销售发票所形成的应收应付记录。

④ap_vouch/s：应付/收单主子表，记录销售已审核的代垫费用单，应收、应付单等的表头和表体记录。

⑤ap_vouchtype：单据类型表，主要记录应收应付系统所使用的各种单据的类型和代码。

⑥currentstock：现存量表，写入存货的不同自由项、所在仓库到目前为止的结存数量和结存件数。

⑦customer：客户档案表，写入客户的记录。

⑧dispatchlist/s：发货单、委托代销结算单主子表，主表写入表头内容，子表写入表体内容。

⑨Dsign：凭证类别表，定义凭证类别的记录。

⑩endispatch/s：委托代销发货单主子表。

⑪gl_accass：辅助总账表，写入带有辅助核算科目的期初余额以及凭证记账之后带有辅助核算科目的记录。

⑫gl_accsum：科目总账表，写入科目的期初余额和凭证记账之后科目的增加变化记录。

⑬gl_accvouch：凭证及明细账表，写入带有个人往来、供应商往来、客户往来的科目的期初余额及所有模块填制的凭证的明细记录。

⑭gl_mccontrol：科目并发控制表，写入科目的锁定记录，在没有任何操作的前提下，此表应为空。

⑮gl_mvcontrol：凭证并发控制表，写入凭证的锁定记录，在没有任何操作的前提下，此表应为空。

⑯gl_mend：结账状态表，记录各模块结账至何月的记录，其中，bflag 代表总账、bflag_ap 代表应付、bflag_ar 代表应收、bflag_ca 代表成本、bflag_fa 代表固定资产、bflag_fd 代表资金管理、bflag_ia 代表存货、bflag_pu 代表采购、bflag_wa 代表工资、bflag_st 代表库存、bflag_sa 代表销售。

⑰ia_subsidiary：存货核算存货明细账表，写入存货的期初余额、所有出入库单据上存货的成本明细记录，其中凭证号字段（ipzid）、单据类型字段（cvoutype）、仓库编码（cwhcode）、暂估标志（0—未暂估未报销、1—暂估、2—报销）（flag）等字段特别重要。

⑱ia_summary：存货核算存货总账表，写入存货的汇总成本记录。

⑲inventory：存货档案表，写入建立存货时的明细记录。其中是否批次（binvbatch）、启用日期（dsdate）字段特别重要。

⑳lockvouch：单据锁定表，写入各种单据的锁定记录。在正常不操作任何功能的前提下，此表应为空。

㉑mainbatch：批次主文件表，写入计价方式是个别计价的存货或者是批次管理的存货的记录，其中是否出空字段（bisnull）特别重要。

㉒maxvouch:最大单号表,写入购销存模块所有单据的单据号的当前号记录数。

㉓purbillvouch/s:采购发票主子表,写入采购发票的表头表体记录。

主表写入表头记录,其中自动编号字段(pbvid),发票类型(专用、普通、运费、农收、废收、其他)字段(cpbvbilltype),发票号字段(cpbvcode)重要。子表写入表体记录,其中子表自动编号字段(id)、采购发票主表 id 号字段(pbvid)、累计付款字段(ioritotal 原币、itotal 本币)等字段较重要。

㉔rdrecord/s:收发记录主子表,写入各种出入库单据(包括存货期初)的记录。

㉕salebillvouch/s:销售发票主子表,其中子表的累计收款字段较重要。

㉖vouchtype:单据类型表,写入购销存模块中所有的单据类型的代码。

㉗St_totalaccount:库存总账表,写入存货所在仓库的月汇总记录。

㉘warehouse:仓库档案表,写入建立仓库的信息,其中计价方式字段(cwhvaluestyle)、期末处理会计月份字段(cmonth)。

㉙sa_account:销售总账表,写入存货销售的汇总记录。

3.2　财务软件备份与恢复

财务软件日常工作的安全性主要体现在系统管理中,包括对数据进行备份、恢复以及清除异常任务。如果经常备份,在数据的安全性上,就会减少很多不必要的麻烦。一旦数据受到破坏,重新安装软件进入系统管理输入即可,所以系统管理在日常维护中相当重要。

3.2.1　常规数据备份与恢复

1)数据备份

以系统管理员身份注册,主要完成建立账套、对整个所选择账套的数据进行备份和恢复(包括这个账套的所有年度的所有数据),其备份出来的信息文件是 uferpact.lst;以账套主管身份注册,主要完成年度账的建立、备份和恢复工作,其备份的内容是本年度的所有数据,其备份出来的信息文件是 uferpyer.lst。以不同的身份注册,就有不同的备份结果,从文件名即可看出为何种备份。

2)备份信息文件

对于由系统管理员 admin 备份出来的账套数据,其中一个文件是备份信息文件 uferpact.lst,本节以此为例,讲一下这个文件的重要作用。(由账套主管备份出来的信息文件是 uferpyer.lst。)

这个 uferpact.lst 可以用记事本或者写字板打开,方法是选中此文件,鼠标右键选打开方式(如果没有打开方式选项,则按住键盘上的 shift 键,再用鼠标右键单击此文件,即可出现打开方式选项)。

打开后将出现如下内容：

其中括号中的内容是说明用的，在此注意，修改此文件之前一定要将此文件复制一份作备份，以备改错后能恢复。

［BackRetInfo］

Type＝Account

cAcc_Id＝001（账套号）

iSysId＝37258.8982986111（账套在数据库中的唯一标识）

cacc_path＝D：\ufdata\ZT001\（账套存放的原来路径）

Version＝1.00（版本）

VersionEx＝V8.21（u8 的版本号）

Date＝2017－01－14 17：14（备份的时间）

YCount＝1（备份数据包含的年度数）

YYear＝17（代表 2017 年）

Backup＝Success

Disks＝0

Bytes＝140769576（备份文件的大小）

［FileInfo］

Count＝4（输出的数据有四个文件，以下分别为其原来的路径）

File1＝D：\ufdata\ZT001\UFDATA.BAK

File2＝D：\ufdata\ZT001\1.vts

File3＝D：\ufdata\ZT001\FATail.REP

File4＝D：\ufdata\ZT001\FATitle.REP

［Files］

File1＝1，，UFDATA.BA_，UFDATA.BAK，D：\ufdata\ZT001\，，，2017－01－14 17：15，140728832

File2＝1，，1.vt_，1.vts，D：\ufdata\ZT001\，，，2017－01－04 07：35，13824

File3＝1，，FATail.RE_，FATail.REP，D：\ufdata\ZT001\，，，2017－01－04 07：35，13416

File4＝1，，FATitle.RE_，FATitle.REP，D：\ufdata\ZT001\，，，2017－01－04 07：35，13504

通过修改此文件可以达到以下重要作用：

①改账套编号，可以将账套复制，除了编号不一样，账务内容是一样的，这样你可以在复制的账套中进行测试问题，等解决好之后再在正式账套中应用。以免在正式账套改错数据后无法处理。

②改存放路径，可以将账务数据移动位置，这样当某个盘符空间不够时，可以解决问题。

③可以检查备份目录下文件是否齐全，根据信息文件中文件个数和文件名字检查是否有备份文件缺少的现象。

④当将数据由一台机器引入到另一台机器时,由于分区多少不一样,可能无法引入数据。通过修改盘符可解决问题。

3)数据恢复

系统管理中通过系统管理员(admin)和账套主管备份的方法是我们所推荐的,因为这样的备份易于恢复,并且是压缩备份,占硬盘空间相对较小。U8 备份数据所占空间因为是采取 sql 大型数据导致空间占用较大,建议备在硬盘的其他分区或者刻在光盘上,如果是网络用户,还建议在其他的工作站上复制一份,采取多方措施确保数据的安全。

通过系统管理备份的数据,直接通过系统管理即可进行恢复,方法比较简单,在此不再讲解。如果将备份的文件刻在光盘上,首先要将文件复制在硬盘上并去掉这些文件的只读属性,否则无法恢复。

3.2.2　非常规数据备份与恢复

在常规数据未备份或者常规数据错误无法读取的情况下,就要采用非常规数据备份与恢复了。

①复制物理账套文件的方法。此种备份方法适合软件无法正常运行,无法通过系统管理来备份,只有通过将 admin\zt00n 文件夹复制的方法了。当软件恢复正常运行时再恢复,也可确保恢复的数据是最新的。

通过备份物理文件的方式恢复时,如果曾经对这个账套作过系统管理备份,在软件能够正常运行的情况下可以先引入这个备份,让系统在引入的过程中自动创建账套和其年度信息,然后需要停止 sql 的服务。

②直接对数据作备份的方法。打开 sql 的企业管理器,选择要备份的数据库,鼠标右键,选择所有任务,再选择备份数据库,如图 3-3 所示。此种备份的方法较复杂,且也没有进行压缩,所形成的备份文件是∗.bak 文件。

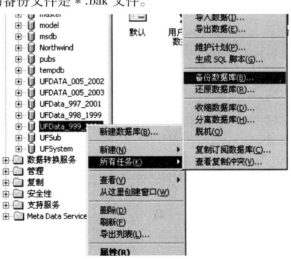

图 3-3　备份数据库

对数据库使用鼠标右键选择所有任务下的"还原数据库",如图 3-4 所示,单击"添加"按钮并选择要恢复的 * .bak 文件,单击确定。

图 3-4　还原数据库

在接下来的界面中选择"从设备",并单击"选择设备"。单击"添加"按钮并选择要
恢复的 * .bak 文件,单击确定。

3.3　会计信息系统的设计实例

近年来,随着计算机的广泛应用和数据处理技术的迅猛发展,适应数据处理程序设
计工具不断涌现,如 FoxPro、Visual foxpro、Sybase、Access、Visual Basic 等。这些工具功能
完善,实用性强,支持结构化或面向对象的程序设计方法。

本节以 FoxPro 结构化程序设计方法为例介绍由详细设计转换为程序代码的方法。

3.3.1　会计信息系统的系统分析步骤

运用结构化分析(SA)方法对会计信息系统进行系统分析,其分析流程如图 3-5
所示。

1)手工会计信息系统数据量的调查分析

调查手工会计信息系统数据量的上限及普遍情况,为下阶段工作提供依据。

2)手工会计信息系统数据处理模型的调查和分析

对一个具体单位的手工会计信息系统中所有业务、数据处理的来龙去脉、数据处理
方法、会计数据的内容和结构等进行调查与分析,建立手工会计信息系统的逻辑模型,以
反映系统的全貌。

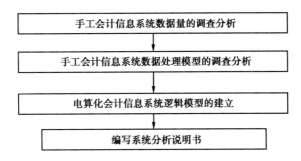

图 3-5 系统分析步骤

(1)建立手工会计信息系统数据流图的方法

系统分析采用"自顶向下,逐层分解"的方法进行,也就是将一个复杂的系统逐步地分解成若干个简单的系统。在逐步分解的过程中会产生多张数据流图。

(2)确定手工会计信息系统数据词典的方法

数据词典是对数据流图中的各种文件和数据流进行详细描述和确切解释。

(3)其他调查内容

对资源利用情况、管理方式以及系统的内部环境等进行调查,如财务人员档案调查表、总账参数调查表等。

所有调查分析的内容(数据流图、数据词典、其他调查表)汇集起来,就构成了手工会计信息系统的逻辑模型。

3)电算化会计信息系统逻辑模型的建立

(1)电算化会计信息系统数据流图的建立

电算化会计信息系统数据流图的建立如图 3-6 所示。

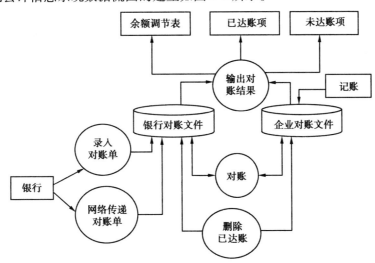

图 3-6 数据流图

(2)确定电算化会计信息系统的数据词典

银行对账文件数据词典如表 3-2 所示。

文件:银行对账文件　　制表日期:××年××月××日

表 3-2　银行对账文件数据词典

序号	数据项名称	内容举例	类型	取值范围	备 注
1	科目代码	10201	字符型	长度小于等于 12 个字符	
2	对账单日期	1998/12/12	日期型		
3	摘要	收欠款	字符型	最多为 18 个汉字	
4	支票号/结算单据号	11234	字符型	最多 5 个字符	
5	收/付	收	字符型	1 个汉字	
6	金额	1 300	数值型	最大为千万元	
7	已达标志	T	逻辑型		T 已达
					F 未达

企业对账文件数据词典如表 3-3 所示。

文件:企业对账文件　　制表日期:××年××月××日

表 3-3　企业对账文件数据词典

序号	数据项名称	内容举例	类型	取值范围	备 注
1	科目代码	10201	字符型	长度 = 12 个字符	
2	凭证日期	1998/12/12	日期型		
3	凭证类型	银收、银付	字符型	2 个汉字	
4	凭证号	1	字符型	0001 ~ 9999	
5	摘要	付款	字符型	最多为 18 个汉字	
6	支票号/结算单据号	11234	字符型	最多 5 个字符	
7	借/贷	借、贷	字符型	1 个汉字	
8	金额	1667	数值型	最大为千万元	
9	已达标志	T	逻辑型		T 已达
					F 未达

4）编制系统分析说明书

系统说明书是系统分析的最终结果,它反映了所建立系统的功能需求、性能需求、运行环境等方面内容,是开发人员和用户共同理解电算化会计信息系统的桥梁,也是系统设计的基础。主要内容包括:

①会计信息系统名称、使用单位和设计单位名称;

②手工会计信息系统数据流图和数据词典;

③电算化会计信息系统数据流图和数据词典;

④性能要求(合法性、可靠性、安全保密性、灵活性、易用性);

⑤运行环境的要求。

3.3.2　工作流程和主要任务

软件生命周期法的工作流程和主要任务如表 3-4 所示。

表 3-4　软件生命周期法的工作流程和主要任务

生命周期		主要任务	主要文档
软件需求 分析阶段	可行性研究 与计划	调查用户需求和处理过程,进行可行性分析与研究	可行性研究报告及初步的软件开发计划
	系统分析	分析用户需求,建立目标系统逻辑模型	系统分析说明书
软件开发阶段	系统设计	概要设计:建立目标系统的总体结构及数据库设计	概要设计说明书
		详细设计:对模块进行过程描述确定模块间的详细接口	详细设计说明书
	程序设计	按详细设计说明书,为每个模块编写程序	源程序清单
			程序设计说明书
	系统测试	检查和调试程序的正确性,排除错误	测试报告
			用户操作手册
运行维护阶段	运行和维护	运行软件	运行日志
		对程序修改扩充	软件问题报告
		修改有关文档	软件修改报告

3.3.3　软件设计实例

1) 系统分析:手工逻辑模型建立

第一层:原始凭证的建立,如图 3-7 所示。

图 3-7　原始凭证

第二层:原始凭证录入各系统模块,如图 3-8 所示。

第三层:账务处理系统,如图 3-9 所示。

第四层:记账数据流图,如图 3-10 所示。

第五层:银行对账数据流图,如图 3-11 所示。

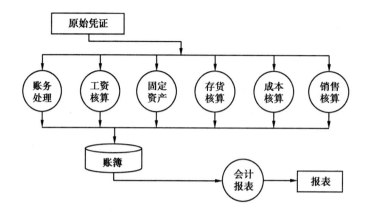

图 3-8　原始凭证录入各系统模块

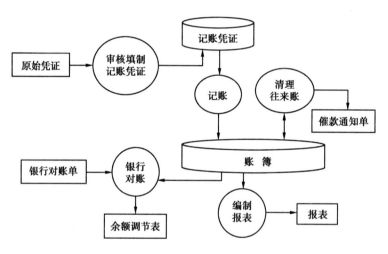

图 3-9　账务处理系统

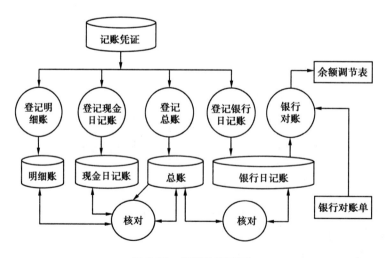

图 3-10　记账数据流图

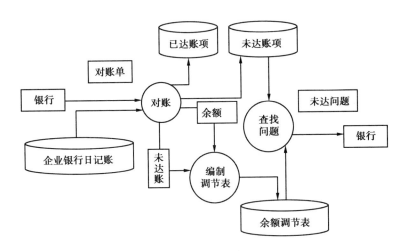

图 3-11 银行对账数据流图

优化的逻辑模型(数据流图),如图 3-12 所示。

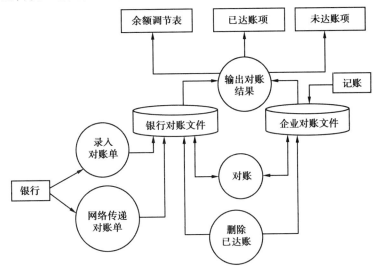

图 3-12 数据流图

2) 系统设计:功能结构图的建立

根据电算化会计信息系统中银行对账数据流图,导出"银行对账"模块结构图,如图 3-13 所示。

3) 确定电算化会计信息系统的数据词典

表 3-5 和表 3-6 分别是银行的对账文件数据字典和企业对账文件数据词典。

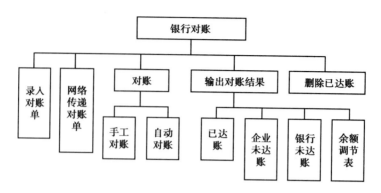

图 3-13　功能结构图

文件：银行对账文件　　　　制表日期：××年××月××日

表 3-5　银行对账文件数据词典

序号	数据项名称	内容举例	类型	取值范围	备　注
1	科目代码	10201	字符型	长度小于等于 12 个字符	
2	对账单日期	1998/12/12	日期型		
3	摘要	收欠款	字符型	最多为 18 个汉字	
4	支票号/结算单据号	11234	字符型	最多 5 个字符	
5	收/付	收	字符型	1 个汉字	
6	金额	1 300	数值型	最大为千万元	
7	已达标志	T	逻辑型		T 已达 F 未达

文件：企业对账文件　　　　制表日期：××年××月××日

表 3-6　企业对账文件数据词典

序号	数据项名称	内容举例	类型	取值范围	备　注
1	科目代码	10201	字符型	长度等于 12 个字符	
2	凭证日期	1998/12/12	日期型		
3	凭证类型	银收、银付	字符型	2 个汉字	
4	凭证号	1	字符型	0001～9999	
5	摘要	付款	字符型	最多为 18 个汉字	
6	支票号/结算单据号	11234	字符型	最多 5 个字符	
7	借/贷	借、贷	字符型	1 个汉字	
8	金额	1 667	数值型	最大为千万元	
9	已达标志	T	逻辑型		T 已达 F 未达

4）程序设计模块

①数据库建立：数据字典；

②菜单文件：功能结构；

③模块设计：详细设计；

④单项运行：模块测试；

⑤组装：组装测试；

⑥编译：发布；

⑦设计说明：文档。

5）数据库文件结构设计

①以"银行对账"数据词典为依据，设计 YHDZ.DBF 数据库文件结构，如表 3-7 所示。

表 3-7　YHDZ.DBF 数据库文件结构

字段	字段名	类型	长度	小数	说　明
1	KMDM	C	12		科目代码
2	RQ	D	8		对账日期
3	YHZY	C	36		银行摘要
4	ZPJSDJH	C	10		支票号/结算单据号
5	SHF	C	2		收/付
6	JE	N	11	2	金额
7	YDBZ	L	1		已达标志

②银行对账模块的详细设计。

代码如下：

```
PROCEDURE 银行对账模块
DO   WHILE   .T.
        显示菜单
1 ——录入对账单
2 ——对账
3 ——输出对账结果
4 ——删除已达账
        DO   CASE
                CASE   选择"1 ——录入对账单"
                        调用"录入对账单"处理模块
                CASE   选择"2 ——对账"
                        调用"对账"处理模块
                CASE   选择"3 ——输出对账结果"
```

調用"輸出對賬結果"處理模塊

CASE　選擇"4——刪除已達賬"

調用"刪除已達賬"處理模塊

OTHERWISE

退出,返回調用模塊

ENDCASE

ENDDO

③【刪除已達賬】模塊的詳細設計。

代碼如下

PROCEDURE　刪除已達賬

請輸入:要刪除已達賬的銀行科目代碼—— XKMDM

屏幕提示:

是否要刪除(XKMDM)已達賬(Y/N)

注意:刪除前請備份對賬數據!!

IF　回答"Y"

刪除企業對賬文件中(XKMDM)銀行科目的已達記錄

刪除銀行對賬文件中(XKMDM)銀行科目的已達記錄

顯示"刪除已達賬工作結束"

ELSE

顯示"已達賬未被刪除"

ENDIF

返回調用模塊

④以詳細設計說明書中的銀行對賬模塊為依據,編寫的源程序如下。

```
PROCEDURE  YHDZ   && 银行对账
SET  TALK  OFF
FLAG = '0'
DO  WHILE  .T.
CLEAR
@1,1   SAY"1—录入对账单"
@2,1   SAY"2—对账"
@3,1   SAY"3—输出对账结果"
@4,1   SAY"4—输出已达账"
@5,1   SAY"0—退出"
@6,1   SAY"请选择[0-4]:"GET FLAG
READ
  DO   CASE
   CASE   FLAG = '1'
```

```
          DO    LRDZD
    CASE    FLAG = ' 2 '
          DO    DZ
    CASE    FLAG = ' 3 '
          DO    SCDZJG
    CASE    FLAG = ' 4 '
          DO    SCYDZ
    CASE    FLAG = ' 0 '
          CLOSE    DATA
          CLEAR
          EXIT
    ENDCASE
ENDDO
RETURN
PROCEDURE    SCYDZ    && 删除已达账模块程序
CLEAR
SET    TALK    OFF
YN = ' Y '
STORE    SPACE ( 12 )    TO    XKMDM
@ 1,10 SAY "请输入:要删除已达账的银行科目代码" GET XKMDM
READ
DO    CHECK    && 科目代码正确性检查
CLEAR
@ 2,10    SAY "删除" + XKMDM + "科目已达账"
@ 3,10    SAY "┌──────────────────────────┐"
@ 4,10    SAY "│是否要删除(XKMDM)已达账(Y/N)        │"
@ 5,10    SAY "│注意:删除前请备份对账数据!!          │"
@ 6,10    SAY "└──────────────────────────┘"
@ 7,10    SAY "真的删除已达账吗[Y/N]?"    GET    YN
READ
IF    YN = "Y"
  USE    YHDZ    INDEX    YHDZ
  DELE    FOR    ( KMDM = XKMDM )    .AND. YDBZ
  PACK
  USE    QYDZ    INDEX    QYDZ
  DELE    FOR    ( KMDM = XKMDM )    .AND. YDBZ
  PACK
```

```
        @ 15,10   SAY"删除已达账工作结束!"
        WAIT" "
   ELSE
        @ 15,10   SAY"已达账未被删除!"
        WAIT" "
   ENDIF
   CLEAR
   CLOSE   DATA
   RETURN
```

本章小结

目前,国家及地方有关部门都规定了一些会计标准数据格式,采用标准数据格式的财务软件可以很容易地将会计数据进行导入和导出。但大多数的财务软件从市场角度考虑,并没有采用会计标准数据格式。本章介绍了常见数据库与会计软件的数据格式,还以 FoxPro 结构化程序设计方法为例介绍了由详细设计转化为程序代码的方法。

思考与练习

1.有哪些常用的系统分析方法?

2.数据流程图方法的优缺点是什么?

3.在自动化账务处理子系统中如何生成明细账和总账?说明生成账簿的主要设计步骤。

4.如果某自动化账务处理子系统需要部门核算,主要的数据文件如何设计?

5.自动化账务处理子系统中,在记账时发现输入的凭证有错误,应如何设计?记账之后呢?

6.记账和记账前分别需要对哪些数据进行备份?

第4章 会计信息系统的实施与运行

学习目标

通过本章学习,了解会计信息系统实施运行维护的基本策略,掌握会计信息系统的系统管理和基础设置等内容。

4.1 会计信息系统运行前的准备

4.1.1 会计资料的准备

会计资料的规范化和代码化是会计信息系统重要的基础工作,它对系统是否能顺利运行起着决定性作用。规范化的会计资料能够加速会计资料的录入速度,减少会计程序的无效运转。具体地说,需要在会计资料收集、录入、输出三方面实现规范化。

①由于不同企事业单位对电算化会计所提供的核算功能与管理功能的预期不同,因而对其所提供的信息资料要求不同,必须根据实际情况检查现有的会计资料能否满足需要,还需要补充哪些内容,如何扩大数据的收集范围和数量。从会计信息系统的发展现状和发展趋势看,其核算功能和管理功能已日益紧密地结合起来,因此,在会计资料准备中,第一,应该把内部管理的核算单位细化到哪一层、哪一级,作为事先规划设计的一项重要内容。第二,对各级各类核算单位和核算科目编制必要的代码或助记码,以便于以后的快速录入。第三,对核算单位原有的凭证类别进行规范,对凭证上应有的内容,如数量、单价、余额、结算单位、结算方式、结算号等不规范的做法进行纠正,必要时应进行重新设计。对凭证上不具备,但又是今后管理上必需的内容,如往来单位、个人姓名、联系地址、电话、信用度等内容,应采取必要的措施予以补充,并使其制度化、规范化。

②会计资料的数据录入,应有输入速度要求和规范化输入的要求。第一,要达到工作的高效率,计算机的使用者必须有比较熟练的键盘操作水平,犹如原来要求财会人员上岗必须达到一定的珠算等级标准一样。快捷、标准的键盘输入,是会计原始资料输入质量的重要保证,也是衡量会计电算化操作水平的重要尺度。第二,在记账凭证的输入过程中,应对凭证摘要予以规范。凭证摘要的作用是简明扼要地说明经济业务的内容,

不同的会计软件对凭证摘要的限制不同,有的对摘要的文字长度有限制,有的设有凭证摘要库,存放事先设定的常用凭证摘要,使用时通过编码或帮助功能可以自动输入,这就要求对会计凭证的摘要予以规范化。

③会计资料的输出,应符合《企业会计准则》和行业会计制度对账簿资料和财务报表的格式和内容的有关规定。现在多数商品化会计软件的报表管理子系统都要求用户自己设定报表格式和报表数据的计算公式。各单位应根据行业会计制度对财务报表的严格规定,结合本单位的具体情况,确定报表要素的数据来源、取值范围和运算关系,经过试运行确保准确合格的前提下,将报表的生成步骤打印下来,作为电算化会计的档案材料予以保存。对于管理会计的各种内部报表,其规范化的要求主要依据核算单位内部各管理层对会计信息的要求来确定,一般包括两方面:第一,确定电算化条件下管理报表的种类、格式和内容;第二,设置规范化的报表格式和计算公式。

4.1.2 计算机软硬件的准备

计算机硬件条件是电算化会计信息系统的物质前提,不同操作系统、不同版本的会计应用软件对计算机硬件的需求是不一样的,从目前财会应用软件和计算机发展的现状和趋势看,账务处理系统的会计软件已经在 Windows 7 以上的操作视窗界面下广泛应用,从用友 T6、金蝶 K3 等版本看,其数据存储都已采用 SQL Server 等大型数据库,以满足海量数据的存储需求。对计算机中央处理器(CPU)的运行速度、内存容量、硬盘大小的要求也越来越高。如果要满足目前会计软件的运行速度和版本更新的需要,建议考虑奔腾Ⅳ以上的计算机,与此相匹配,2T 以上的硬盘容量和 32GB 以上的内存,不仅不会使计算机资源产生浪费,相反将能满足日益扩大的电子商务结算、远程传输会计资料的需要。与此相匹配,核算单位在计算机外设硬件的配置上,宽行打印机的配置、台式或手持式的扫描仪的使用、局域网的内部连接已经是不可缺少的硬件设备。对于计算机操作系统软件和会计应用软件、其他配套需要的工具软件,应有既精通财会知识,又熟练掌握计算机应用的专业人员参与选购、维护。从操作系统的应用情况看,Windows 10、Windows Server 2019 等一些 Windows 版本得到了越来越多的推广使用,其特点是大大增强了计算机远程数据传输和网络服务的功能,与此相匹配,电算化会计应用软件不仅将普遍构筑在中文视窗平台上,而且在局域网多台计算机的配合使用和广域网的异地联网使用上得到发展。值得注意的是,财务软件需要的是优良、稳定、可靠的性能,不需要盲目地贪大求新,但商业化的会计应用软件会不断升级提高,不断改进,完善其应用功能,这就要求应用软件的使用单位必须注意本单位采用的财务应用软件能否胜任日常核算、管理的需要,软件设计有无缺陷或不足,应与会计软件供应商通过多种途径保持经常的联系,要注意应用软件本身存在或新发现的问题,对其适时增加补丁程序进行维护,在技术条件成熟的单位可以进行应用软件的二次开发。

4.2　会计信息系统的实施

4.2.1　建立会计电算化组织策划机构

一项工作的成功与否取决于组织工作是否成功,会计电算化工作也不例外。会计电算化的组织工作涉及单位内部的各方面,需要单位的人力、物力、财力等多项资源。因此,必须有单位领导或会计师亲自抓,建立一个会计电算化工作策划机构具体负责这项工作。这个机构的主要任务和职责是:制定本单位会计电算化工作发展规划;组织电算化会计信息系统的建立;建立会计电算化管理制度;组织本单位财务人员参加会计电算化培训与学习;负责电算化会计信息系统投入运行。

4.2.2　组织制定会计电算化实施计划

会计电算化工作是一个庞大的信息系统,做好实施计划是搞好会计电算化工作的重要手段和保证。实施计划的主要内容有如下几个方面:

1)机构及人员配置计划

不同企业,其电算化会计信息系统的规模大小不同,其机构和人员也不同。除了原有的会计机构外,专门成立会计电算化科,配备开发人员、系统管理员、系统操作员,以及系统维护人员等;有些企业只增加系统维护人员,原会计机构不变。因此,不同的企业根据自身的特点,决定是否建立专门的会计电算化机构,如何配备相应的计算机人员。

2)计算机及其他硬件设备购置计划

计算机及其他硬件设备是电算化会计信息系统的重要组成部分,制定其购置计划是非常必要的。不同的企业应该根据其会计业务量的大小、企业财务状况、企业未来发展规模等因素,制定计算机及其他硬件设备购置计划。主要包括硬件模式(单机系统、多用户系统、网络系统等)、计算机台数和价格、打印机等辅助设备的数量和价格,以及总投资分配等。

3)软件购置计划

计算机也是电算化会计信息系统的重要部分,软件购置计划制定得好与坏,也将直接影响到会计电算化的实施。对于一个企业来说,必须选择购买适合本单位特点的会计软件。

4)费用预算

编制好各种计划之后,便要进行费用预算,即预算全部投资的总额,以及各分项计划的费用预算等。

4.2.3 电算化会计信息系统的建立

电算化信息系统包括计算机硬件、软件、财务人员和会计制度,如图4-1所示。

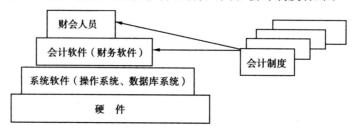

图4-1 电算化信息系统

电算化会计信息系统的建立主要是硬件的配置,系统软件和会计软件的配置,制定会计制度等。

1)硬件的配置

计算机硬件是指计算机信息系统中的所有机械、电、磁及光设备。换言之,计算机信息系统中那些看得见、摸得着的物理设备都是硬件,如主机箱、显示器、打印机、键盘等。计算机硬件设备是会计电算化工作的基石,计算机硬件设备选择的好坏影响到今后会计电算化工作的质量和效率。

硬件配置是指会计电算化所需硬件的构成模式。目前主要有单机系统、多用户系统、计算机网络系统等模式。

(1)单机系统

单机系统是整个系统中只配置一台计算机和相应外部设备,所使用的计算机一般为微型计算机。在单机结构中,所有数据集中输入输出,同一时刻只能供一个用户使用。

①优点:投资规模小,见效快。

②缺点:可靠性差,一台机器发生故障,会使整个工作中断;不利于设备、数据共享,容易造成资源的浪费。

③适用范围:单机系统一般是用于经济和技术力量比较薄弱的小单位。

(2)多用户系统

多用户系统是指整个系统配一台电脑和多个终端。数据通过各终端输入,即分散输入。各个终端可同时输入数据,主机对数据集中处理。

①优点:这种分散输入、集中处理的方式,很好地实现了数据共享,每个用户通过终端或控制台与主机打交道,就像自己独有一台计算机一样,这样既提高了系统效率又具有良好的安全性。

②缺点:系统比较庞大,系统维护要求高。

③适用范围:适用于会计业务量大、地理分布集中、资金雄厚且有一定系统维护能力的单位。

(3)网络系统

网络系统主要是指通信线连接多台微机,这些微机不仅具有信息处理能力,而且可以通过网络系统共享网络服务器上的硬件和软件资源,可以与其他的计算机通信和交换信息。网络体系包括客户机/服务器(C/S)、文件/服务器(F/S)和浏览器/服务器(B/S)模式。

①优点:能够在网络范围内实现硬件、软件和数据的共享,以较低的费用,方便地实现一座办公楼、一个建筑群内部或异地数据通信,具有较高的传输速度,且容易维护,可靠性较高,使用简单方便,结构灵活,具有可扩展性。

②缺点:安全性不如多用户系统,工作站易被病毒感染等。

③适用范围:局域网(LAN)对大多数用户适用,广域网(WAN)对具有异地财务信息交换需求单位(如集团性企业)更适用。

2) 系统软件的配置

系统软件是指与计算机硬件直接联系,提供用户使用的软件,它担负着扩充计算机功能,合理调用计算机资源的任务。如操作系统、数据管理系统等都是系统软件。系统软件的选择主要考虑以下技术指标:

①与所选计算机的兼容性。

②数据处理能力是否满足企业要求。

③是否能支持财务软件处理的要求。

④数据安全保密性。

⑤远程数据的维护能力。

⑥性能价格比。

⑦是否满足总体规划的要求。

3) 会计软件的配置

会计软件是指能完成账务处理、会计核算、会计管理与分析决策等工作的计算机应用软件。会计软件的取得根据使用单位的不同情况,分别有4种途径:

①购买商品化会计软件。

②自行开发会计软件。

③购买商品化软件与自行开发会计软件相结合。

④使用上级主管部门推广的软件。

购买商品化软件时,应注意以下几个问题:

①要购买正版会计软件。因为,会计软件公司只对正版软件进行维护,许多商品化会计软件已进行了加密,如购买其复制品,有可能会出现数据丢失、错乱,甚至携带计算机病毒,从而影响会计工作的正常进行。

②要购买经过财政部门评审的商品化会计软件。因为通过财政部门评审的软件是符合国家规定的软件,只有通过财政部门评审的软件才能替代手工记账;通过评审的会计软件是经过有关专家详细测试的,他们对软件的评价要比一般的软件选购人员的评价准确得多,通过评审的软件有财政部门对软件的鉴定材料;财政部门对商品化软件的售后服务问题进行了监督管理,从而解决了售后服务问题。

③应注意商品化会计软件是否提供对外接口,接口是否符合相关要求。

④应向会计软件公司索取完备的会计软件文档资料。因为文档资料对商品化会计软件的选择以及以后的使用、操作维护都有重要意义。

4)人才培训

实施会计电算化,必须尽快培养大批既懂会计又懂计算机技术的复合型人才,所以人才培训工作将贯穿整个会计电算化过程。在会计电算化信息系统规划中,应明确目前企业会计电算化应用人员的状况和水平,制定专业人员的培训方式和培训阶段,同时还要区分培训重点,主要培训操作员还是系统分析设计人员,或是维护人员等。培训前在对原有的会计机构和会计岗位进行调整的基础上,明确岗位职责,通过培训,能够迅速上岗。

5)初始化

在选择了适当的软件,购置了相应的硬件,培训或配备了会计电算化人员,并在前期完成了手工数据准备与整理之后,将进入实施会计电算化非常重要的一步,即系统初始化工作。

正像一个新建单位的会计核算工作必须经过"建账"这一环节一样,实施会计电算化必须经过将原手工会计核算资料输入计算机的过程,以便计算机软件开始进行日常账务处理。我们把这种电算化的"建账"过程,称为"初始化"。

6)系统试运行

会计信息系统建成之后,计算机与手工会计业务处理要并行运行一个阶段。这个阶段的主要任务是:通过计算机与手工的并行运行,检查建立的会计信息系统是否满足要求,使用人员对软件的操作是否存在问题,对运行中发现的问题进行修改。系统试运行的主要作用是验证会计信息系统的正确性、可靠性和安全性。若发现问题,应及时进行分析与解决。

7)建立岗位责任制和制定管理制度

在开展会计电算化之前,必须明确会计电算化岗位及职责。同时,为保证会计信息系统安全、正常运行,必须制定一系列的管理制度。

4.3　会计信息系统的系统管理

用友软件产品由多个产品组成,各个产品之间相互联系,数据共享,完整实现财务、业务一体化的管理。为企业的资金流、物流、信息流的三流统一管理和实时反映提供了有效的方法、工具。对于多个产品的操作,系统需要对账套的建立、修改、删除和备份,操作员的建立、角色的划分和权限的分配等功能,需要一个平台来进行集中管理,系统管理模块的功能就是提供这样一个操作平台。其优点就是企业的信息化管理人员可以进行方便的管理、及时的监控,随时可以掌握企业的信息系统状态。系统管理的使用对象为企业的信息管理人员（即系统管理软件中的操作员 Admin）或账套主管。

4.3.1　系统注册

系统管理模块主要能够实现如下功能：对账套的统一管理，包括建立、修改、引入和输出（恢复备份和备份）；对操作员及其功能权限实行统一管理，设立统一的安全机制，包括用户、角色和权限设置；允许设置自动备份计划，系统根据这些设置定期进行自动备份处理，实现账套的自动备份；对年度账的管理，包括建立、引入、输出年度账，结转上年数据和清空年度数据。

用户运行用友软件系统管理模块，登录注册的主要操作步骤如下：

①用户选择运行系统管理模块，如图 4-2 所示。

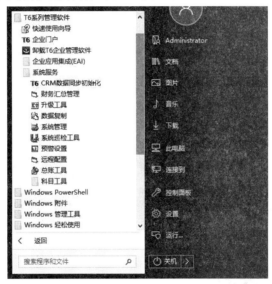

图 4-2　系统管理菜单

②单击【系统】菜单下的【注册】，系统将弹出如图 4-3 所示界面。

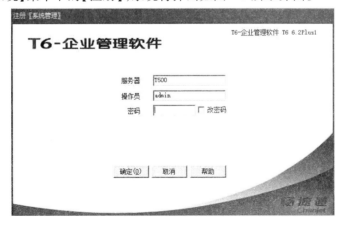

图 4-3　系统管理登录界面

③在"操作员"处输入"Admin",账套选择默认的 defaut,即可以系统管理员的身份注册进入系统管理。

注册成功后,可以启用主菜单【账套】和【权限】。

④系统管理员负责整个系统的维护工作。以系统管理员身份注册进入,便可以进行账套的管理(包括账套的建立、引入和输出),以及角色、用户及其权限的设置。

⑤只有账套主管才能使用【年度账】菜单。

4.3.2　建立账套

建立新的核算单位是用友账务系统应用的基础。系统安装完成后,就可进行设置。第一次使用账务系统时,要逐项进行,新财年使用账务系统时,只需建立账簿,再修改会计科目,然后进行年初转账及设置修改(如修改凭证类别等)或余额调整等即可。

建立新的核算单位至关重要,必须认真进行,一旦完成,平时不能随便进入或修改。系统安装完毕后,首先要新建本单位的账套。建立新单位账套的步骤如下:

首先以 Admin 身份注册登录,然后选择【账套】→【建立】,进入建立新单位账套的功能,显示创建账套输入界面。

第一步:输入账套信息,用于记录新建账套的基本信息。录入账套号、账套名称、账套路径、启用会计期,如图 4-4 所示。

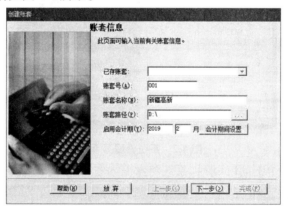

图 4-4　设置账套信息

第二步:输入单位信息。用于记录本单位的基本信息,包括单位名称、单位简称、单位地址、法人代表、邮政编码、电话、传真、电子邮件、税号、备注。其中单位名称必输,其他信息可输可不输,如图 4-5 所示。

第三步:输入核算信息。用于记录本单位的基本核算信息,包括本位币代码、本位币名称、账套主管、行业性质、企业类型、是否按行业预置科目等,如图 4-6 所示。

第四步:输入基础信息选项,如图 4-7 所示。

第五步:编码长度定义。

用户在此设定的科目编码各级长度是决定单位的科目编号如何编制,例如某单位将科目编码长度设为 42222,则科目编号时,一级科目编码是四位长,二至五级科目编码各为两位长,如图 4-8 所示。

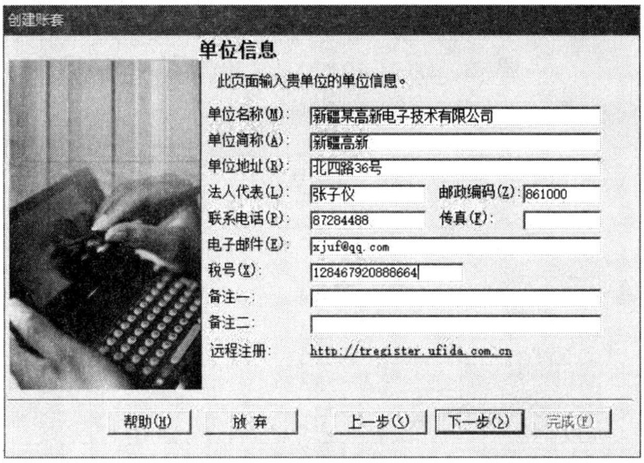

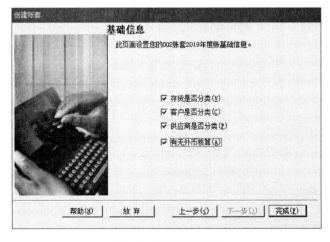

图 4-5　设置单位信息

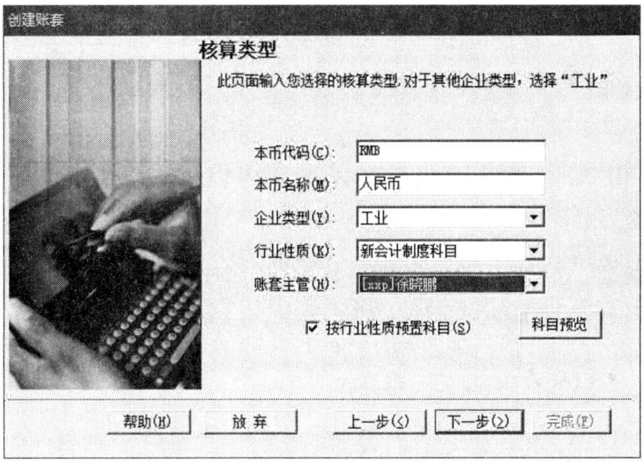

图 4-6　设置核算类型

图 4-7　设置基础信息

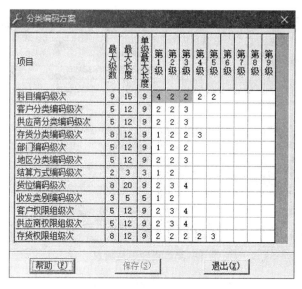

图 4-8　设置分类编码方案

至此,新单位和新年度账簿已设好,下面的工作是要开始建本年度的账务基础数据。

【账套参数说明】

①账套号用 001、002、003、…、999 表示,最多可设 999 套账,且不可重复;核算单位即单位的名称,可以是汉字或字符,不能为空。

②会计主管即单位会计主管,因会计主管拥有本账套的所有权限,因此对本账套的数据完整与安全负有不可推卸的责任,建账完成后第一次进入财务系统,一定要注意为会计主管设定系统口令,设定口令后再次进入系统必须输入正确的口令,若主管口令丢失,则该账套无法进入,也无法维护和删除。

③建账设置过程中,如果发现前面设置有误,可以通过鼠标单击"上一步"按钮返回以前步骤进行修改;如果在建账过程中不想再继续建账,可以通过鼠标单击"取消"按钮退出建账。

④系统默认预置科目,如果不需预置科目,用鼠标单击"预置科目"复选框,将选择标志去掉。如果想查看预置科目,用鼠标单击预置科目旁边的按钮即可。

⑤如果用户目前科目编码没有超过六级十五位,在以后的使用过程中可以随时扩充。

⑥若本次设置有误或在今后使用过程中需要调整结账日期,可以到"选项"中的"账套参数设置"功能中调整。

⑦科目级长:用友账务系统规定科目总长为 15 位,科目级次最多为六级,但各级科目的位长允许自由设置,以满足不同的需要。如:42222 即一级科目编码为四位,其他级次的科目编码为 2 位。

4.3.3　财务分工

建立好新的核算单位后,首先要做的工作就是进行财务分工。财务分工是会计制度的要求,旨在明确财务活动中的责权关系,以便在工作中各负其责,各守其岗。分工及权限一般由会计主管根据本单位实际业务需要和各财务人员的能力特点而定。

在账务处理系统中,为了体现财务人员的责权关系,也引入了财务分工的概念。即通过定义操作员并为每个操作员分配相应的完成工作所必需的权限。财务主管通过划分业务岗位和操作权限,可避免与业务无关人员对系统的操作,以保证系统的安全与保密。

财务分工主要完成角色和用户的增加、删除、修改和功能权限的分配。

1) 角色管理

软件中继续加强企业内部控制中权限的管理,增加了按角色分工管理的理念,加大控制的广度、深度和灵活性。角色是指在企业管理中拥有某一类职能的组织,这个角色组织可以是实际的部门,可以是由拥有同一类职能的人构成的虚拟组织。可以进行账套中角色的增加、删除、修改等维护工作。角色的个数不受限制,一个角色可以拥有多个用户,一个用户也可以分属于不同的角色。用户和角色的设置不分先后顺序,用户可以根据自己的需要先后设置。

在"系统管理"主界面,选择【权限】菜单中的【角色】,进入角色管理功能界面,如图4-9 所示。

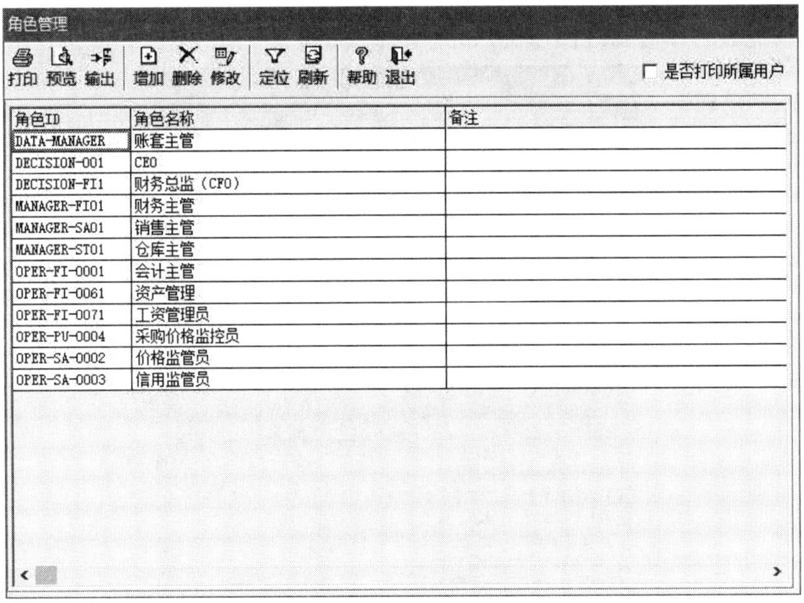

图 4-9　角色管理

2) 用户设置

主要完成本账套用户的增加、删除、修改等维护工作。设置用户后系统对登录操作要进行相关的合法性检查。

在"系统管理"主界面,选择【权限】菜单中的【用户】,进入用户管理功能界面,如图4-10 所示。

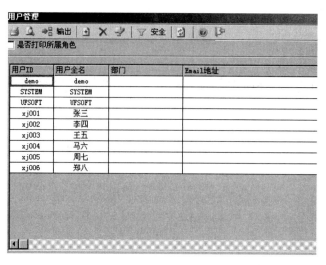

图 4-10 用户管理

【操作说明】

①增加操作员:用鼠标单击【增加】按钮,输入新的操作员姓名,用鼠标单击确认键或按 Enter 键,系统即增加此操作员。

②修改操作员:用鼠标单击要修改姓名的操作员,然后单击【编辑】菜单下的【修改】,输入新的姓名即可修改操作员,如图 4-11 所示。

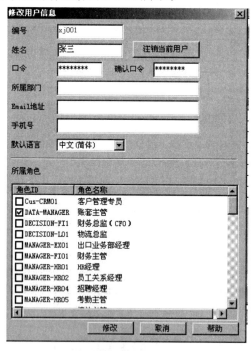

图 4-11 修改操作员

③删除操作员:用鼠标单击要删除的操作员,然后单击删除图标,确认后即可删除该操作员。

4.3.4 权限设置

用友软件可以实现 3 个层次的权限管理。

第一层:功能级权限管理,该权限将提供划分更为细致的功能级权限管理功能,包括功能权限查看和分配。

第二层:数据级权限管理,该权限可以通过两个方面进行权限控制,一个是字段级权限控制,另一个是记录级的权限控制。

第三层:金额级权限管理,该权限主要用于完善内部金额控制,实现对具体金额数量划分级别,对不同岗位和职位的操作员进行金额级别控制,限制他们制单时可以使用的金额数量,不涉及内部控制的不在管理范围内。

【操作步骤】

①选择要分配权限的账套和账套所在年度,左边显示本账套内所有角色和用户名。

②选择要分配权限的角色和操作员,单击工具栏上的【修改】按钮,显示"增加和调整权限"界面,如图 4-12 所示。

图 4-12 增加和调整权限

③单击⊞展开功能目录树,单击☑表示选中某项详细功能。

④单击【确定】按钮保存设置返回"操作员权限界面"。

⑤右边显示该角色或用户所拥有的权限名称和权限隶属的系统。

【注意】

①如果设置为账套主管,则能行使全部操作权限。

②"修改"功能是给操作员进行权限的分配,并且可以进行子功能的删除。

③"删除"功能是将该操作员的所有权限删除。

④只有系统管理员(Admin)才能进行账套主管的权限分配。如果以账套主管的身份

注册,只能分配子系统的权限。但需要注意的是,系统一次只能对一个账套的某一个年度账进行分配,一个账套可以有多个账套主管。

⑤正在使用的用户权限不能进行修改、删除的操作。

⑥如果对某角色分配了权限,则在增加新的用户时(该用户属于此角色)则该用户自动拥有此角色具有的权限。

4.4 会计信息系统的基础设置

4.4.1 系统启用

本功能用于系统的启用,记录启用日期和启用人,要使用某个产品必须先启用此系统。

进入系统启用的路径:

①用户创建新账套后,自动进入系统启用界面,用户可一气呵成地完成创建账套和系统启用。

②或由【用友软件】→【企业应用平台】→【设置】→【基础信息】→【基本信息】→【系统启用】路径进入,开始系统启用。进入系统启用界面如图 4-13 所示。

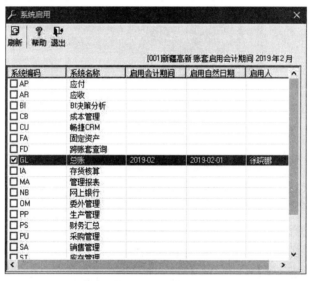

图 4-13 系统启用

4.4.2 设置档案

1)部门档案

双击基础档案—机构人员中的【部门档案】,如图 4-14 所示。

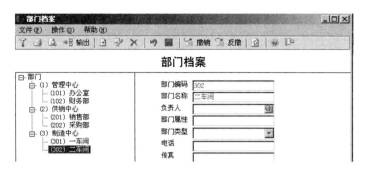

图 4-14 部门档案

2）人员档案

主要用于记录本单位使用系统的职员列表，包括职员编号、名称、所属部门及职员属性等。

双击基础档案—机构人员中的【人员档案】，界面如图 4-15 所示。

图 4-15 人员档案

3）设置客户/供应商

（1）客户/供应商分类

企业根据自己管理的要求，需要对客户、供应商进行相应的业务数据统计、汇总分析，因此需要建立一套完善的分类体系进行管理。用户根据已设置好的分类编码方案对客户/供应商进行分类设置，在用友产品中总账、应收、销售、库存、存货系统都会用到客户分类。

双击基础档案—客户信息中的【客户分类】，界面如图 4-16 所示。

图 4-16 客户分类

供应商分类设置的操作同客户分类。

（2）客户/供应商档案

完成客户/供应商分类设置后，开始进行客户/供应商档案的设置和管理。供应商档案设置的操作同客户档案。

双击基础设置中的【客户档案】，界面如图4-17所示。

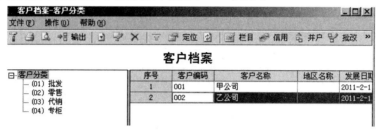

图4-17 客户档案

4.4.3 存货

1）存货分类

企业可以根据对存货的管理要求对存货进行分类管理，以便于业务数据的统计和分析。存货分类最多可分8级，编码总长不能超过30位，每级级长用户可自由定义。存货分类用于设置存货分类编码、名称及所属经济分类。

【功能按钮操作说明】

①【增加】如何增加存货分类，如图4-18所示。

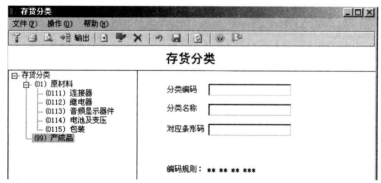

图4-18 增加存货分类

选择要增加存货分类的上级分类，单击【增加】按钮，在编辑区输入分类编码和名称等分类信息，单击【保存】按钮，保存此次增加的存货分类。

如想放弃新增存货分类，可以单击【放弃】按钮；如果想继续增加，单击【增加】按钮即可。

【提示】

有下级分类码的存货分类前会出现带框的+符号，双击该分类码时，会出现或取消下级分类码。

新增的存货分类的分类编码必须与[编码原则]中设定的编码级次结构相符。例如，编码级次结构为"XX—XXX"，那么，"001"是一个错误的存货分类编码。

存货分类必须逐级增加。除了一级存货分类之外，新增的存货分类的分类编码必须有上级分类编码。例如，编码级次结构为 XX—XXX，那么"01001"这个编码只有在编码"01"已存在的前提下才是正确的。

②【修改】如何修改存货分类，如图 4-19 所示。

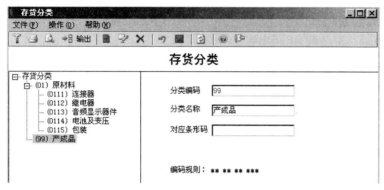

图 4-19　修改存货分类

将光标移到要修改的存货分类上，用鼠标单击【修改】按钮，即可进入存货分类修改界面。用户可以在此对需要修改的项目进行调整，修改完毕后，用鼠标单击【保存】按钮，即可保存当前存货分类的修改；如果想放弃修改，用鼠标单击【放弃】按钮即可；如果要继续修改，将光标定位在下一个需要修改的存货上，重复上述步骤。

③【删除】如何删除存货分类，如图 4-20 所示。

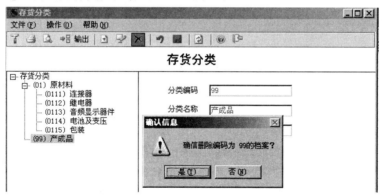

图 4-20　删除存货分类

将光标移到要删除的存货分类上，用鼠标单击【删除】按钮，即可删除当前分类。

【提示】

已经使用的存货分类不能删除。

非末级存货分类不能删除。

【栏目说明】

分类编码：必须唯一，必须按其级次的先后次序建立，可以用数字 0—9 或字符 A—Z

表示,禁止使用 & " ' | :等特殊字符。

分类名称:可以用数字 0—9 或字符 A—Z 表示,禁止使用 & " ' | :等特殊字符。

对应条形码中的编码:需要手工输入,可以随时修改,可以为空,但编码不允许重复。对应条形码位长必须等于【条形码定义】设置"数据源类型"为存货分类时定义的长度,否则不能生成相应的存货条码。

2)计量单位

(1)计量单位组

计量单位组分无换算、浮动换算、固定换算 3 种类别,每个计量单位组中有一个主计量单位、多个辅助计量单位,可以设置主辅计量单位之间的换算率;还可以设置采购、销售、库存和成本系统所默认的计量单位。先增加计量单位组,再增加组下的具体计量单位内容。

无换算计量单位组:在该组下的所有计量单位都以单独形式存在,各计量单位之间不需要输入换算率,系统默认为主计量单位。

浮动换算计量单位组:设置为浮动换算率时,可以选择的计量单位组中只能包含两个计量单位。此时需要将该计量单位组中的主计量单位、辅计量单位显示在存货卡片界面上。

固定换算计量单位组:设置为固定换算率时,可以选择的计量单位组中才可以包含两个以上(不包括两个)的计量单位,且每一个辅计量单位对主计量单位的换算率不为空。此时需要将该计量单位组中的主计量单位显示在存货卡片界面上,如图 4-21 所示。

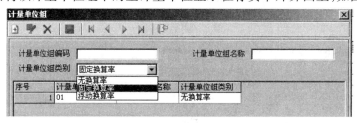

图 4-21　计量单位组

【操作步骤】

①在计量单位主界面,单击【分组】按钮,显示计量单位分组新增界面。

②单击该界面上【增加】按钮,输入唯一的计量单位组编码,输入组名称,蓝色为必输项。

③根据 3 种计量单位组的特点进行选择计量单位组类别。

④单击【保存】按钮,保存添加的内容。

(2)计量单位

必须先增加计量单位组,然后再在该组下增加具体的计量单位内容。

【栏目说明】

计量单位编码:录入,必填,保证唯一性。

计量单位名称:录入,必填。

计量单位组:根据用户建立计量单位时所在的计量单位组带入,不可修改。

对应条形码:录入,可为空,可随时修改,保证唯一性。对应条形码位长必须等于条形码规则定义设置"数据源类型"为存货单位时定义的长度,否则不能生成相应的存货条码。换算率:录入辅计量单位和主计量单位之间的换算比,如一箱啤酒为24听,则24就是辅计量单位箱和主计量单位之间的换算比。

主计量单位的换算率自动置为1。

无换算计量单位组中不可输入换算率。

固定换算的计量单位组,辅单位的换算率必须录入。

浮动换算的计量单位组,可以录入,可以为空。

数量(按主计量单位计量)= 件数(按辅计量单位计量)×换算率。

主计量单位标志:打钩选择,不可修改。

无换算计量单位组下的计量单位全部缺省为主计量单位,不可修改。

固定、浮动计量单位组:对应每一个计量单位组必须且只能设置一个主计量单位,默认值为该组下增加的第一个计量单位。

每个辅计量单位都是和主计量单位进行换算。

【操作说明】

增加计量单位:

①将光标移至要增加的计量单位组,按【单位】按钮,弹出计量单位设置窗口。

②按【增加】按钮,录入主计量、辅计量单位。

③按【保存】按钮,保存添加的内容。

修改计量单位:

已经有数据的存货不允许修改其计量单位组。

已经使用过的计量单位组不能修改其已经存在的计量单位信息。

3)存货档案

存货主要用于设置企业在生产经营中使用到的各种存货信息,以便于对这些存货进行资料管理、实物管理和业务数据的统计、分析。

本功能完成对存货目录的设立和管理,随同发货单或发票一起开具的应税劳务等也应设置在存货档案中。同时提供基础档案在输入中的方便性,完备基础档案中数据项,提供存货档案的多计量单位设置。

【栏目说明】

①存货档案基本页。本页中蓝色的项目为必填项,如图4-22所示。

存货编码:存货编码必须唯一且必须输入。可输入最多20位数字或字符。可以用数字0—9或字符A—Z表示,但 &"';等符号禁止使用。

存货代码:存货代码可以用0—9或字符A—Z表示,但 &"';等符号禁止使用。

存货名称:存货名称必须输入。可以用0—9或字符A—Z表示,最多可写30个汉字或60个字符,但 &"';等符号禁止使用。

规格型号:输入产品的规格编号,最多可写60个数字或字符。

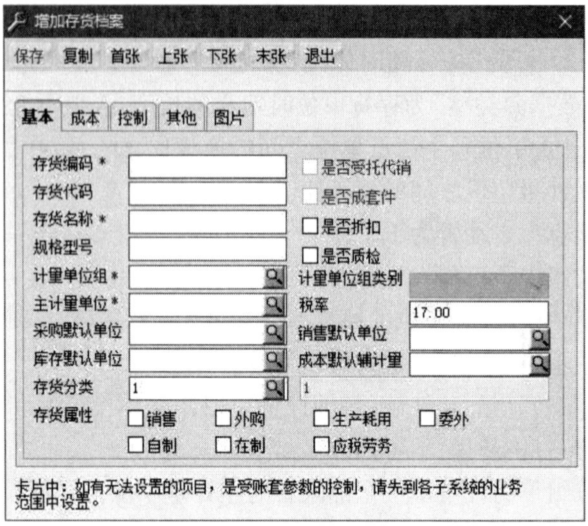

图 4-22　存货档案

计量单位组:最多可输入 20 位数字或字符。

主计量单位:根据已选的计量单位组,显示或选择不同的计量单位。

计量单位组类别:根据已选的计量单位组带入。

库存(成本、销售、采购)系统默认单位:对应每个计量单位组均可以设置一个且最多设置一个库存(成本、销售、采购)系统缺省使用的辅计量单位。

存货分类:系统根据用户增加存货前所选择的存货分类自动填写,用户可以修改。

税率:录入,此税率为销售单据上该存货默认的销项税税率,默认为 17%,可修改,可以输入小数位,允许输入的小数位长根据数据精度对税率小数位数的要求进行限制。

是否折扣:即折让属性,若选择是,则在采购发票和销售发票中录入折扣额。该属性的存货在开发票时可以没有数量,只有金额;或者在蓝字发票中开成负数。

是否质检:即质检属性,若选是,则在存货采购、销售退货、委外、生产时,默认需要质检。

是否受托代销:选择是,则该存货(已设置为外购属性)可以进行受托代销业务。

是否成套件:选择是,则该存货可以进行成套业务。

存货属性:系统为存货设置了 6 种属性。

销售:具有该属性的存货可用于销售。发货单、发票、销售出库单等与销售有关的单据参照存货时,参照的都是具有销售属性的存货。开在发货单或发票上的应税劳务,也应设置为销售属性,否则开发货单或发票时无法参照。

外购:具有该属性的存货可用于采购。到货单、采购发票、采购入库单等与采购有关的单据参照存货时,参照的都是具有外购属性的存货。开在采购专用发票、普通发票、运费发票等票据上的采购费用,也应设置为外购属性,否则开具采购发票时无法参照。

生产耗用:具有该属性的存货可用于生产耗用。如生产产品耗用的原材料、辅助材料等。具有该属性的存货可用于材料的领用,材料出库单参照存货时,参照的都是具有生产耗用属性的存货。

委外:具有该属性的存货可用于委外加工。如工业企业委托委外商加工的委外商品。委外订单、委外产品入库、委外发票等与委外有关的单据参照存货时,参照的都是具有委外属性的存货。

自制:具有该属性的存货可由企业生产自制。如工业企业生产的产成品、半成品等存货。具有该属性的存货可用于产成品或半成品的入库,产成品入库单参照存货时,参照的都是具有自制属性的存货。

在制:暂时不用。

劳务费用:指开具在采购发票上的运费费用、包装费等采购费用或开具在销售发票或发货单上的应税劳务。

【提示】

同一存货可以设置多个属性。

②存货档案成本页,如图4-23所示。

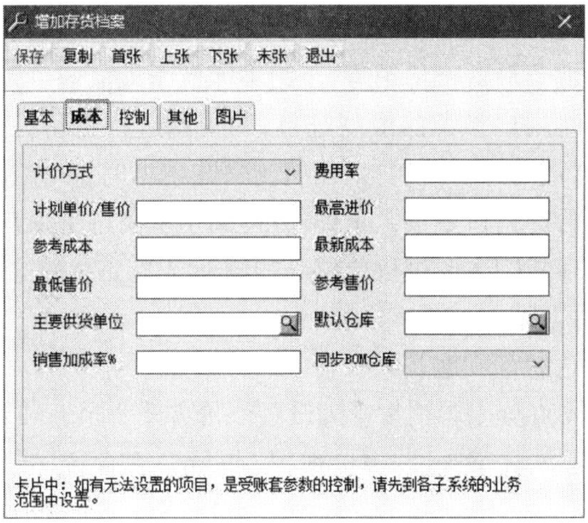

图4-23 存货档案成本页

计价方式:每种存货只能选择一种计价方式,最多可输入20位数字或字符。

行业类型为工业时,提供如下选项:计划价、全月平均、移动平均、先进先出、后进先出、个别计价。

行业类型为商业时,提供如下选项:售价、全月平均、移动平均、先进先出、后进先出、个别计价。

【注意】

在存货核算系统选择存货核算时必须对每一个存货记录设置一个计价方式,缺省选择全月平均,若前面已经有新增记录,则计价方式与前面新增记录相同。

当存货核算系统中已经使用该核算方式以后就不能修改该计价方式。

计划单价/售价:工业企业使用计划价核算存货,商业企业使用售价核算存货,通过按照仓库、部门、存货设置计划价/售价核算。

参考成本:该成本指非计划价或售价核算的存货填制出入库成本时的参考成本。采购商品或材料暂估时,参考成本可作为暂估成本。存货负出库时,参考成本可作为出库成本。

最新成本:指存货的最新入库成本,用户可修改。

【注意】

产品材料成本、采购资金预算是以存货档案中的计划售价、参考成本和最新成本为依据,所以如果要使用这两项功能,在存货档案中必须输入计划售价、参考成本和最新成本,可随时修改。

如果使用了采购管理产品,那么在做采购结算时提取结算单价作为存货的最新成本,自动更新存货档案中的最新成本。

费用率:录入,可为空,可以修改,小数位数是最大可为 6 的正数。用于存货核算系统,计提存货跌价准备。

参考售价:指销售存货时用户参考的销售单价。

最低售价:指存货销售时的最低销售单价。如果用户在销售系统中选择要进行最低售价控制,则存货销售时,如果销售单价低于此最低售价,系统则要求用户输入口令,如果口令输入正确,方可低于最低售价销售,否则不能低于最低售价销售。

最高进价:指进货时用户参考的最高进价,为采购进行进价控制。如果用户在采购管理系统中选择要进行最高进价控制,则在填制采购单据时,如果最高进价高于此价,系统会要求用户输入口令,如果口令输入正确,方可高于最高进价采购,否则不行。

主要供货单位:指存货的主要供货单位。如商业企业商品的主要进货单位或工业企业材料的主要供应商等。

默认仓库:存货默认的存放地点——仓库。

销售加成率%:录入百分比。销售管理设置取价方式为最新成本加成,则销售报价＝存货最新成本×(1+销售加成率%)。报价根据"报价是否含税"带入到无税单价或含税单价。

③存货档案控制页,如图 4-24 所示。

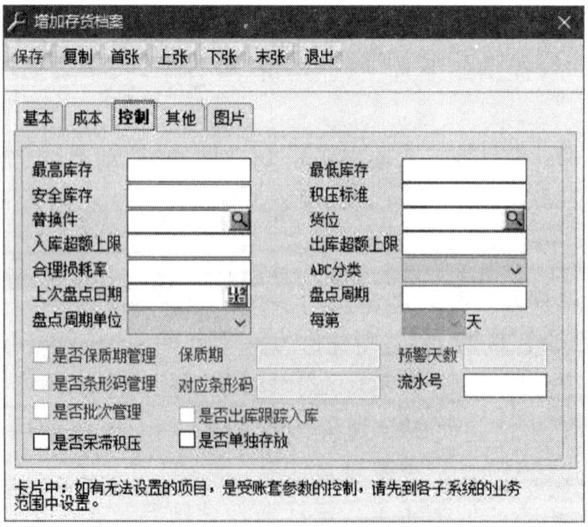

图 4-24　存货档案控制页

ABC 分类:在存货核算系统中用户可自定义 ABC 分类的方法,并且系统根据用户设置的 ABC 分类方法自动计算 A、B、C 三类都有哪些存货。

ABC 分类法是指由用户指定每一存货的 ABC 类别。只能输入 A、B、C 三个字母其中之一。基本原理是按成本比重高低将各成本项目分为 A、B、C 三类,对不同类别的成本采取不同控制方法。这一方法符合抓住关键少数、突出重点的原则,是一种比较经济合理的管理方法。该法既适用于单一品种各项成本的控制,又可以用于多品种成本控制,亦可用于某项成本的具体内容的分类控制。A 类成本项目其成本占 A、B、C 三类成本总和的比重最大,一般应为 70% 以上,但实物数量则不超过 20%;归入 B 类的成本项目其成本比重为 20% 左右,其实物量则一般不超过 30%;C 类项目实物量不低于 50%,但其成本比重则不超过 10%。按照 ABC 分类法的要求,A 类项目是重点控制对象,必须逐项严格控制;B 类项目是一般控制对象,可根据不同情况采取不同措施;C 类项目不是控制的主要对象,只需采取简单控制的方法即可。显然,按 ABC 分类法分析成本控制对象,可以突出重点,区别对待,做到主次分明,抓住成本控制的主要矛盾。

安全库存:在库存中保存的货物项目数量,预防需求或供应方面不可预料的波动。

积压标准:输入存货的周转率。呆滞积压存货分析根据积压标准进行统计,即周转率小于积压标准的存货进行统计分析。

最高库存:存货在仓库中所能储存的最大数量,超过此数量就有可能形成存货的积压。最高库存不能小于最低库存。用户在填制出入库单时,如果某存货的目前结存量高于最高库存,系统将予以报警。

【注意】

库存管理系统需要设置此选项,才能报警。

最低库存:存货在仓库中应保存的最小数量,低于此数量就有可能形成短缺,影响正常生产。

替换件:指可作为某存货的替换品的存货,来源于存货档案。

货位:主要用于仓储管理系统中对仓库实际存放空间的描述,指存货的默认存放货位。在库存系统填制单据时,系统会自动将此货位作为存货的默认货位,但用户可修改。在企业中仓库的存放货位一般用数字描述。例如:3-2-12 表示第 3 排第 2 层第 12 个货架。货位可以分级表示。货位可以是三维立体形式,也可以是二维平面表示。

入库、出库超额上限:手工输入的数据,在出入库时根据录入的数据计算控制。

合理损耗率:可以手工输入小数位数最大可为 6 位的正数,可以为空,可以随时修改。

上次盘点日期:新增记录可以手工输入上次盘点日期,以后就由系统自动维护,每次在该存货盘点时自动回填盘点日期,不允许修改。当设置盘点周期为天时必须输入该项内容,如果不填,系统默认为当前注册日期。

盘点周期:根据选择的盘点周期来确定实际输入的内容。设置周期盘点时必须输入该项内容,可以输入大于 0 的整数,缺省为 1。

盘点周期单位:可选择的内容有天、周、月,必须选择其中一种。

盘点日设置:当没有设置周期盘点或设置盘点周期为天时,无须输入该项内容;当设置盘点周期为周时,该项内容可以设置星期一到星期日七项内容,必须选择其中一项,注意1表示周日,2表示周一,3表示周二,依次类推7表示周六;当设置盘点周期为月时,该项内容可以设置1到31日作为选择项,每次只能且必须选择其中一项。

是否保质期管理:指存货是否要进行保质期管理。如果某存货是保质期管理,可用鼠标点击选择框选择"是",且录入入库单据时,系统将要求用户输入该批存货的失效日期。

保质期:只能手工输入大于0的4位整数,保质期的单位为天,可以为空,可以随时修改。

保质期预警天数:只能手工输入大于等于0的4位整数,系统缺省为0,可以随时修改。

是否条形码管理:可以随时修改该选项。

对应条形码:最多可输入30位数字或字符,可以随时修改,可以为空。但不允许有重复的条形码存在。

是否单独存放:用于设置该存货是否需要单独存放,可以随时修改。

是否批次管理:指存货是否需要批次管理。如果存货是批次管理,录入出、入库单据时,系统将要求用户输入出、入库批号。

是否出库跟踪入库:可以修改,但是若需要将该选项从不选择状态改成选择状态,则需要检查该存货有无期初数据或者出入库数据,有数据的情况下不允许修改。

是否呆滞积压:用于设置该存货是否为呆滞积压存货。

④存货档案其他页,如图4-25所示。

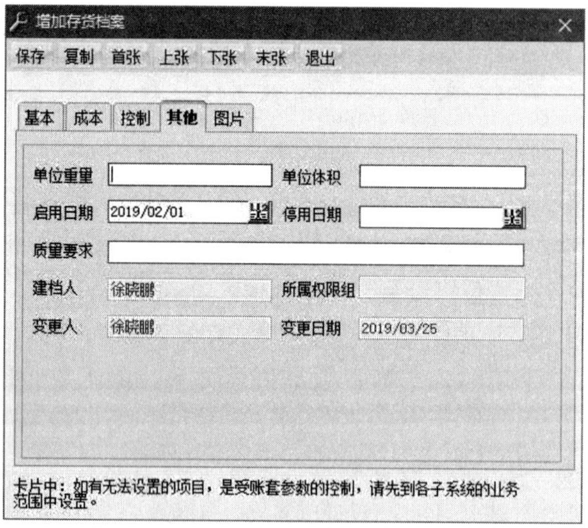

图4-25　存货档案其他页

单位重量:指单个存货的重量。单位重量不能小于零。

单位体积:指单个存货的体积。单位体积不能小于零。

启用日期:系统将增加存货的日期作为该存货的启用日期。系统根据增加存货的当日日期自动填写,用户不能修改。

【提示】

该日期将作为两台机器之间传递单据时,存货档案是否要一同传递的判断标准。如果存货的启用日期在传递的单据日期范围内,表示该存货是填制传递单据时新增的存货,则该存货将随同单据一同传递。

停用日期:由用户填写。如果用户填写了存货的停用日期,表示该存货已停止使用。停用的存货填制单据时将不能再使用,但可进行查询。

所属权限组最多可输入 4 位数字或字符,该项目不允许编辑,只能查看;该项目在数据分配权限中进行定义。

建档人:最多可输入 20 个数字或字符,在增加存货记录时,系统自动将该操作员编码存入该记录中作为建档人,以后不管是谁修改这条记录均不能修改这一栏目,且系统也不能自动进行修改。

变更人:最多可输入 20 个字符或数字,新增存货记录时变更人栏目存放的操作员与建档人内容相同,以后修改该条记录时系统自动将该记录的变更人修改为当前操作员编码,该栏目不允许手工修改。

变更日期:新增存货记录时变更日期存放当时的系统日期,以后修改该记录时系统自动将修改时的系统日期替换原来的信息,该栏目不允许手工修改。

质量要求:由用户填写,注明采购或销售的存货要达到的质量标准。

【功能按钮操作说明】

①【增加】新增存货档案。

在左边的树型列表中选择一个末级的存货分类(如果在建立账套时设置存货不分类,则不用进行选择),单击【增加】按钮,进入增加状态。增加完成后,单击【保存】按钮,则保存当前输入信息。可以在页编辑状态下,单击【增加】按钮,继续增加新的存货。

【提示】

提供自动复制功能。单击复制按钮,则每增加一个存货时,自动复制上一个存货内容。存货编号、代码、名称不复制。

保存存货记录时,若发现该条记录的存货名称+规格型号与别的记录相同,则应提示用户:"该存货记录的名称+规格型号与 XXX 记录重复,是否继续进行?"若选择继续进行,则保存该记录,否则不予保存档案记录,且将焦点停留在存货名称输入框中。

②【修改】修改存货档案。

在存货列表中选中要修改的存货,单击【修改】按钮,修改方法与新增方法相同,注意存货编码不可修改,如图 4-26 所示。

③【删除】删除存货档案。

将光标移到要删除的存货上,用鼠标单击【删除】按钮,即可删除当前存货。已经使用的存货不能删除,如图 4-27 所示。

④【刷新】刷新档案记录。

在网络操作中,可能同时有多个操作员在操作相同的目录,可以单击【刷新】按钮,查

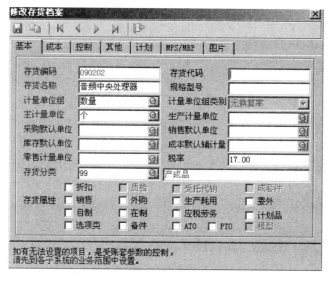

图 4-26　修改存货档案

图 4-27　删除存货档案

看到当前最新目录情况,即可以查看其他有权限的操作员新增或修改的目录信息。

⑤【批改】如何进行批量修改,如图 4-28 所示。

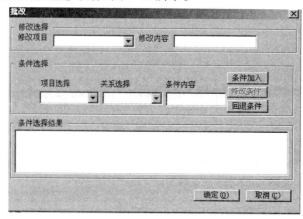

图 4-28　批量修改

【操作步骤】

单击工具栏上的【批改】按钮,显示批量修改界面。

从"修改项目"下拉框中选择可以批量修改的项目,输入"修改内容"。

编辑条件表达式,选择项目、关系符号和条件内容,单击【加入条件】按钮,设定的条件表达式显示在显示区内。

如果还有其他过滤条件,则先选择与已设定条件的逻辑关系,如果是并集的关系,选择"或者";如果是"交集"的关系,选择"并且"。

再次输入条件项、关系符号和条件值,单击【加入条件】按钮,设定的条件表达式显示上一条表达式下。

单击【清除条件】按钮,可删除不需要的条件表达式。

输入完成后,单击【修改】按钮,系统根据设置的条件批量修改所有符合条件的记录。

例如:要修改存货编码>001 的所有"存货名称"为"一级存货"。修改方法如下:

首先从下拉框中选择"修改项目"为"存货名称","修改内容"为"一级存货";

在"项目选择"下拉框中选择"存货编码","关系符号"选择">";直接输入或参照选择"条件内容"为"001",单击【加入条件】按钮,显示区显示条件表达式"存货编码>001"。

单击【修改】按钮,系统按照设定的条件将所有编码">001"的存货名称全部改为"一级存货"。

【提示】

存货编码不允许批量修改。

4.4.4　设置会计科目

会计科目是财务核算的核心,填制凭证、记账、查账、对账、制作报表几乎都是以会计科目为核心进行的,各种会计账簿也都是按会计科目开设账页的,因此正确地根据需要设置适合自身业务特点的会计科目,是集成账务处理系统初始化过程中最为重要的一项工作,会计科目设置得好坏,直接关系到日后核算工作的顺利、正确与否。

本功能完成对会计科目的设立和管理,用户可以根据业务的需要方便地增加、插入、修改、查询、打印会计科目。

1)增加会计科目

【操作方法】

用鼠标单击【增加】即可进入会计科目增加界面,如图 4-29 所示。

【说明】

①如果本年度已做日常账务等操作,会计科目的修改、增加、删除、插入、将受限制。

如果本科目已被制过单,则不能删除、修改该科目。

如果系统未记过账,本科目也未被制过单,而该科目已录有余额,也不能删除、修改该科目,如要修改该科目必须先将修改科目及其下级科目余额清零,再行修改,修改完毕后要将余额补上。

②为方便使用,年中可对某些科目名称进行修改,但科目编码不允许修改。

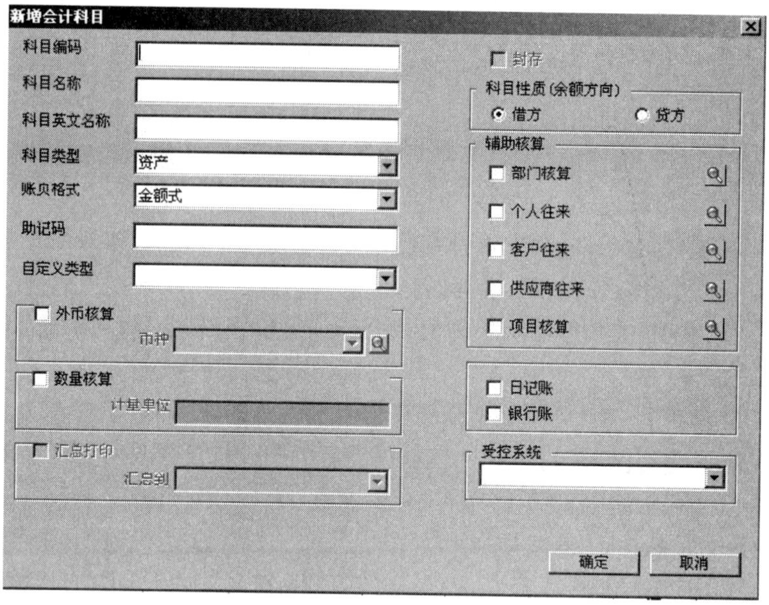

图 4-29　增加会计科目

③年中可增设辅助账类,也可删除某些设置不当的辅助账类,但年中增加账类将会引起辅助账期初不对,进行年中修改务必慎重。

建立会计科目需要对会计科目以下属性进行定义和设置:

【科目编码】即科目代码。科目编码必须唯一;科目编码必须按其级次的先后次序建立;科目编码可以用数字 0—9 或字符 A—Z 表示,但科目编码中 &" ' ;-等特殊字符禁止使用。科目编码是系统进行账簿数据处理的依据,因此,一定要严格遵守【系统参数设置】中的编码规则,按照系统设置的编码规则正确地设置。

【科目名称】即科目的汉字名称。可以是汉字或英文字母,科目名称最多可写 10 个汉字或 20 个字符;不同级科目可以重名,但为避免日常操作的烦琐程序,应尽量减少重名。

【科目类型】即科目性质。在实际操作中,由系统根据输入的科目编码自动生成,科目编码为“1”开头的科目为资产类科目;即:

1XXX = 资产　　　　　2XXX = 负债

3XXX = 权益　　　　　4XXX = 成本　　　　　5XXX = 损益

没有成本类的企业可不设成本类科目;由于有些行业的科目类型与目前的会计制度所规定的科目类型有所不同,系统提供了改变科目类型的功能。最多可以设置 6 个科目类型。

【账页格式】系统提供了金额式、外币金额式、数量金额式、外币数量式 4 种账页格式待选择,如果对计量单位、外币名称进行了设置,系统会自动定义账页格式。

【助记码】用于帮助记忆科目,一般可用科目名称中各个汉字拼音的头一个字母组成,如“管理费用”的助记码可写为“GLFY”,在制单输入“管理费用”科目时,只需简单地输入“GLFY”即可完成输入,这样可加快录入速度,也可减少汉字录入的量;在需要录入科目的地方输入助记码,系统可自动将助记码转换成科目名称。

【外币核算】用于设定该科目是否有外币核算,以及核算的外币名称。一个科目只能核算一种外币,只有有外币核算要求的科目才允许也必须设定外币币名,如果此科目核算的外币币种没有定义,可以用鼠标单击外币币种下拉选择框旁边的按钮,在【汇率管理】中进行定义。

【数量核算】需要进行数量核算的科目在进行数量核算时的计量单位,只有有数量核算要求的科目才允许也必须设定计量单位,计量单位为空时,系统将认为该科目不做数量核算。计量单位可以是任何汉字或字符,位长不能大于 4 位。如:千克、件、吨等。

【辅助核算】用于说明本科目是否有辅助账核算要求,系统除完成一般的总账、明细账核算外,还提供以下几种辅助核算功能供用户选用:个人往来核算账、单位往来核算账、部门核算账、项目核算账。

【其他核算】用于说明本科目是否有其他要求,如银行账、日记账等。

上述项目输入完成后,如果输入正确,用鼠标单击【确认】按钮,否则可以用鼠标单击【取消】按钮取消此次增加。如果想继续增加,用鼠标单击【增加】按钮即可。

【注意】

①科目编码中禁止使用 & " ' :-和空格,如 102-01 为错误编码。

②科目名称中禁止使用 & " ' :-和空格,如 A-B 为错误名称。

③辅助核算必须设在末级科目上,但为了查询或出账方便,有些科目也可以在末级和上级设辅助核算。但若只在上级科目设辅助核算标志,其末级科目没有设该辅助核算标志,系统将不承认,也就是说当上级科目设有某辅助核算时,其末级科目中必设有该辅助核算标志,否则只在上级设辅助核算标志系统将不处理。

④银行存款科目要按存款账户设置,需进行数量、外币核算的科目要按不同的数量单位、外币单位建立科目。

2)修改会计科目

将光标移到要修改的科目上,用鼠标双击该科目,即可进入会计科目修改界面,如图 4-30 所示。

用鼠标单击【修改】按钮,进入修改状态,用户可以在此对需要修改的项目进行调整,修改完毕后,用鼠标单击【确认】按钮,如果想放弃修改,用鼠标单击【取消】按钮即可。如果要继续修改,用鼠标单击,找到下一个需要修改的科目,重复上述步骤即可。

3)删除会计科目

将光标移到要删除的科目上,用鼠标单击【删除】按钮,即可删除光标所在处科目,如果要继续删除,找到下一个需要修改的科目,重复上述步骤即可。

【注意】

会计科目删除后无法恢复。

4)指定现金、银行存款科目

用鼠标单击【编辑】菜单下的【指定科目】,屏幕显示指定科目窗口,用户在此输入现金、银行存款的总账科目,如图 4-31 所示;输入完毕后,用鼠标单击【确认】按钮即可。

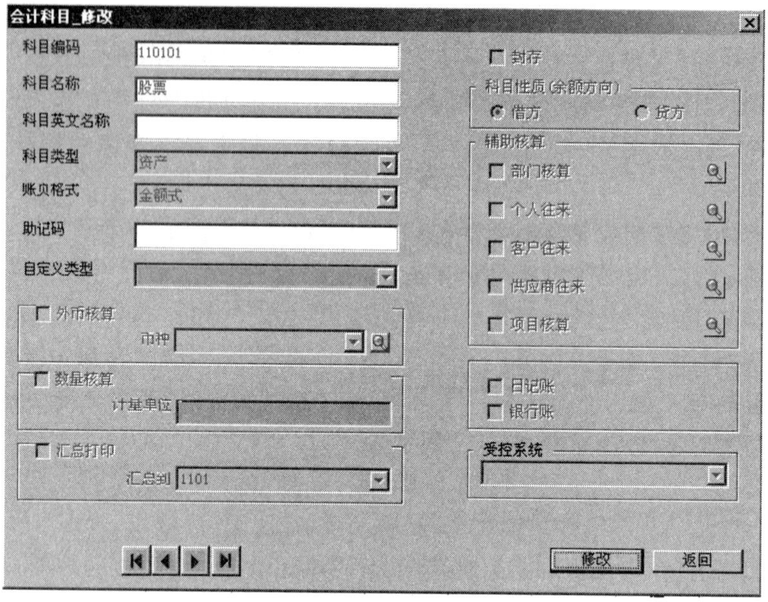

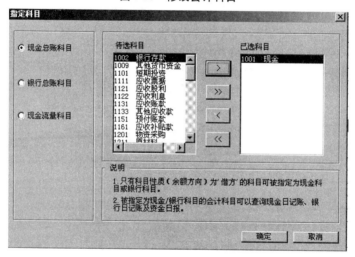

图 4-30　修改会计科目

图 4-31　指定科目

【注意】

此处指定的现金、银行存款科目供出纳管理使用,所以在查询现金、银行存款日记账前,必须指定现金、银行存款总账科目。

4.4.5　设置凭证类别

在手工方式下,凭证类别相对比较固定,财务人员也都了然于胸,像不成文的规定一样,不必造表专门明确。在用友账务处理系统中,由于处理方式的特殊性,必须将日常核算所涉及的每种凭证都预先做好类别定义,以便作为计算机记账、汇总、查询、统计、分析时的依据。为了加强填制凭证的规范性、一致性,尽量避免不必要的差错,系统允许用户对每种类别的凭证指定其相应的借方必有科目、贷方必有科目、借贷必无科目等。用友账务处理系统预置了 3 种凭证分类方案,也允许用户自行定义。

许多单位为便于管理或登账,一般对记账凭证进行分类编制,但各单位的分类方法不尽相同,所以系统提供【凭证类别】功能,用户可以按照本单位的需要对凭证进行分类。

【操作方法】

①如果是第一次进行凭证类别设置,系统提供向导方式定义:

首先提供分类与不分类选择,如果用户的凭证不分类核算,系统自动将凭证类别定义为记账凭证。

②如果分类核算,系统提供了 4 种凭证分类选择:

第一种分类:收款、付款、转账凭证;

第二种分类:现金、银行、转账凭证;

第三种分类:现金收款、现金付款、银行收款、银行付款、转账凭证;

自定义分类:自定义凭证类别。

用户可按需要进行选择,选择完后,仍可进行修改。

③在凭证类别设置界面,用户可以增加、修改或删除凭证类别,并可以设置凭证类别的限制科目。科目限制分为借方必有、贷方必有、借贷必无 3 种方式,每种方式可以设置两个总账科目;如:收款凭证,用户可以定义为借方必有科目,科目为现金(1001)、银行存款(1002),如图 4-32 所示。

图 4-32　凭证类别

【说明】

①若某一凭证类别被使用,则该凭证类别不能被删除。

②尽量使用系统提供的凭证分类方式,避免自定义凭证类别。

4.4.6　设置外币核算

外币设置是专为外币核算服务的。因外汇汇率变动快、时间短,为使系统在处理有关外币的账务时能及时得到较准确的汇率,以减少重新录入汇率的频次,系统提供了汇率录入功能。用户可随时对各种外币的汇率进行增加、修改、删除等调整性处理。

对于使用固定汇率(即使用月初或年初汇率)作为记账汇率的单位,在填制每月的凭证前,应预先在此录入该月的月初汇率,否则在填制该月外币凭证时,将会出现汇率为零的错误;对于使用变动汇率(即使用当日汇率)作为记账汇率的用户,在填制该天的凭证前,应预先在此录入该天的记账汇率,如图 4-33 所示。

图 4-33　外币设置

【操作方法】

①选择【汇率管理】选项。

②屏幕出现汇率录入窗口。

③用鼠标单击【增加】按钮,输入新的外币及相关项目。输入完成后,用鼠标单击【确认】按钮即可。

④外币币种设置完成后,可以直接录入该币种的汇率,供填制凭证时使用。系统同时提供固定汇率、变动汇率录入。录入时只需用鼠标单击需要录入的汇率类型的单选钮即可。

【说明】

外币被使用后,不能被删除,部分设置不能被修改。

4.4.7　定义结算方式

任何单位的会计业务均有银行往来业务,且这类业务需要经常对账,一般情况下,银行往来的各种结算方式相对稳定,且结算方式种类有限,为便于管理和提高银行自动对账的效率,系统要求对银行往来的结算方式加以设置。本项设置最好参考银行对账单,以便与银行对账单的结算方式一致。

系统特意为银行出纳员配备了支票管理功能,支票管理的范围只限于本单位借出的支票,而不管理收取外单位的支票。当单位借出支票时,银行出纳员需调用【支票管理】进行登记。支票支出后,在业务人员报销时系统自动核销。所以银行出纳员可利用【支票管理】功能随时查对所签发的支票的用途、领用时间、借款人以及是否报销等情况。如果使用账务系统时,不想启用【支票管理】功能,则在【是否票据管理】中不要标记"√"。否则会增加制单时的录入工作量。

【操作方法】

①选择【收付结算】菜单下【结算方式】选项,回车;

②屏幕出现结算方式设置窗口,如图 4-34 所示;

③用【增加】按钮增加一项结算方式,并输入结算方式号和结算方式名;

④按照会计资料要求依次增加其他结算方式,全部定义完后退出。

【说明】

结算方式只能先定义后使用,因此制单前必须先定义好结算方式。

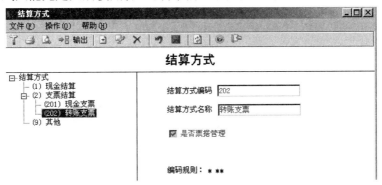

图 4-34　设置结算方式

本章小结

本章主要介绍了会计信息系统实施运行维护的基本策略、会计信息系统的系统管理和基础设置等内容。第一节介绍了会计信息系统运行前的准备,讲解了会计资料的准备和计算机软硬件的准备。第二节介绍了会计信息系统的实施,讲解了建立会计电算化组织策划机构、组织制订会计电算化实施计划、电算化会计信息系统的建立。第三节介绍了会计信息系统的系统管理,讲解了如何进行系统注册、建立账套、财务分工及权限设置。第四节介绍了会计信息系统的基础设置,讲解了如何系统启用、设置档案、存货、设置会计科目、设置凭证类别、设置外币核算及定义结算方式等内容。

思考与练习

1.如何建立企业基础信息? 请分步说明。

2.如何设置会计科目及辅助核算?

3.如何进行项目管理设置与管理?

4.如何进行客户档案、供应商档案设置?

5.如何设置计量单位,存货档案?

第5章 账务处理系统

学习目标

本章介绍日常账务处理系统中最基础性的工作。通过本章的学习能够熟练掌握账务处理系统各项功能的操作,真正领会会计信息系统的意义。

5.1 定义总账系统参数

总账系统在建立新账套后由于具体情况需要,或业务变更,若发生一些账套信息与核算内容不符,可以通过此功能进行账簿选项的调整和查看。单击系统主菜单【设置】下的【选项】,屏幕显示如图5-1所示,单击"凭证""账簿""凭证打印""预算控制""权限""会计日历"和"其他"页签,即可进行账簿选项的修改。

5.1.1 凭证页签

选择"凭证"页签显示如图5-1所示。

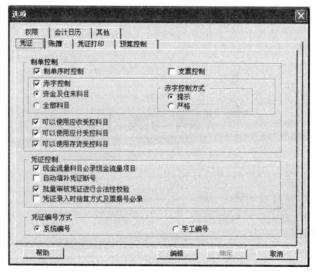

图5-1 凭证页签

1）制单控制

①制单序时控制：选择此项和"系统编号"，制单时凭证编号必须按日期顺序排列，10月 25 日编至 25 号凭证，10 月 26 日只能开始编制 26 号凭证，即制单序时。如有特殊需要可将其改为不按序时制单。

②支票控制：若选择此项，在制单时使用银行科目编制凭证时，系统针对票据管理的结算方式进行登记，如果录入支票号在支票登记簿中已存，系统提供登记支票报销的功能；否则，系统提供登记支票登记簿的功能。

③赤字控制：若选择了此项，在制单时，当"资金及往来科目"或"全部科目"的最新余额出现负数时，系统将予以提示。

④可以使用应收受控科目：若科目为应收款系统的受控科目，为了防止重复制单，只允许应收系统使用此科目进行制单，总账系统是不能使用此科目制单的。所以如果希望在总账系统中也能使用这些科目填制凭证，则应选择此项。

⑤可以使用应付受控科目：若科目为应付款系统的受控科目，为了防止重复制单，只允许应付系统使用此科目进行制单，总账系统是不能使用此科目制单的。所以如果希望在总账系统中也能使用这些科目填制凭证，则应选择此项。

⑥可以使用存货受控科目：若科目为存货核算系统的受控科目，为了防止重复制单，只允许存货核算系统使用此科目进行制单，总账系统是不能使用此科目制单的。所以如果希望在总账系统中也能使用这些科目填制凭证，则应选择此项。

2）凭证控制

①管理流程设置：若要求现金、银行科目凭证必须由出纳人员核对签字后才能记账，则选择"出纳凭证必须经由出纳签字"；如要求所有凭证必须由主管签字后才能记账，则选择"凭证必须经主管签字"。

②现金流量科目必录现金流量项目：选择此项后，在录入凭证时如果使用现金流量科目则必须输入现金流量项目及金额。

③自动填补凭证断号：如果选择凭证编号方式为系统编号，则在新增凭证时，系统按凭证类别自动查询本月的第一个断号默认为本次新增凭证的凭证号。如无断号则为新号，与原编号规则一致。

④批量审核凭证进行合法性校验：批量审核凭证时针对凭证进行二次审核，提高凭证输入的正确率，合法性校验与保存凭证时的合法性校验相同。

⑤凭证录入时结算方式和票据号必录：选择此项后，在录入凭证时如果使用银行科目或往来科目则必须输入结算方式和票据号。

3）凭证编号方式

系统在"填制凭证"功能中一般按照凭证类别按月自动编制凭证编号，即"系统编号"，但有的企业需要系统允许在制单时手工录入凭证编号，即"手工编号"。

5.1.2　账簿页签

选择"账簿"页签显示如图 5-2 所示。

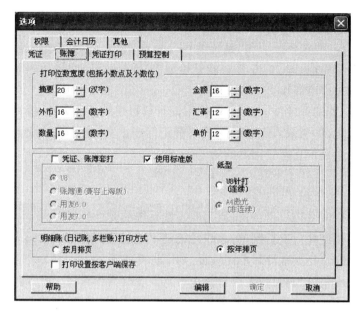

图 5-2　账簿页签

①打印位数宽度:定义正式账簿打印时各栏目的宽度,包括摘要、金额、外币、数量、汇率、单价。

②明细账(日记账、多栏账)打印输出方式:定义打印正式明细账、日记账或多栏账时按年排页还是按月排页。

按月排页:即打印时从所选月份范围的起始月份开始将明细账顺序排页,再从第一页开始将其打印输出,打印起始页号为"1"。这样,若所选月份范围不是第一个月,则打印结果的页号必然从"1"开始排。

按年排页:即打印时从本会计年度的第一个会计月开始将明细账顺序排页,再将打印月份范围所在的页打印输出,打印起始页号为所打月份在全年总排页中的页号。这样,若所选月份范围不是第一个月,则打印结果的页号有可能不是从"1"开始排。

打印设置按客户端保存:建议用户选择此项,优点在于选择该项后,假如有两个以上的用户在同一台打印机上打印同一张凭证,则打印各自设置模板格式,如 A 用户打印的凭证是 5 行,而 B 用户可能打印的是 8 行。

5.1.3　权限页签

权限页签如图 5-3 所示。

①制单权限控制到科目:要在系统管理的"功能权限"设置中设置科目权限,再选择此项,权限设置才有效。选择此项,则在制单时,操作员只能使用具有相应制单权限的科目制单。

②制单权限控制到凭证类别:要在系统管理的"功能权限"设置中设置科目权限,再选择此项,权限设置才有效。选择此项,则在制单时,只显示此操作员有权限的凭证类别;同时在凭证类别参照中按人员的权限过滤出有权限的凭证类别。

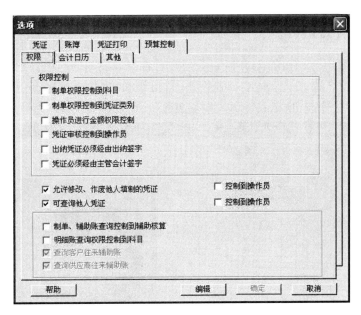

图 5-3　权限页签

③操作员进行金额权限控制：选择此项，可以对不同级别的人员进行金额大小的控制，例如财务主管可以对 10 万元以上的经济业务制单，一般财务人员只能对 5 万元以下的经济业务制单，这样可以减少由于不必要的责任事故带来的经济损失。

④只允许指定操作员审核其本部门操作员填制的凭证，则应选择"凭证审核控制到操作员"，同时要在系统管理的"数据权限"设置中设置用户权限，再选择此项，权限设置才有效。

⑤出纳凭证必须经由出纳签字：若要求现金、银行科目凭证必须由出纳人员核对签字后才能记账，则选择"出纳凭证必须经由出纳签字"。

⑥凭证必须经由主管会计签字：如要求所有凭证必须由主管签字后才能记账，则选择"凭证必须经由主管签字"。

⑦如允许操作员查询他人凭证，则选择"可查询他人凭证"，如选择"控制到操作员"，则要在系统管理的"数据权限"设置中设置用户权限，再选择此项，权限设置才有效。选择此项，则在凭证查询时，操作员只能查询具有相应人员的凭证查询权限。

⑧允许修改、作废他人填制的凭证：若选择了此项，在制单时可修改或作废别人填制的凭证，否则不能修改。如选择"控制到操作员"，则要在系统管理的"数据权限"设置中设置用户权限，再选择此项，权限设置才有效。选择此项，则在填制凭证时，操作员只能对相应人员的凭证进行修改或作废。

⑨明细账查询权限控制到科目：这里是权限控制的开关，在系统管理中设置明细账查询权限，必须在总账系统选项中打开，才能起到控制作用。

⑩制单、辅助账查询控制到辅助核算：设置此项权限，制单时才能使用有辅助核算属性的科目录入分录，辅助账查询时只能查询有权限的辅助项内容。

5.1.4 会计日历页签

单击"会计日历"页签,如图 5-4 所示,可查看各会计期间的起始日期与结束日期,以及账套名称、单位名称、账套路径、行业性质、科目级长、本位币等账套信息。若要修改,可到系统管理中去修改,这里只能更改数量小数位、单价小数位、本位币精度。

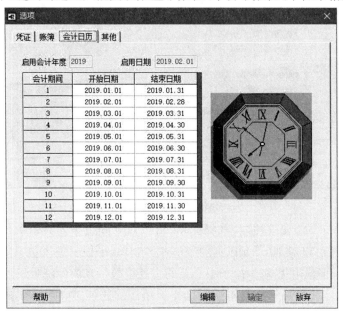

图 5-4　会计日历页签

5.1.5 其他页签

选择"其他"页签,显示如图 5-5 所示。

①数量小数位:在制单与查账时,按此处定义的小数位输出小数,不足位数将用"0"补齐。例如定义为 5 位,而数量为 10.25 米,则系统将按 10.25000 显示输出。系统允许设置的数量小数位范围为 2 到 6 位。

②单价小数位:在制单与查账时,按此处定义的小数位输出小数,不足位数将用"0"补齐。例如定义为 5 位,而单价为 3 元,则系统将按 3.00000 显示输出。系统允许设置的单价小数位范围为 2 到 8 位。

③本位币精度:若数据精确到整数(无小数位),则在制单中由汇率、外币计算本位币时,系统自动四舍五入为整数。

④打印设置按客户端保存:如果有多个用户使用多台不同型号的打印机时,选择此项则按照每个用户自己的打印机类型和打印选项设置,打印凭证和账簿。

⑤启用调整期:如果您希望在结账后仍旧可以填制凭证用来调整报表数据,可在总账选项中启用调整期。调整期启用后,加入关账操作,在结账之后关账之前为调整期。在调整期内填制的凭证为调整期凭证。

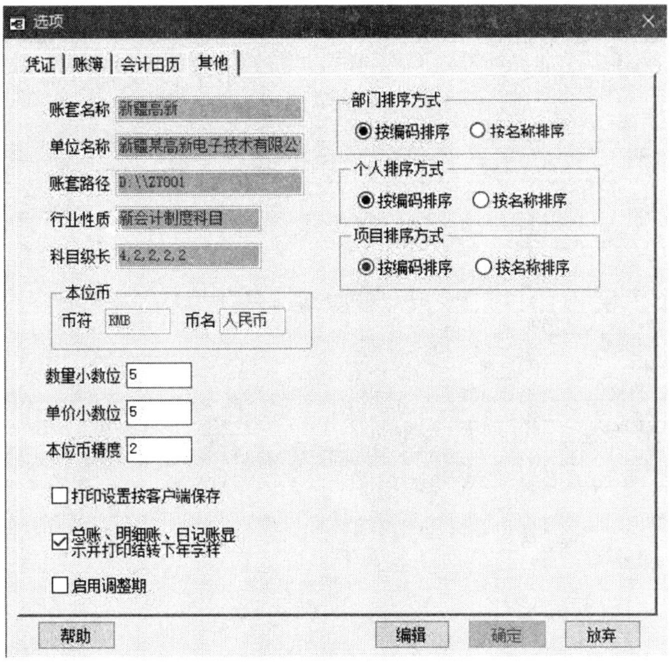

图 5-5　其他页签

5.2　总账期初余额

建立好会计科目后的工作就是录入各科目的期初余额,用友软件根据不同的情况设置了两种录入期初余额的方式,另外为进行计划控制,还可为科目录入计划数。

如果是第一次使用账务处理系统,必须使用此功能输入科目余额。如果系统中已有上年的数据,在使用【结转上年数据】后,上年各账户余额将自动结转本年,当余额不平或因其他原因需要对科目余额修改时,也须使用此功能。进入本功能后,屏幕显示期初余额窗口。

5.2.1　新用户操作方法

第一次使用用友账务的用户,如图 5-6 所示。

如果是年中使用账务,比如是 2 月开始使用账务系统,可以录入 2 月初的余额以及 1—2 月的借、贷方累计发生额,系统自动计算年初余额;否则可以直接录入年初余额,具体操作方法见老用户操作方法。

5.2.2　老用户操作方法

①将光标移到需要输入数据的余额栏,直接输入数据即可。

②如果是年中启用,还可以录入借、贷方累计发生额。

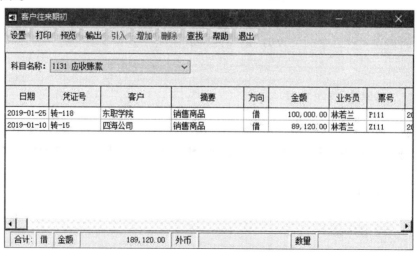

图 5-6　录入科目余额

③录完所有余额后,用鼠标单击【试算】按钮,检查余额是否平衡。

5.2.3　录入期初余额

辅助核算科目必须按辅助项录入期初余额,往来科目应录入期初未达项,用鼠标双击辅助核算科目的期初余额(年中启用)或年初余额(年初启用),屏幕显示辅助核算科目期初余额录入窗口,部门、项目核算科目期初可直接在对应的数据区中直接录入。个人往来、单位往来、部门项目核算科目的期初,可通过鼠标双击科目,单击【增加】按钮,如图 5-7 所示。

图 5-7　录入辅助核算科目余额

【说明】

①系统默认"资产、成本"类科目余额方向为借方,"负债、权益"类科目余额方向为贷方,"损益"类科目系统默认"收入(收益)"类科目余额为贷方,"支出(损失)"类科目余额为借方,也可自己用【方向】按钮改变借贷方向。

②录入余额时不能对科目进行增、删、改操作。

③如果某科目为数量核算,系统会自动开窗口要求录入期初数量余额。

④如果某科目为外币核算,系统会自动开窗口要求录入期初外币余额。

⑤系统只要求或允许用户录入一级和最低级科目的余额,中间级科目的余额系统自动计算,当光标在余额栏时,按空格键即可录入。

⑥录入完余额后,应按【试算平衡】按钮进行试算平衡,核对上下级科目及账面是否平衡,如图 5-8 所示,系统的账面平衡试算规则符合会计制度要求。

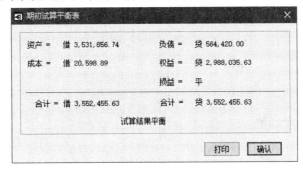

图 5-8　期初试算平衡

⑦在录入过程中,用户可以用鼠标单击【刷新】按钮,刷新上级科目余额。

⑧在录入辅助核算期初余额之前,必须先设置各辅助核算目录。

5.3　总账系统日常会计处理

根据提供的会计业务资料,利用会计核算软件完成凭证录入、审核、修改、查询、记账工作。

5.3.1　填制凭证

记账凭证是登记账簿的依据,在实行计算机处理账务后,电子账簿的准确与完整完全依赖于记账凭证,因而使用者要确保记账凭证输入的准确完整,在实际工作中,用户可直接在计算机上根据审核无误准予报销的原始凭证填制记账凭证(即前台处理),也可以先由人工制单而后集中输入(即后台处理),用户采用哪种方式应根据本单位实际情况。一般来说业务量不多或基础较好或使用网络版的用户可采用前台处理方式,而在第一年使用或人机并行阶段,则比较适合采用后台处理方式。

【操作步骤】

①用鼠标单击【用友 ERP-U8】→【企业应用平台】→【业务】→【财务会计】→【总账】,开始总账系统【凭证】下的【填制凭证】。

②屏幕显示一张记账凭证,如图5-9所示。

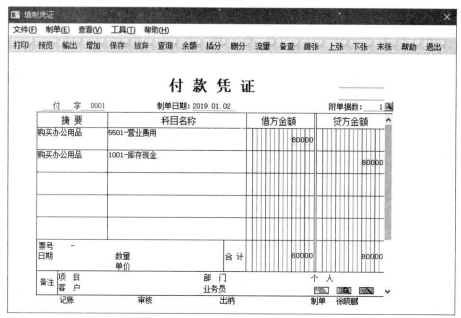

图5-9 填制凭证

③用鼠标单击【增加】按钮,增加一张新凭证,光标定位在选择凭证类别下拉框上。

④选择凭证类别:用鼠标单击凭证类别下拉框,选择一个凭证类别字,或用键盘直接输入凭证类别字,确定后按 Enter 键。当凭证不分类时,直接按 Enter 键。

⑤输入凭证日期:系统自动取进入账务前输入的业务日期为记账凭证填制的日期,如果日期不对,可进行修改。

⑥输入原始单据张数,输完后按 Enter 键。

⑦输入摘要:输入本笔分录的业务说明,摘要要求简洁明了,符合会计规范。

⑧输入科目:科目必须输入末级科目。当输入的科目还有下级时,系统会自动提示其下级科目供选择。科目可以输入科目编码或科目名称,如果输入的科目名称有重名现象时,系统会自动提示重名科目供选择。输入科目时可在科目区中用鼠标单击参照键参照录入。

⑨输入外币、数量、部门、客户、个人、项目、支票号等专项信息。当科目设有外币核算、数量核算、部门核算、单位往来核算、个人往来核算、项目核算、银行核算等专项核算时,在录完科目后,屏幕自动提示输入各专项核算信息。

⑩金额:即该笔分录的借方或贷方发生额,金额不能为零,但可以是红字,红字金额以负数形式输入。

⑪如凭证填完,发现有错,可直接进行修改。

⑫该张凭证被确认正确后,用鼠标单击【增加】按钮,则可继续填制下一张凭证。

⑬当一批凭证填完后,用鼠标单击【退出】按钮,或通过菜单【文件】下的【退出】退出制单状态。

【说明】

①光标在各会计分录间移动时,凭证的备注栏将动态显示出该分录的辅助信息。

②用户要尽量少用鼠标单击【删除】按钮删除会计凭证,如果凭证确实不正确,可将该凭证修改成一个新的合法凭证。在退出填制凭证时,若有删除的凭证,且被删除的凭证为该会计期间、该凭证类别的最大号凭证,系统将自动删除,否则系统保留一张空凭证并占用一个凭证号。

③凭证编号:由系统分类按月自动编制,即每类凭证每月都从 0001 号开始,对于网络用户,如果是几个人同时制单,凭证编号只有在凭证已填制并经确认完毕后才给出,在凭证的左上角,系统提示了一个参考凭证号,如果网络版只有一个人制单或在单用户上制单时凭证左上角的凭证号即是正在填制的凭证的编号。系统同时也自动管理凭证页号,系统规定每页凭证有五笔分录,当某号凭证不止一页,系统自动将在凭证号后标上几分之一,如 0001 号 0002/0003 表示为 0001 号凭证的第二页。

④系统默认制单应按时间顺序,即每月内的凭证日期不能倒流,如:6 月 20 日某类凭证已填到第 200 号凭证,则填制该类 200 号以后的凭证时,日期不能为 6 月 1 日至 6 月 19 日的日期,而只能是 6 月 20 至月底的日期。但用户也可解除这种限制,即在【选项】中的【凭证】功能下,将其中的总账参数"制单序时"取消。

⑤对于一些常用的摘要,如提现金等,可在菜单【文件】中的【常用摘要】里预先定义,以便加快录入速度。常用摘要的调用方法:

直接在摘要区输入常用摘要的代码,则可自动调入常用摘要;

在摘要区用鼠标单击参照键可显示所有的常用摘要供选用。

⑥对于同一个往来单位、往来个人、部门来说,名称要前后一致,比如不能有时用"用友公司",有时又用"用友集团公司",像这样名称前后不一致,系统则将其当成两个单位,同样对于同一个部门,名称要前后一致,否则会出现分户现象。

⑦往来单位、往来个人、部门、项目可在制单时随时通过参照界面中的编辑键进行增加。

⑧当光标所在的分录为往来科目时,通过菜单【查看】下的【联查明细账】可查出当前往来单位或往来个人的最新往来明细账,正在填制的往来凭证的明细不能被查出。

⑨当光标所在的分录为部门或项目科目时,通过菜单【查看】下的【联查辅助明细】可查出当前部门或项目最新的计划执行数,正在修改或增加分录时不能查。

5.3.2　维护凭证

1)修改凭证

【操作步骤】

①进入【填制凭证】,查上一张或下一张找到需要修改的凭证。

②用鼠标指向要修改的数据,直接修改,如果需要修改某分录的辅助项,用鼠标双击该辅助项即可进行修改。

③修改完成后用鼠标单击,再找下一张需修改的凭证,重复第二步,如此直至修改结束。

【说明】

修改辅助核算内容,只需将光标移到需要修改辅助核算内容的分录上,用鼠标双击屏幕上有辅助核算内容的区域即可修改,例如修改某分录的往来核算单位,用鼠标双击该分录的部门(总经理办公室)即可,如图 5-10 所示。

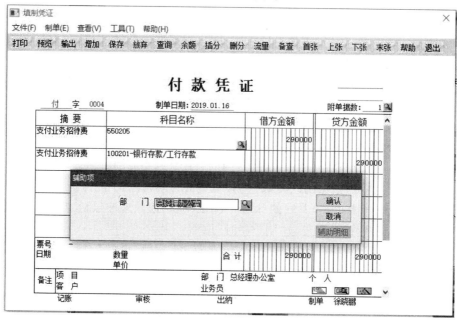

图 5-10　修改辅助核算

2)凭证删除

(1)作废凭证

进入填制凭证界面后,通过单击【首页】【上页】【下页】【末页】按钮翻页查找或单击【查询】按钮输入条件查找要作废的凭证。外部凭证不能在总账作废。

①单击菜单【制单】下的【作废/恢复】,凭证左上角显示"作废"字样,表示已将该凭证作废。

②作废凭证仍保留凭证内容及凭证编号,只在凭证左上角显示"作废"字样。作废凭证不能修改,不能审核。在记账时,不对作废凭证作数据处理,相当于一张空凭证。在账簿查询时,也查不到作废凭证的数据。

③若当前凭证已作废,单击菜单【编辑】下的【作废/恢复】,可取消作废标志,并将当前凭证恢复为有效凭证。

(2)整理凭证

有些作废凭证不想保留,可以通过凭证整理功能将这些凭证彻底删除,并利用留下的空号对未记账凭证重新编号。

①进入填制凭证界面后,单击菜单【制单】下的【整理凭证】。

②选择要整理的月份,按【确定】后,屏幕显示作废凭证整理选择窗,如图 5-11 所示。

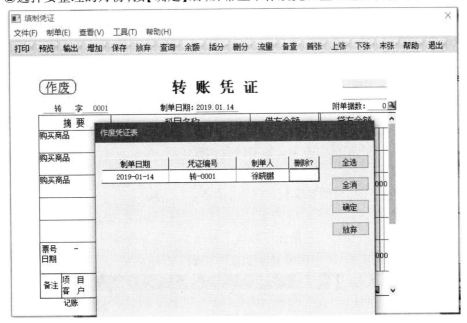

图 5-11　整理凭证

③选择要删除的已作废凭证,将这些凭证从数据库中删除,并对剩下凭证重新排号。

④若本月有凭证已记账,那么,本月最后一张已记账凭证之前的凭证将不能作凭证整理,只能对其后面的未记账凭证作凭证整理。若想对已记账的凭证作凭证整理,请先到"恢复记账前状态"功能中恢复本月月初的记账前状态,再作凭证整理。

3)制作红字冲销凭证

通过菜单【制单】下【冲销凭证】制作红字冲销凭证。系统弹出如图 5-12 所示窗口,先输入制单月份,然后回答将冲销哪个月的哪类多少号凭证,则系统自动制作一张红字冲销凭证,本功能用于自动冲销某张已记账的凭证。

图 5-12　制作红字冲销凭证

5.3.3　审核凭证

审核是指由具有审核权限的操作员按照会计制度规定,对制单人填制的记账凭证进行合法性检查。主要审核记账凭证是否与原始凭证相符,会计分录是否正确等。如果审查认为错误或有异议的凭证,应交与填制人员修改后,再审核。经过审核后的记账凭证才能作为正式凭证进行记账处理。

审核凭证包括出纳签字、主管签字和审核员审核签字三方面工作。

1)出纳签字

为加强企业现金收入和支出的管理,出纳人员可通过凭证处理功能对制单人员填制的带有现金或银行存款科目的凭证进行检查核对,主要核对收付款凭证的科目金额是否正确,对于审查认为有错误或有异议的凭证,应交与制单人员修改后再核对。只有经出纳签字的凭证才能进行审核和记账处理。在系统中需要进行出纳签字的收付款凭证有两种:一是未进行出纳签字的收付款凭证;二是经出纳签字,但在记账前发现有问题,利用出纳签字功能将其出纳标志改为未签字的收付款凭证。

【操作流程】

①单击【凭证】下的【出纳签字】,进入"出纳签字"功能。

②显示选择条件窗口如图 5-13 所示,输入查询凭证的时间、凭证号、操作员、凭证的来源等条件,缩小查询范围,在大量凭证环境下可减少查询等待时间。

③输入出纳凭证的条件后,屏幕显示凭证一览表。

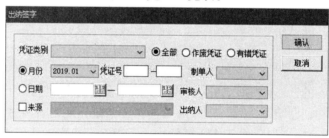

图 5-13　出纳签字条件

【注意事项】

①企业根据实际需要在"选项"设置中选择或取消"出纳凭证必须经由出纳签字"的设置。

②凭证一经签字,就不能被修改、删除,只有被取消签字后才可以进行修改或删除。

③取消签字只能由出纳人自己进行。

2)主管签字

为了加强企业的集中财务管理,本系统的会计核算中心采取主管签字的管理模式。此模式中,经主管会计签字后,这些凭证才能记账。主管签字的操作流程参见出纳签字。

【注意事项】

①已签字的凭证在凭证上显示为当前操作员姓名加红色框。

②签字人不能与制单人相同。

③取消签字必须由签字人本人取消。

3）审核员审核签字

【操作步骤】

①用鼠标单击【凭证】下的【审核】菜单，进入【凭证审核】功能。

②屏幕显示第一张未复核的凭证，如果第一张不是要复核的凭证，可用鼠标单击【导航】栏查找，或按【查找】按钮，输入要复核的凭证范围进行查找。

③屏幕显示第一张待复核凭证，这时用户可进行复核，通过菜单【查看】下的【科目转换】可切换显示科目编码和科目名称，用↑或↓键在分录中移动时，凭证下将显示当前分录的专项信息。

④复核人员在确认该张凭证正确后，用鼠标单击【审核】按钮，将在复核处自动签上复核人姓名，即该张凭证复核完毕，系统自动显示下一张待复核凭证，如图 5-14 所示。

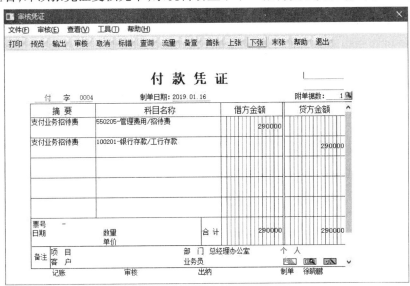

图 5-14　审核凭证

【注意事项】

①审核人和制单人不能是同一个人。

②凭证一经复核，就不能被修改、删除，只有取消复核签字后才可以进行修改或删除。

③取消复核签字只能由复核人自己进行。

④采用手工制单的用户，在凭单上复核完后还须对录入机器中的凭证进行复核。

5.3.4　输出凭证

1）凭证查询

用于查询已记账凭证，未记账凭证请在制单功能中查，进入查询记账凭证后，用鼠标单击【查询】按钮则屏幕显示查询条件，如图 5-15 所示，输入要查找的条件，然后屏幕显示符合条件的第一张凭证。单击【上一张】【下一张】按钮可查找下一张凭证或上一张凭证,当一张凭证有几页时可按 PgDn 或 PgUp 键查当前凭证的上一页或下一页。

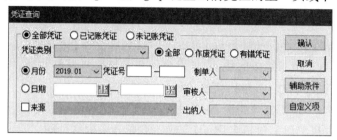

图 5-15　凭证查询

2)凭证打印

用于打印已记账凭证,未记账凭证请在制单功能中打印,进入打印记账凭证后,屏幕显示打印记账凭证界面,如图 5-16 所示。

用户可以在此输入凭证类别、凭证范围、期间范围,以及打印的凭证格式。

凭证类别:可以打印某一凭证类别的凭证,也可以打印所有凭证类别的凭证。

凭证范围:可以输入需要打印的凭证号范围,不输则打印所有凭证。凭证号范围可以输入 1,3,5-9。其表示打印 1 号、3 号、5 至 9 号凭证。

期间范围:可以选择打印凭证的起止期间范围。

凭证格式:即打印凭证的格式,分为金额式和数量外币式两种。可以通过单击不同的单选按钮进行选择。

范围选择完成后,用鼠标单击【打印】按钮即可进行打印。如果想预览,用鼠标单击【预览】按钮即可。如果需要将数据按其他数据格式输出,用鼠标单击【输出】按钮,选择需要输出的数据格式即可。

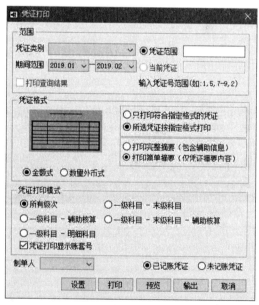

图 5-16　凭证打印

5.3.5　凭证汇总

本功能可按条件对记账凭证进行汇总并生成一张凭证汇总表。

【操作步骤】

①用鼠标单击【凭证】下的【科目汇总】。

②屏幕显示汇总条件窗,如图 5-17 所示。

月份:确定要汇总哪个会计月度的记账凭证。

类别:若按凭证类别查询时可选择需要汇总的凭证类别。类别为空,则汇总所有的类别。

凭证号:当凭证类别指定时,可输入要汇总的起止凭证号。

日期:当不指定凭证号范围时,可输入汇总的起止日期。

科目级次:指科目汇总表的汇总级次。

图 5-17　凭证汇总条件

③屏幕显示科目汇总表,如图 5-18 所示。

【说明】

查询辅助明细:屏幕上背景为蓝色的数据具有辅助核算功能,用鼠标双击该行,或将光标移到要查询辅助明细的科目上,用鼠标单击工具条上的【专项】按钮,即可看到该科目的辅助明细情况。

| 设置 | 打印 | 预览 | 输出 | 查询 | 定位 | 还原 | 转换 | 专项 | 详细 | 帮助 | 退出 |

科目汇总表

共11张凭证,其中作废凭证0张,原始单据共6张　　　　　　　　月份:2019.01

科目编码	科目名称	外币名称	计量单位	金额合计 借方	金额合计 贷方
1001	库存现金			15,800.00	800.00
1002	银行存款			152,250.00	77,900.00
1131	应收账款				68,800.00
1133	其他应收款				5,000.00
1211	原材料			60,000.00	30,000.00
1243	库存商品		吨	4,000.00	
1301	待摊费用				64.20
资产小计				232,050.00	182,564.20
美元					
2121	应付账款				4,680.00
2171	应交税金			680.00	
负债小计				680.00	4,680.00
3101	实收资本（或股本）				83,450.00

图 5-18　科目汇总表

5.3.6 记账处理

1）记账

记账凭证经复核签字后,即可用来登记总账和明细账、日记账、部门账、往来账、项目账以及备查账等。记账采用向导方式,使记账过程更加明确。

【操作步骤】

①用鼠标单击【凭证】下【记账】,进入记账向导。屏幕上列出各期间的未记账凭证范围清单,并同时列出其中的空号与已审核凭证范围,其显示采用分段列示法,用户可以用鼠标单击所要查看的内容,并单击下拉按钮查看详细信息。

②输入本次记账范围。用鼠标单击可以输入的记账范围区(背景为白色),然后输入要进行记账的凭证范围。记账范围输入采用范围列示方式,记账范围可以输入数字、"-"和",","。如:在记账范围区输入"1-5,8,10-12",其表示所选记账范围为 1 至 5 号凭证,第 8 号凭证,10 至 12 号凭证。"15-"默认为第 15 张凭证。如图 5-19 所示。

③选择完成后,用鼠标单击【下一步】按钮,系统先对凭证进行合法性检查,如果发现不合法凭证,系统将提示错误。

④屏幕显示所选凭证的汇总表及凭证的总数,供用户进行核对,如果需要打印汇总表,用户可用鼠标单击【打印】按钮即可。核对无误后,用鼠标单击【下一步】按钮,进入记账界面。

图 5-19 记账范围

⑤当以上工作都确认无误后,用户可以用鼠标单击【记账】按钮,如图 5-20 所示,开始记账,系统将首先做硬盘备份,以防记账中断,记账过程一旦断电或由其他原因造成中断后,可以调用【恢复记账前状态】恢复数据,然后用户再重新记账。

⑥一切准备工作完毕后,系统开始登录有关的总账和明细账,包括正式总账、明细账;数量总账与明细账;外币总账与明细账;项目总账与明细账;部门总账与明细账;个人往来总账与明细账;单位往来总账与明细账;银行往来账等有关账簿。

如果用户发现某一步设置错误,可通过鼠标单击【上一步】按钮返回后进行修改。如果用户在设置过程中不想再继续记账,可通过鼠标单击【取消】按钮,取消本次记账工作。

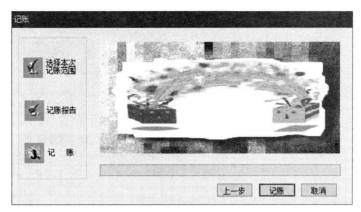

图 5-20　记账

【说明】

①在记账过程中,不得中断退出。

②上月未结账时,本月不能记账。

③所选范围内的凭证如有不平衡凭证,系统将列出错误凭证,并重选记账范围。

④所选范围内的凭证如有未复核凭证时,系统提示是否只记已审核凭证或重选记账范围。

2)恢复记账前状态

如果用户由于某种原因,事后发现本月记账有错误,利用本功能则可将本月已记账的凭证全部重新变成未记账凭证,供用户修改,然后再记账。

进入系统时,本功能并没有显示,如果要使用该功能,必须在"对账"功能界面按下快捷键 Ctrl+H 激活"恢复记账前状态"功能,退出"对账"功能,在系统主菜单"凭证"下显示该功能。

【操作步骤】

①在期末对账界面,按下 Ctrl+H 键,显示【凭证】菜单中的【恢复记账前状态】功能,再次按下 Ctrl+H 键隐藏此菜单。

②用鼠标单击【凭证】下的【恢复记账前状态】菜单,屏幕显示恢复记账前状态界面,如图 5-21 所示。

③进入本功能后,用户根据需要选择是恢复最近一次还是恢复到本月月初状态。

最近一次:即将最近一次记账的凭证恢复成未记账凭证,以便重新修改,再记账。

月初:即将本月全部已记账的凭证恢复成未记账状态,以便重新修改,再记账。

④选择完成后,用鼠标单击确认按钮,系统开始进行恢复工作。

【说明】

已结账的月份,不能恢复到月初状态。

5.3.7　输出账簿

1)总账查询与打印

总账查询分为两种形式:三栏式总账和发生额及余额表。

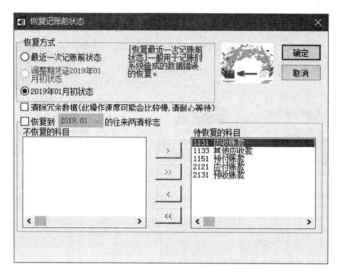

图 5-21　恢复记账前状态

三栏式总账查询不但可以查询各总账科目的年初余额、各月发生额合计和月末余额,还可查询所有明细科目的年初余额、各月发生额合计和月末余额。

发生额及余额表用于查询统计各级科目的本期发生额、累计发生额和余额等。传统的三栏式总账,是以总账科目分页设账,而发生额及余额表则可输出某月或某几个月的所有总账科目或明细科目的期初余额、本期发生额、累计发生额、期末余额。在实行计算机记账后,建议用发生额及余额表代替总账。

查询总账时可以包含未记账凭证。

【操作步骤】

①用鼠标单击主界面上的总账按钮。

②屏幕显示总账查询界面,如图 5-22 所示。

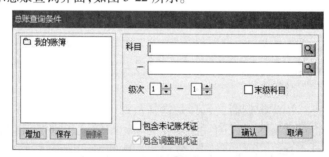

图 5-22　总账查询窗口

选中要查询的科目,进入总账界面后,屏幕上首先显示当前会计期的发生额及余额表,如图 5-23 所示。

在三栏式总账界面下,用鼠标单击【账簿打印】按钮,屏幕显示打印条件选择框,在此选择需要打印的三栏式总账的范围,如图 5-24 所示。

科目:用于选择打印账簿的科目范围,如选择 101－103,表示打印 101 至 103 科目范围内各科目的三栏式总账;选择 103－,表示打印 103 以后各科目的三栏式总账。

图 5-23　总账查询结果

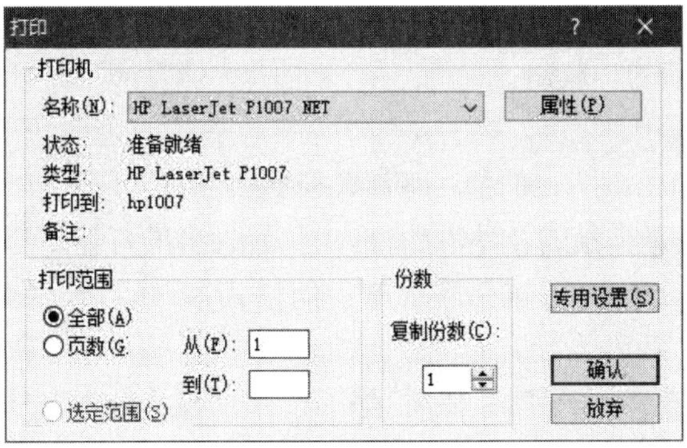

图 5-24　账簿打印条件

级次:用于选择打印账簿的科目的级次范围,如:选择 1–1,表示只打印一级科目的三栏式总账。

账簿格式:用于选择所打印账簿的格式,系统提供 4 种打印格式供用户选择,即金额式、外币金额式、数量金额式、外币数量式。

2)明细账查询与打印

该功能用于平时查询各账户的明细发生情况,以及按任意条件组合查询明细账。在查询过程中可以包含未记账凭证。

用鼠标单击账簿界面上的【明细账】,屏幕上显示如图 5-25 所示查询条件窗口。

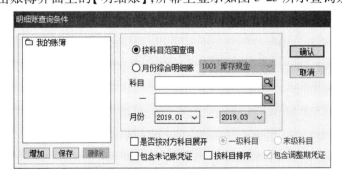

图 5-25　明细账查询条件窗口

进入后,屏幕显示明细账界面,如图 5-26 所示。

如要查某个上级科目的明细账,则输入或参照输入上级科目,系统则显示其末级科目序时明细账。

如要查包含未记账凭证的明细账,请在"包含未记账凭证"选项上做标记。

图 5-26 明细账查询结果窗口

查外币金额式、数量金额式及外币数量式明细账:当屏幕显示出明细账后,用户通过鼠标单击账簿格式下拉选择框,选择需要查询的格式,系统自动根据科目的性质列出选项供选择。

明细账组合条件查询:在平时查账时,除了按科目和月份查以外,用户经常也希望按其他条件查,如按摘要、发生额范围、日期范围、凭证范围、结算方式、票号、制单人、复核人等条件进行查询,为此该软件为用户提供了组合查询方式。用户用鼠标单击【过滤】按钮,屏幕即显示组合条件窗口,如图 5-27 所示。

【条件说明】

类别:当想按凭证类别查询时可输入凭证类别号或类别名。

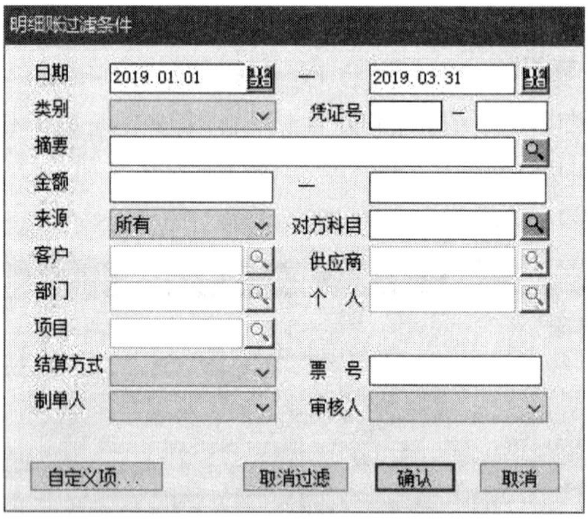

图 5-27 明细账组合条件查询窗口

日期:当想查某个期间的明细账时,可输入想查的起止日期。

凭证号:可输入要查的起止凭证号。

摘要:可输入要查询的摘要。例如:输入贷款,系统则将摘要中包含贷款两个字的明细账显示出来。

结算方式:可输入要查询的结算方式。

结算号：可输入要查询的起止结算号。

发生额：可按某一发生额或发生额区间进行查找。

　　如：　2 000-3 000　（发生额在2 000至3 000之间）

　　　　　2 000-2 000　（发生额为2 000）

　　　　　2 000-　　　　（发生额在2 000以上）

　　　　　　-3 000　　　（发生额在3 000以下）

可按部门、往来单位、个人、项目进行查找。

可按制单人和复核人查询。

当用户输入组合条件后，用鼠标单击确认按钮，系统则进行查找。

打印需要正式保存的明细账：在明细账界面下，用鼠标单击【打印账簿】，屏幕显示打印条件选择框，在此选择需要打印的明细账的范围。选择完成后，即可用鼠标单击【打印】按钮进行打印。如果需要改变打印设置，用鼠标单击【打印设置】按钮即可。

【说明】过滤只能在当前查出的明细账范围内过滤。

3）日记账查询

本功能主要用于查询除现金日记账、银行日记账以外的其他日记账，现金日记账、银行日记账在【出纳管理】中查询。如果某日的凭证已填制完毕但未登记入账，可以通过【包含未记账凭证】进行查询。

【操作步骤】

①用鼠标单击主界面上的【日记账】按钮。

②屏幕显示查询条件窗。

在条件窗中科目处选择日记账科目，即科目账类设有【日记账】的科目；然后选择查询方式，系统提供按月和按日查两种方式，用户可选择要查询的会计月份或日期；如果用户查看包含未记账凭证的日记账，可用鼠标单击【包含未记账凭证】选项框，标上标记即可。

③屏幕显示日记账查询结果。

5.4　总账日常财务管理

5.4.1　出纳管理

1）银行对账

本系统提供的银行对账是将系统登记的银行存款日记账与银行对账单进行核对，银行对账单由用户根据开户行送来的对账单录入。

（1）银行对账业务流程

银行对账业务流程如图5-28所示。

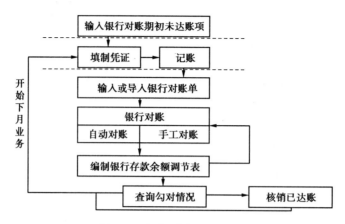

图 5-28　银行对账业务流程

（2）录入银行对账期初

单击【银行对账期初录入】，显示如图 5-29 所示。

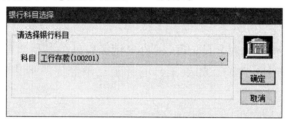

图 5-29　银行对账期初录入

选择银行科目后按【确定】按钮，显示银行期初录入窗口，如图 5-30 所示。

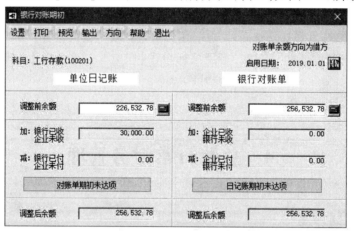

图 5-30　银行对账期初录入

在启用日期处参照录入该银行账户的启用日期（启用日期应为使用银行对账功能前最近一次手工对账的截止日期）。

录入单位日记账及银行对账单的调整前余额。

单击【对账单期初未达项】和【日记账期初未达项】按钮录入银行对账单及单位日记账期初未达项，系统将根据调整前余额及期初未达项自动计算出银行对账单与单位日记账的调整后余额。

（3）录入银行对账单

单击【银行对账单】，屏幕显示查询条件窗口，如图 5-31 所示。

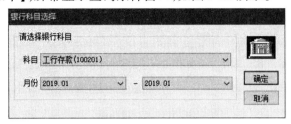

图 5-31　银行对账单查询

输入查询条件后显示银行对账单录入窗口，如图 5-32 所示，单击【增加】按钮，可录入新增内容。

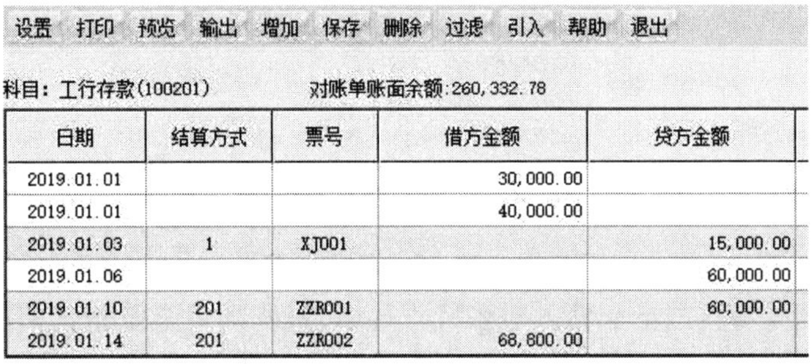

设置　打印　预览　输出　增加　保存　删除　过滤　引入　帮助　退出

科目：工行存款(100201)　　　　对账单账面余额：260,332.78

日期	结算方式	票号	借方金额	贷方金额
2019.01.01			30,000.00	
2019.01.01			40,000.00	
2019.01.03	1	XJ001		15,000.00
2019.01.06				60,000.00
2019.01.10	201	ZZR001		60,000.00
2019.01.14	201	ZZR002	68,800.00	

图 5-32　银行对账单录入

（4）银行对账

单击【银行对账】，在选择条件窗输入条件，如图 5-33 所示，用户选择要进行对账银行科目（账户）。

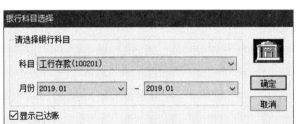

图 5-33　银行对账月份

若选择"显示已达账"选项则显示已两清勾对的单位日记账和银行对账单。

对账界面左边为单位日记账，右边为银行对账单，如图 5-34 所示。

单击【对账】按钮，进行自动银行对账。如果已进行过自动对账，可直接进行手工调整。

单击【检查】按钮检查对账是否有错，如果有错误，应进行调整。

【操作说明】

①如何进行自动对账。

109

对账 取消 过滤 对照 检查 帮助 退出						科目：100201(工行存款)				

单位日记账

显示方向

票据日期	结算方式	票号	方向	金额	两清	日期	结算方式	票号	方向	金额	两清
2019.01.03	201	XJ001	贷	15,000.00	Y	2019.01.01			借	30,000.00	
2019.01.08	202	ZZR001	贷	60,000.00	Y	2019.01.01			借	40,000.00	
2019.01.12	202	ZZR002	借	68,800.00		2019.01.03	1	XJ001	贷	15,000.00	Y
2019.01.16	202	ZZR003	贷	2,900.00		2019.01.06			贷	60,000.00	
						2019.01.10	201	ZZR001	贷	60,000.00	Y
						2019.01.14	201	ZZR002	借	68,800.00	Y

图 5-34　对账界面

单击【对账】按钮，屏幕显示自动对账界面，如图 5-35 所示。

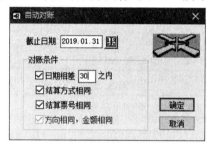

图 5-35　自动对账界面

在截止日期处直接或参照输入对账截止日期，系统则将至截止日期前的日记账和对账单进行勾对。对账截止日期不输则将所有日期的账进行核对。

输入对账条件后，按【确定】按钮，系统开始按照用户设定的对账条件对账，自动对账两清的记录标记"○"，且已两清的记录背景色为绿色。用户可以分别选择对账条件按不同次序对账，如：

对账先按票号+方向+金额相同进行（可多对多），然后按方向+金额相同，选择对账条件为日期相差 12 天之内，则先勾对日期相差 12 天的已达账。

②如何进行手工对账。

在单位日记账中选择要进行勾对的记录。

单击【对照】按钮后系统将在银行对账单区显示票号或金额和方向同单位日记账中当前记录相似的银行对账单，用户可参照进行勾对。再单击【对照】按钮则为取消对照。

如果对账单中有记录同当前日记账相对应却未勾对上，则在当前单位日记账的【两清】区双击鼠标左键，将当前单位日记账标上两清标记——"√"，同样的，双击银行对账单中对应的对账单的两清区，标上两清标记。如果在对账单中有两笔以上记录同日记账对应，则所有对应的对账单都应标上两清标记。

将当前光标移到单位日记账中下一未两清日记账上，重复上述操作，直到找出所有的已达账项为止。

③如何取消对账标志。

系统提供两种取消对账标志的方式，自动及手动取消某一笔的对账标志、自动取消指定时间内的所有对账标志。手动取消勾对：双击要取消对账标志业务的【两清】区即可;自动取消勾对:单击【取消】按钮,选择要进行反对账的期间,系统将自动对此期间已两清的银行账取消两清标志。

(5)余额调节表查询

用户在对银行账进行两清勾对后,便可调用此功能查询打印"银行存款余额调节表",以检查对账是否正确。进入此项操作,屏幕显示如图 5-36 所示。

银行科目(账户)	对账截止日期	单位账面余额	对账单账面余额
工行存款(100201)	2019.01.31	217,432.78	230,332.78
中行存款(100202)		10,000.00	0.00

图 5-36 银行存款余额调节表

如要查看工行存款 100201 的余额调节表,单击或双击该行,则可查看该银行账户的银行存款余额调节表,如图 5-37 所示。

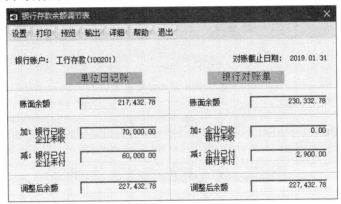

图 5-37 银行存款余额调节表

【注意事项】

如果有的余额调节表显示账面余额不平,请查看以下几处:

①【银行期初录入】中的【调整后余额】是否平衡? 如不平衡请查看"调整前余额""日记账期初未达项"及"银行对账单期初未达项"是否录入正确。如不正确请进行调整。

②银行对账单录入是否正确? 如不正确请进行调整。

③【银行对账】中勾对是否正确? 对账是否平衡? 如不正确请进行调整。

(6)查询对账勾对情况

用于查询单位日记账及银行对账单的对账结果。

进入【查询对账勾对情况】功能,显示如图 5-38 所示。

输入查询条件后,显示查询结果如图 5-39 所示,用户可以通过单击银行对账单、单位日记账页签切换显示对账情况。

(7)核销已达账

本功能用于将核对正确并确认无误的已达账删除,对于一般用户来说,在银行对账正确后,如果想将已达账删除并只保留未达账时,可使用本功能。如果银行对账不平衡

图 5-38　查询对账选择

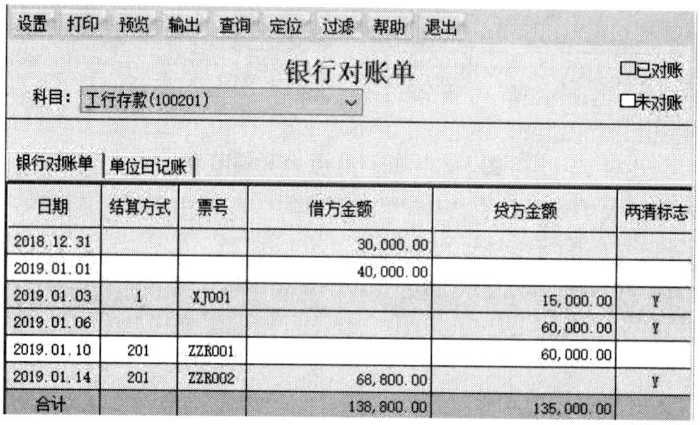

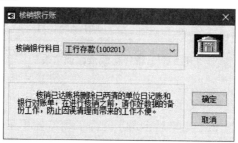

图 5-39　对账查询结果

时,请不要使用本功能,否则将造成以后对账错误。

　　进入【核销银行账】功能,屏幕显示如图 5-40 所示,选择要核销的银行科目,确定后,即可进行核销已达银行账。

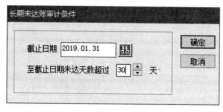

图 5-40　核销银行账

(8)长期未达账审计

　　本功能用于查询至截止日期为止未达天数超过一定天数的银行未达账项,以便企业分析长期未达原因,避免资金损失。

　　选择【长期未达账审计】,屏幕显示查询条件窗口,如图 5-41 所示。

图 5-41　长期未达账审计条件

在此录入查询的截止日期,以及至截止日期未达天数超过天数。完成后屏幕显示查询结果。

2)支票登记簿

在手工记账时,银行出纳员通常建立有支票领用登记簿,它用来登记支票领用情况,为此本系统特为银行出纳员提供了"支票登记簿"功能,以供其详细登记支票领用人、领用日期、支票用途、是否报销等情况。如果是外币科目支票登记时,这里显示外币金额。

(1)使用前提

给结算方式设置"票据结算"标志,【选项】菜单选择"支票控制"。

(2)操作流程

①单击【支票登记簿】菜单,屏幕显示如图 5-42 所示。

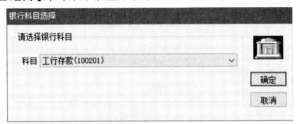

图 5-42　支票登记簿选择

②选择银行科目,输出显示该科目的支票登记簿,如图 5-43 所示。

| 设置 | 打印 | 预览 | 输出 | 套打 | 增加 | 保存 | 删除 | 批删 | 定位 | 过滤 | 帮助 | 退出 |

科目: 工行存款(100201)　　　　　　　　　　　支票张数:5(其中:已报2 未报3

领用日期	领用部门	领用人	支票号	预计金额	用途
2019.01.03	财务部	吴彦祖	XJ001	15,000.00	体现备用
2019.01.08	采购部	李小路	ZZR001	60,000.00	购买材料
2019.01.12	武昌销售分部	林若兰	ZZR002	68,800.00	偿还欠款
2019.01.16	总经理办公室		ZZR003	2,900.00	
2019.01.22	武昌销售分部	林若兰	134	8,600.00	

图 5-43　支票登记簿

(3)操作说明

①如何按领用人或部门统计支票情况。

单击【过滤】后,即可对支票按领用人或部门进行各种统计。

②如何删除一批已报销的支票。

单击【批删】后,输入需要删除已报销支票的起止日期,即可删除此期间内的已报销支票。

③如何修改登记的支票。

将光标移到需要修改的数据项上直接修改。

【注意】

已报销的支票不能进行修改。若想取消报销标志,只要将光标移到报销日期处,按空格键后删掉报销日期即可。

3）现金日记账

本功能用于查询现金日记账,现金科目必须在"会计科目"功能下的"指定科目"中预先指定。如要打印正式存档用的现金日记账请调用"打印现金日记账"功能打印。

（1）操作流程

单击【现金日记账】,显示日记账查询条件窗口,如图 5-44 所示,在条件窗中选择科目范围、查询会计月份或查询会计日,屏幕显示现金日记账查询结果,如图 5-45 所示。

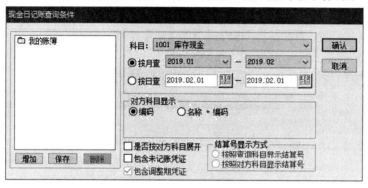

图 5-44　日记账查询条件

现金日记账

科目　1001 库存现金　　　　　　　　　　月份:2019.01-2019.02

2019年		凭证号数	摘要	对方科目	借方
月	日				
			上年结转		
01	02	付-0001	购买办公用品	5501	
01	02		本日合计		
01	03	付-0002	提现	100201	15,000.00
01	03		本日合计		15,000.00
01	18	收-0003	报销差旅费	1133	800.00
01	18		本日合计		800.00
01			当前合计		15,800.00
01			当前累计		15,800.00
			结转下年		

图 5-45　现金日记账

（2）操作说明

①重新选择查询条件。

单击【查询】按钮,显示如图 5-44 界面,输入查询条件或在"我的账簿"中选择查询方式重新查询。

②快速过滤查询。

单击【过滤】按钮,显示如图 5-46 界面,输入相关过滤条件包括自定义项,可缩小查询范围,快速查出需要的凭证。

③设置摘要显示内容。

图 5-46　选择查询条件

单击【摘要】按钮,显示如图 5-47 界面,屏幕上"辅助项"页签中"部门、个人、项目、客户、供应商"选项表示会计科目属性。自定义项页签显示所有自定义项以供选择。

如果该科目设有科目属性,且录入凭证时录入了科目属性的内容,在摘要选项中被选中打上"√",则账表显示时摘要栏显示相关的科目属性内容、自定义项内容和结算方式、票号、日期、业务员等内容。注意该科目必须具有至少一项科目属性,这里的选项才能起作用。

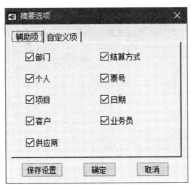

图 5-47　设置摘要显示

4)银行日记账

本功能用于查询银行日记账,银行科目必须在"会计科目"功能下的"指定科目"中预先指定。银行日记账的查询方式参见查询现金日记账。

5)资金日报表

资金日报表是反映现金、银行存款每日发生额及余额情况的报表,在企业财务管理中占据重要位置。本功能用于查询输出现金、银行存款科目某日的发生额及余额情况。

单击【资金日报】,屏幕显示资金日报表查询条件窗口,如图 5-48 所示。

在日期处输入需要查询日报表的日期,并选择科目显示级次,单击【确认】按钮,屏幕显示资金日报表,包括本日共借、本日共贷及当日余额。

图 5-48 资金日报查询条件

在资金日报表界面单击【日报】可打印光标所在科目的日报单,单击【昨日】按钮可查看昨日余额,单击【还原】按钮返回前一日资金日报。

5.4.2 部门管理

部门辅助账管理主要功能是部门辅助总账、明细账的查询和打印以及如何设置取得部门收支分析表。

1)部门总账

部门总账主要用于查询部门业务发生的汇总情况,从部门管理层审核监督各项收入和费用的发生情况。系统提供按科目、部门、科目和部门查询总账 3 种查询方式。

【操作流程】

单击【部门总账】中的【部门科目总账】,显示如图 5-49 所示。

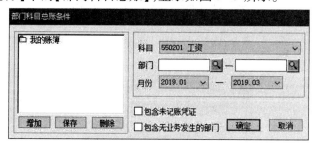

图 5-49 部门科目总账条件

2)部门明细账

部门明细账是以部门为查询主体的查询方式,系统提供按科目查询部门账、按部门查询科目账、按部门和科目同时查询、横向和纵向查询部门下各科目账 4 种查询方式。具体操作流程参见部门总账。

3)部门收支分析

为了加强对各部门收支情况的管理,系统提供部门收支分析功能,可对所有部门核算科目的发生额及余额按部门进行分析。

【操作流程】

①单击【部门收支分析】,显示部门收支分析查询条件向导,选择需要进行收支分析的部门核算科目,如图 5-50 所示。

②选择需要进行收支分析的部门,如图 5-51 所示。

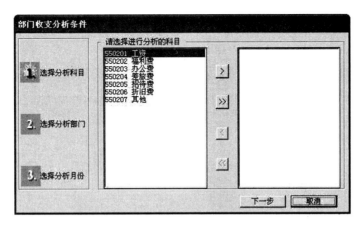

图 5-50　收支分析的部门核算科目

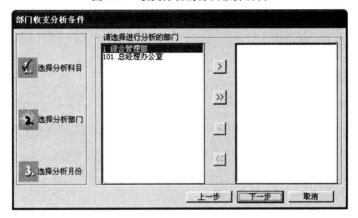

图 5-51　收支分析的部门

③选择需要进行收支分析的起止月份,如图 5-52 所示。

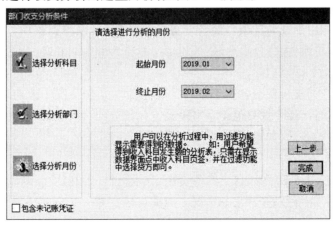

图 5-52　收支分析的起止月份

④选择完成后,显示部门收支分析表,如图 5-53 所示。

⑤在部门收支分析表中可以选择"全部""收入科目""费用科目"页签查询数据。例如用户希望查询收入科目的发生额的分析表,只需在查询界面中单击"收入科目"页签,

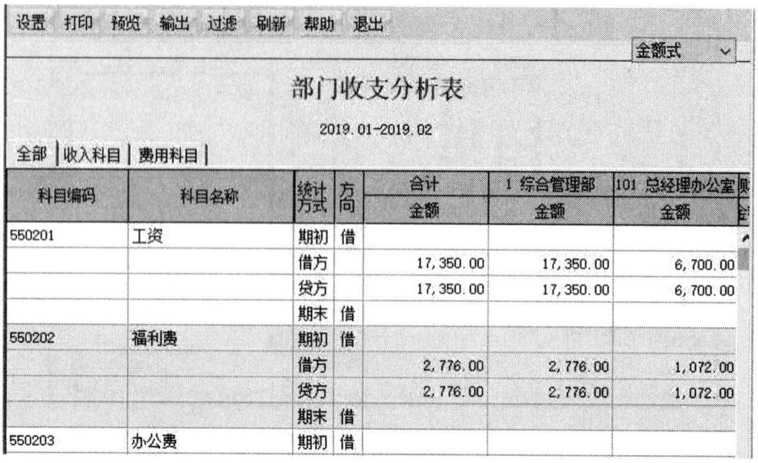

科目编码	科目名称	统计方式	方向	合计	1 综合管理部	101 总经理办公室
				金额	金额	金额
550201	工资	期初	借			
		借方		17,350.00	17,350.00	6,700.00
		贷方		17,350.00	17,350.00	6,700.00
		期末	借			
550202	福利费	期初	借			
		借方		2,776.00	2,776.00	1,072.00
		贷方		2,776.00	2,776.00	1,072.00
		期末	借			
550203	办公费	期初	借			

图 5-53　部门收支分析表

并在过滤功能中选择贷方即可。

5.4.3　项目管理

作为 ERP-U8 管理软件总账系统中的项目核算管理，主要用于核算项目的收支情况，归集项目发生的各项费用、成本，系统还提供项目统计表，由用户自由定义统计内容，进一步帮助企业管理人员及时掌握项目完成进度、项目超预算情况。

【应用范围】

在工业企业可做产品的生产成本核算和在建工程核算，在科研事业单位可做课题成本核算，在出版行业可做书刊成本核算，在旅游行业可做团队核算，在建筑行业可做工程成本核算。

1）项目总账

项目总账功能用于查询各项目经济业务的汇总情况，系统提供项目科目总账、项目总账、项目三栏式总账、项目分类总账、项目部门总账 5 种查询方式。

（1）科目总账

本功能用于查询某科目下各明细项目的发生额及余额情况。该功能的特点是系统默认查询所有的项目，如要按其他统计字段确定项目范围，可在查询条件窗中的“项目范围选择”中输入查询条件，如图 5-54 所示。

（2）项目总账

本功能用于查询某部门、项目下的各费用、收入科目（即在【会计科目】中账类设为项目核算的科目）的发生额及余额汇总情况。因此可以针对一个部门或项目选择多个会计科目，按会计科目归集各项费用、支出。如图 5-55 所示，从“科目范围”区选择要统计的科目。

（3）三栏式总账

本功能用于查询某项目下某科目各月的发生额及余额汇总情况。

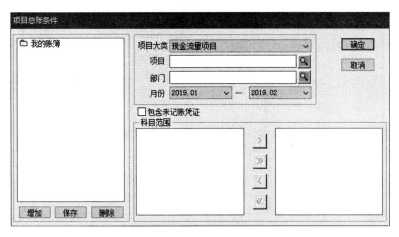

图 5-54　科目总账选择

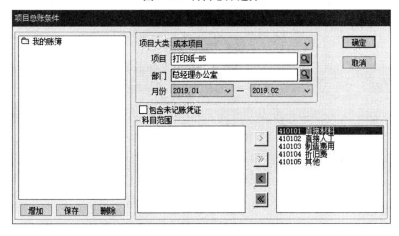

图 5-55　项目总账选择

2）项目明细账

本功能可以查询各项目核算科目的明细账，也可查询各项目明细账，还可以查询某一科目、某一项目的明细账以及项目多栏明细账。

【查询方式】

①可在项目总账查询结果界面，将光标指向要联查的月份，单击工具栏上的【明细】按钮，可直接快速查询指定月份的明细账。

②可根据要查询的内容及方式选择【项目明细账】中的下级菜单，根据查询条件窗口的提示输入相关查询条件，具体操作流程和操作说明详见项目总账。

3）项目成本一览表

本功能可以按项目统计查询各项目成本费用的发生以及冲减后的余额。

①查询条件：可以输入查询起止日期、费用科目、冲减成本的科目及项目范围，如图5-56 所示。其中起始日期可以是非本会计年度的日期。

②查询结果：可以按项目统计出支出费用累计等数据，如图 5-57 所示。

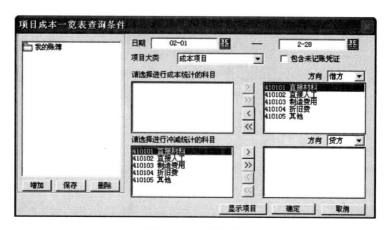

图 5-56　查询条件

图 5-57　查询结果

4）项目统计分析

本功能可统计所有项目的发生额及余额情况。

【操作流程】

①单击【项目统计分析】,显示项目统计表查询条件向导一,如图 5-58 所示。

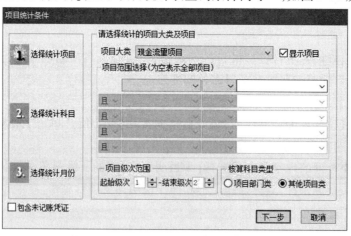

图 5-58　选择统计项目

②选择项目大类,选择项目范围:系统提供 5 个条件组,用户可以输入 5 个并列的条件选择项目范围。

③显示项目:若不选择"显示项目",则只对项目分类进行统计分析。

④核算科目类型:当统计科目既有项目核算又有部门核算时,应选择"项目部门类"。

⑤单击【下一步】,显示项目统计表查询条件向导二,如图 5-59 所示,在科目选择窗口中选择需要查询项目统计表的项目核算科目。

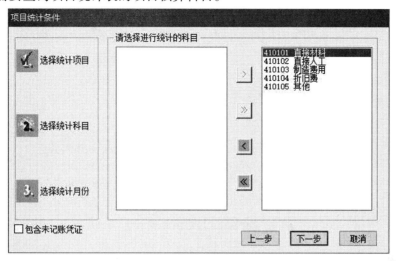

图 5-59　选择统计科目

⑥选择完进行项目统计的科目后,单击【下一步】按钮,进入查询条件向导三,选择要查询的月份,如图 5-60 所示。

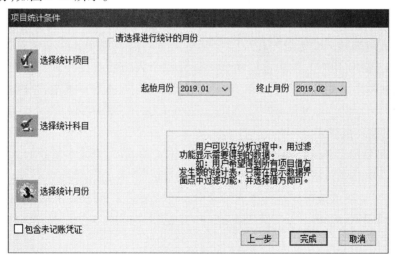

图 5-60　选择统计月份

⑦选择起止月份后单击【完成】按钮,屏幕显示项目统计表,如图 5-61 所示。

设置 打印 预览 输出 过滤 刷新 帮助 退出

项目统计表

2019.01-2019.02

项目分类及项目名称	项目编号	统计方式	方向	合计 金额	直接材料(410101) 金额	直接人工(410102) 金额	费用(41 金额
自行开发项目(		期初	借	20,598.89	12,000.00	4,800.89	
		借方		30,000.00	30,000.00		
		贷方					
		期末	借	50,598.89	42,000.00	4,800.89	
打印纸-B5	101	期初	借	6,898.00	4,000.00	1,500.00	
		借方		30,000.00	30,000.00		
		贷方					
		期末	借	36,898.00	34,000.00	1,500.00	
打印纸-A4	102	期初	借	13,700.89	8,000.00	3,300.89	
		借方					
		贷方					
		期末	借	13,700.89	8,000.00	3,300.89	
合计		期初	借	20,598.89	12,000.00	4,800.89	

图 5-61　项目统计表

5.4.4　往来管理

1)个人往来管理

个人往来账功能适用于个人往来业务较多的企业或单位,个人往来是指企业与单位内部职工发生的往来业务。

利用个人往来核算功能需先在设置会计科目时将需使用个人往来核算的科目的账类设为个人往来,使用个人往来核算功能可以完成个人余额查询统计、个人往来明细账查询输出、个人往来清理、往来对账、个人往来催款单、个人往来账龄分析和打印催款单等。

(1)个人往来余额表

用于查询个人往来科目各往来个人的期初余额、本期借方发生额合计、贷方发生额合计和期末余额。它包括"科目余额表""部门余额表""个人余额表""三栏式余额表"4种查询方式,只能按末级部门进行查询。以个人科目余额表为例介绍余额表查询操作。

【操作流程】

①单击【个人科目余额表】,显示查询条件窗口,如图 5-62 所示。

图 5-62　查询条件

②选择输人要查询的会计科目、起止月份,可限制查询的余额范围,缩小查询范围,查询结果为余额范围内的个人往来情况。如用户不输,余额范围不限。

③统计方向:选择要统计的余额方向,如用户要统计余额在借方的个人情况,则单击"借方余额",如不分余额方向则单击"双方余额"。

(2)个人往来清理

本功能用于对个人的借款、还款情况进行清理,能够及时地了解个人借款、还款情况,清理个人借款。

单击【个人往来清理】,屏幕显示条件窗口,如图 5-63 所示,输入相关条件【确认】后,输出查询结果界面如图 5-64 所示。

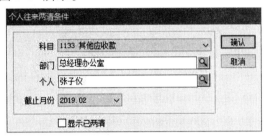

图 5-63 相关条件

图 5-64 查询结果

【操作说明】

如何使用勾对功能。

①勾对是将已达账项打上已结清的标记,如:某个人上月借款 1 000 元本月归还欠款1 000 元,则在这两笔业务上同时打上标记,表示这笔往来业务已结清。系统提供自动与手工勾对两种方式。单击可进行自动勾对,单击【取消】可自动取消勾对。

②自动勾对:往来自动勾对是按票号+逐笔+总额 3 种方式进行勾对的。票号勾对就是对同一科目下票号相同、借贷方向相反、金额一致的两笔分录进行自动勾对;逐笔勾对就是在用户未指定票号的情况下,系统按照金额一致、方向相反的原则进行自动勾对;总额勾对是指当某个人的所有未勾对的借方发生额之和等于所有未勾对的贷方发生额之和时,系统则将这几笔业务进行自动勾对。本功能执行一般可在记完账后或在期末如要查询或打印往来账前进行。进行自动勾对时,系统自动将所有已结清的往来业务打上"○"。

③手工勾对:是指由于制单过程中可能出现的错误操作或其他业务原因导致无法使用自动勾对时,在此进行手工勾对。进行手工勾对时,双击已结清业务所在行的"两清"栏,打上"√"。

(3)个人往来催款单

此功能用于打印个人催款单,及时地清理个人借款。

单击系统主菜单【个人往来账】的【个人往来催款单】,屏幕显示查询条件窗口,如图5-65所示。

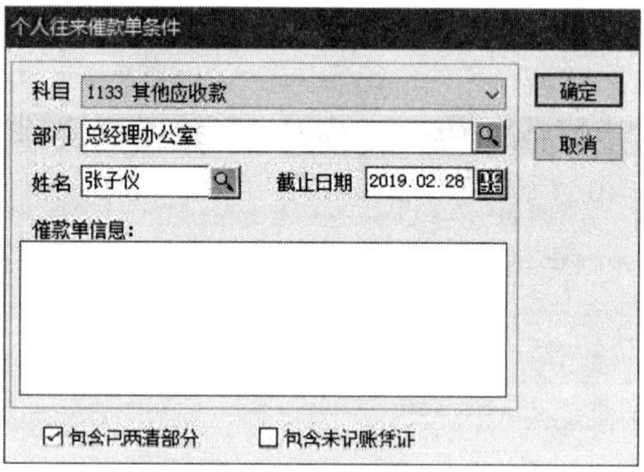

图 5-65　查询条件

选择所需要查看的科目、部门、个人、截止日期;输入催款单信息,如:请于某月某日前到财务科进行结算等。选择"包含已两清部分",用户可以选择是否显示已两清的个人往来款项。

(4)个人往来账龄分析

本功能是用来对个人往来款余额的时间分布情况进行账龄分析。

单击【个人往来账龄分析】,显示查询条件窗口,如图5-66所示。

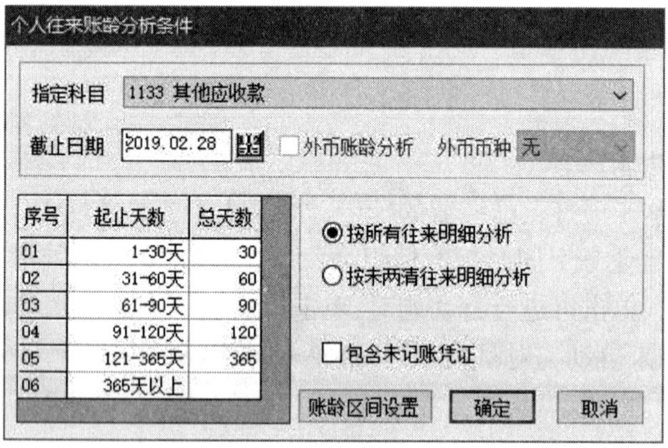

图 5-66　查询条件

指定账龄分析科目,输入要查询的截止日期,设置账龄分析的区间,选择是否对外币进行账龄分析。

系统提供两种方式进行账龄分析,即:按所有往来明细进行分析和按未两清的往来明细进行账龄分析。用户可以根据自己的需要选择。

2）客户/供应商往来管理

本功能可以查看余额表、明细账、打印催款单，进行两清工作，分析客户（供应商）账龄等。这里以客户往来为例说明具体应用，供应商往来类似。

（1）余额查询

用于查询客户往来科目各个客户的期初余额、本期借方发生额、本期借方发生额合计、本期贷方发生额合计、期末余额。它包括客户科目余额表、客户余额表、客户三栏式余额表、客户业务员余额表、客户地区分类余额表、客户部门余额表、客户项目余额表等查询方式。

科目余额表：用于查询某科目下所有客户的发生额和余额情况。

客户余额表：用于查询某个客户在所有客户往来科目下的发生额和余额情况。

三栏式余额表：用于查询某一客户往来科目下某客户在各月的发生额和余额情况。

客户分类余额表：用于查询某客户往来科目下所有客户分类的发生额和余额情况。

地区分类余额表：用于查询某客户往来科目下所有地区分类的发生额和余额情况。

业务员余额表：用于查询某客户往来科目下各业务员及其往来客户的发生额和余额情况。

部门余额表：用于查询某客户往来科目下各部门及其往来客户的发生额和余额情况。

项目余额表：用于查询带有客户、项目辅助核算科目的发生额和余额情况。

（2）明细账查询

用于查询客户往来科目下各个往来客户的往来明细账。

科目明细账：用于查询指定科目下各往来客户的明细账情况。

客户明细账：用于查询某个客户所有科目的明细账情况。

三栏明细账：用于查询某个往来客户某个科目的明细账情况。

客户分类明细账：用于查询某客户往来科目下各客户分类及其往来客户的明细账。

地区分类明细账：用于查询某客户往来科目下各地区分类及其往来客户的明细账。

业务员明细账：用于查询某客户往来科目下各业务员及其往来客户的明细账。

部门明细账：用于查询某客户往来科目下各部门及其往来客户的明细账。

项目明细账：用于查询带有客户、项目辅助核算科目的明细账。

多栏明细账：用于查询某个客户各往来科目的多栏明细账。

（3）客户往来两清

可以在此进行客户往来款项的清理勾对工作，以便及时了解应收款的结算情况以及未达账情况，系统提供自动与手工勾对两种方式清理客户欠款。供应商往来的清理操作与客户往来类似。

【操作步骤】

①选择【账表】→【客户往来辅助账】→【客户往来两清】显示查询条件窗口，如图5-67所示。

②从下拉框中选择往来科目、往来客户名称和截止月份等查询条件。

图 5-67　查询条件

③选择两清列表显示方式,如果选择显示业务员,则列表显示业务员栏目。

④选择两清依据。

⑤选择查询方式:专认勾对、逐笔勾对、全额勾对。

⑥单击【确认】按钮,屏幕会出现两清结果界面。

【栏目说明】

按部门相同两清:对于同一科目下部门相同、借贷方向相反、金额一致的两笔分录自动勾对。

按项目相同两清:对于同一科目同一往来户下,辅助核算项目相同的往来款项多笔借方(贷方)合计相等的情况。

按票号相同两清:对于同一科目下相同票号、借贷方向相反、金额一致的两笔分录自动勾对。

专认勾对:即按业务号勾对,通过用户在制单过程中指定业务编号或字符,作为往来账勾对标识,对于同一科目下业务号相同、借贷方向相反、金额一致的两笔分录自动勾对。

逐笔勾对:在用户未指定业务号的情况下,系统按照金额一致、方向相反的原则自动勾对同一科目下同一往来户的往来款项。

全额勾对:为提高对账成功率,对于同一科目同一往来户下,可能存在着借方(贷方)的某项合计等于对方科目的某几项合计,尤其是带有业务号的往来款项,全额勾对将对这些合计项进行勾对。

显示已两清:是否包含两清部分,如选中则查询结果中包含已两清的客户往来。

【操作说明】

①如何进行自动勾对。

单击【自动勾对】图标,系统提示"是否对全部科目进行两清",如果选择否,则只对当前科目进行两清。自动勾对包括专认勾对、逐笔勾对、全额勾对、部门勾对、项目勾对、票号勾对。

②如何进行手工勾对。

手工勾对用于在制单过程中可能出现的误操作或其他业务原因导致无法自动勾对时,系统提供手工清理的办法进行往来账勾对。在要进行两清的一条明细分录的两清区,双击鼠标,表示要将该笔业务两清;再次双击鼠标,取消所做的两清操作。

③如何进行两清平衡检查。

单击【检查】图标,则系统开始进行两清平衡检查,并显示检查结果。

④如何取消两清。

单击工具栏上的【取消】按钮,在提示条件窗中输入反两清的时间,选择反两清方式为全部、自动或手工,并可选择反两清的科目为全部科目或只对当前科目反两清。

（4）客户催款单

显示客户欠款情况,用于打印客户催款单,及时清理客户借款。按以下操作步骤定义催款单。

【操作步骤】

①如图 5-68 所示,设置客户往来催款单条件,选择分析对象为"客户",确定后显示催款单列表,如图 5-69 所示。

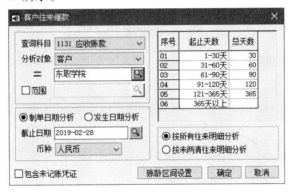

图 5-68　客户往来催款单条件

| 科目 | 1131 应收账款 |
| 客户 | 001 东职学院 | | | | | | 截止日期: 2019-02-28 |

日期	客户		凭证号	摘　要	借方	贷方	两清	账龄区间
	编号	名称			本币	本币		
2019.01.12	001	武汉东湖职业技术	收-0002	收回欠款_东职学院_ZZR002_20		68,800.00		31-60天
2019.01.25	001	武汉东湖职业技术	转-0118	销售商品_东职学院_P111_2019	100,000.00			31-60天
				总计	100,000.00	68,800.00		
				余额	31,200.00			

图 5-69　催款单列表

②选择要催款的客户,单击工具栏上【设置】按钮,显示催款单设置界面,如图 5-70所示。

③设置完成后,输出如图 5-71 所示催款单,可在"预览"界面选择【页面设置】菜单或单击页面设置图标,对催款单的显示格式进行修改。

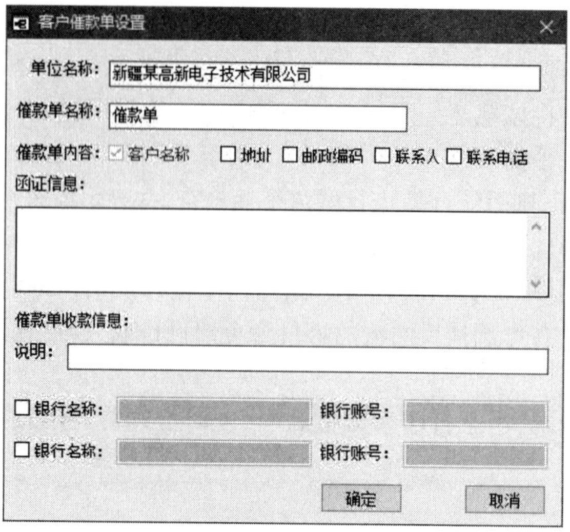

图 5-70　催款单设置

新疆某高新电子技术有限公司

催款单

客户名称：武汉东湖职业技术学院

日期：2019-02-28

函证内容：

日期	凭证号	摘要	借方本币	贷方本币	两清	账龄区间
2019.01.12	收-0002	收回欠款_东职学院_ZZR002_2019.01.12_林若兰		68,800.00		31-60天
2019.01.25	转-0118	销售商品_东职学院_P111_2019.01.25_林若兰	100,000.00			31-60天
	总计		100,000.00	68,800.00		
	余额		31,200.00			

图 5-71　催款单预览

（5）账龄分析

可以在本功能中了解客户往来款余额的账龄分布情况。系统提供以下分析方法：

【外币账龄分析】如果选择了此项，则只按该币种分析；否则对所有币种进行分析，将外币折算成本位币。

【余额账龄分析】用借方（贷方）发生额冲销贷方（借方）发生额的冲后余额作为进行账龄分析的第一笔分析金额的分析方法。

【按实际发生进行分析】按借方、贷方的实际发生额为分析金额进行分析。

5.5　期末会计事项处理

在会计期末,需要对指定月份进行相应的会计事项处理,完成本月会计工作。

5.5.1　总账系统内部转账定义

本功能提供 7 种转账功能的定义:自定义结转设置、对应结转设置、销售成本结转设置、售价(计划价)销售成本结转、汇兑损益结转设置、期间损益结转设置等。

1)自定义结转设置

自定义转账功能可以完成的转账业务主要有:

①"费用分配"的结转,如工资分配等。

②"费用分摊"的结转,如制造费用等。

③"税金计算"的结转,如增值税等。

④"提取各项费用"的结转,如提取福利费等。

⑤"部门核算"的结转。

⑥"项目核算"的结转。

⑦"个人核算"的结转。

⑧"客户核算"的结转。

⑨"供应商核算"的结转。

【操作流程】

①单击菜单【转账定义】下级菜单【自动转账】,显示自动转账设置界面。

②单击【增加】按钮,可定义一张转账凭证,屏幕弹出凭证主要信息录入窗口,如图5-72所示。

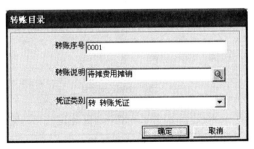

图 5-72　自定义转账目录

③输入转账序号、转账说明和凭证类别,单击【确定】按钮开始定义转账凭证分录信息,如图 5-73 所示。

④定义录入每笔转账凭证分录的摘要、科目。

⑤当录入的科目是部门、项目、个人、客户和供应商核算科目时,可参照输入信息;对于非上述类型的科目,此处可以不输。

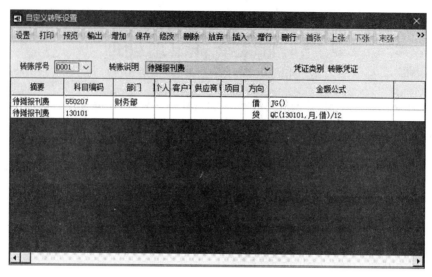

图 5-73　定义转账凭证分录

⑥方向:输入转账数据发生的借贷方向。

⑦公式:可参照录入计算公式(注:对于初级用户,建议通过参照录入公式,对于高级用户,若已熟练掌握转账公式,也可直接输入转账函数公式)。

2)对应结转设置

对应结转不仅可进行两个科目一对一结转,还提供科目的一对多结转功能,对应结转的科目可为上级科目,但其下级科目的科目结构必须一致(相同明细科目),如有辅助核算,则两个科目的辅助账类也必须一一对应。本功能只结转期末余额。

【操作流程】

①单击【对应结转】,显示对应结转设置界面,如图 5-74 所示。

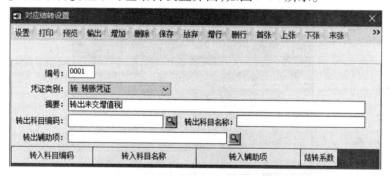

图 5-74　对应结转

②输入编号(指该张转账凭证的代号)、凭证类别、转出科目。

③输入转入科目编码、名称、转入辅助和结转系数。

④结转系数:即转入科目取数=转出科目取值×结转系数,若未输入系统默认为1。

⑤本功能只结转期末余额。如果想转发生额,请到自定义结转中设置。

3）销售成本结转设置

销售成本结转功能,是将月末商品(或产成品)销售数量乘以库存商品(或产成品)的平均单价计算各类商品销售成本并进行结转。

【操作流程】

①单击【销售成本结转】,屏幕显示如图 5-75 所示。

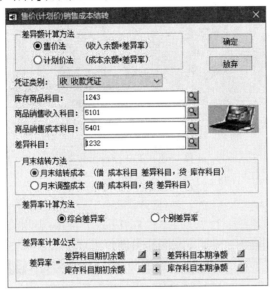

图 5-75　销售成本结转

②用户可输入总账科目或明细科目,但输入要求这 3 个科目具有相同结构的明细科目,即要求库存商品科目和商品销售收入科目下的所有明细科目必须都有数量核算,且这 3 个科目的下级必须一一对应,输入完成后,系统自动计算出所有商品的销售成本。其中:

数量＝商品销售收入科目下某商品的贷方数量

单价＝库存商品科目下某商品的月末金额/月末数量

金额＝数量×单价

4）汇兑损益结转设置

用于期末自动计算外币账户的汇总损益,并在转账生成中自动生成汇总损益转账凭证,汇兑损益只处理以下外币账户:外汇存款户;外币现金;外币结算的各项债权、债务,不包括所有者权益类账户、成本类账户和损益类账户。

【操作流程】

①单击【汇兑损益】,屏幕显示如图 5-76 所示。

②输入凭证类别和该账套中汇兑损益科目的科目编码。

③选择需要计算汇兑损益的科目,即进行汇兑损益结转。

5）期间损益结转设置

用于在一个会计期间终了对损益类科目进行结转,从而及时反映企业利润的盈亏情

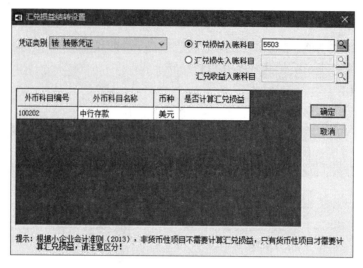

图 5-76　汇兑损益结转

况。主要是对于管理费用、销售费用、财务费用、销售收入、营业外收支等科目的结转。

【操作步骤】

用鼠标单击【期间损益结转设置】进入此功能,屏幕出现期间损益结转设置窗口,如图 5-77 所示。选择凭证类别和本年利润科目即可完成设置。

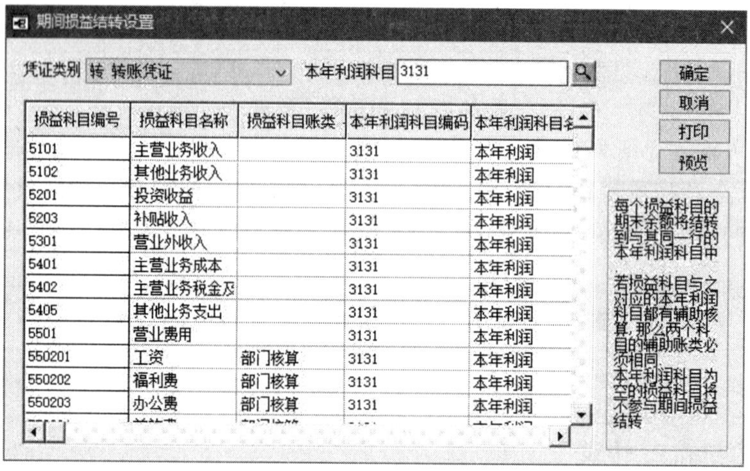

图 5-77　期间损益结转设置

5.5.2　自动转账凭证生成

转账分录定义完毕后,每月月末只需执行转账生成功能即可快速生成转账凭证。在此生成的转账凭证需经审核、记账后才真正完成结转工作。

一般地,独立转账分录可以在任何时候生成转账凭证。而对一组相关转账分录,它们之间以及同本月的其他经济业务有一定的联系,必须在全部相关的经济业务入账之后使用,并且要按照合理的先后次序逐一生成凭证,即在某些转账凭证已经记账的前提下,另一些转账凭证才能生成,否则计算金额时就会发生差错。

一般情况下,应首先生成和处理由其他子系统转入总账系统的凭证;然后再生成和处理销售成本结转凭证、汇兑损益结转凭证、对应结转凭证或者自定义结转凭证;最后生成和处理期间损益结转凭证。

同一张转账凭证,年度内可根据需要多次生成,但每月一般只需结转一次。在定义完转账凭证后,每月月末只需执行本功能即可快速生成转账凭证,在此生成的转账凭证将自动追加到未记账凭证库中。

【操作步骤】

用鼠标单击【转账生成】,进入此功能,屏幕出现转账生成窗口,如图 5-78 所示为自定义转账生成,图 5-79 所示为期间损益转账生成。

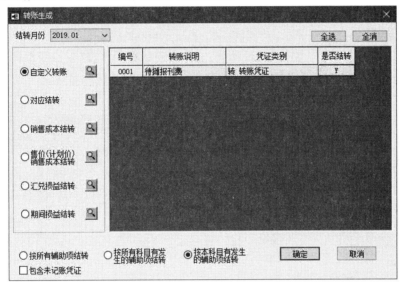

图 5-78　自定义转账生成

图 5-79　期间损益转账生成

用鼠标单击【期间损益结转】,则右窗显示期间损益结转科目。

选择需要结转的转账科目,在【是否结转】处用鼠标双击打上"✓",表示该转账凭证将执行转账。选择完后,单击【确定】后即生成凭证。

【说明】

①执行转账完成后转账凭证并未记账。

②执行转账的操作员将在【转账凭证定义】中的转账人中显示。

5.5.3　试算平衡

本功能提供科目分类余额,并按录入科目余额中的平衡公式检查期末余额是否平衡,并可显示余额表,若试算不平则提示不平信息,并显示差额。

【操作步骤】

①用鼠标单击【试算平衡】进入此功能,屏幕出现试算平衡窗口,如图5-80所示。

②用鼠标单击要进行对账月份的【是否对账】区,或将光标移到要进行对账的月份,用鼠标单击【对账】,选择对账月份。

图 5-80　对账

5.5.4　结账处理

在手工会计处理中,都有结账的过程,在计算机会计处理中也应有这一过程,以符合会计制度的要求,因此系统提供了【结账】功能。结账只能每月进行一次。结账后本月不能再制单。

【操作步骤】

①用鼠标单击【结账】进入此功能,屏幕出现结账向导窗口,如图5-81所示,选择要结账的月份。

②用鼠标单击结账月份后,单击【下一步】,屏幕出现下一个窗口。

③系统自动对要进行结账的月份进行对账,对账完成后,单击【下一步】,屏幕出现本月工作报告窗口。

④若需打印,则单击【打印月度工作报告】即可打印。查看工作报告后,用鼠标单击

图 5-81　结账

【下一步】,屏幕出现下一个窗口。

⑤用鼠标单击【完成】后即可结账,若不符合结账要求则不予结账。

【说明】

①上月未结账,则本月不能结账。

②上月未结账,则本月不能记账,但可以填制、复核凭证。

③本月还有未记账凭证时,则本月不能结账。

④结账只能由有结账权的人进行。

⑤已结账月份不能再填制凭证。

⑥每月对账正确后才能结账,若账账不平,则不能结账。

⑦年底结账时,先进行数据备份后再结账。

本章小结

本章主要介绍了账务处理模块的应用。总账适用于各类企业进行凭证处理、账簿管理、个人往来款管理、部门管理、项目核算和出纳管理等。

思考与练习

1.总账参数设置如何进行?

2.期初余额录入应注意哪些问题?

3.日常账务处理包含哪些内容?

4.日常财务管理包含哪些内容?

5.期末处理的步骤有哪些?

第6章 薪资和固定资产管理系统

学习目标

通过本章学习,了解工资和固定资产系统初始化;掌握模块的日常处理和日常财务管理;理解期末会计处理的流程。

6.1 薪资管理系统概述

人力资源的核算和管理是企业管理的重要组成部分,对企业员工的业绩考核和薪酬评定关系到每一位员工的切身利益。薪资不仅是企业职工薪酬的重要组成部分,也是产品成本的计算内容,是企业进行各种费用计提的基础之一。因此,薪资核算是各企事业单位一项基本的、经常性的重要工作。在用友 ERP-U8 管理软件中,薪资管理作为人力资源管理系统的一个子系统存在,为用户提供了便捷的工资核算和发放功能,以及强大的工资分析和管理功能。

6.1.1 功能概述

1)初始设置

各单位的薪资核算有很多共性,但同时必然存在个性。薪资系统初始设置的目的就在于建立起符合企业个性化需要的工资账套数据,设置工资系统运行所需的各项基础信息,为日常业务处理铺垫良好的应用环境。

初始设置的内容主要包括:

(1)工资账套参数

系统提供多个和单个工资类别核算、工资核算的币种、扣零处理、个人所得税扣税处理、是否核算计件工资等账套参数设置。

(2)基础档案

在此进行人员附加信息、人员类别、部门选择、人员档案、代发工资银行名称等设置,

注:本书提到的"工资管理"和"薪资管理"含义及范畴完全一致,下同。

可以由企业自行设计工资项目及计算公式,并提供计件工资标准设置和计件工资方案设置等。

2)工资业务处理

可以根据不同企业的需要设计工资项目和计算公式;管理所有人员的工资数据,并对平时发生的工资变动进行调整;自动计算个人所得税,结合工资发放形式进行扣零处理或向代发工资的银行传输工资数据;自动计算、汇总工资数据;自动完成工资分摊、计提、转账等业务。

3)工资报表管理

工资核算的结果最终通过工资报表和凭证呈现。系统提供了各种工资表、汇总表、明细表、统计表、分析表等,并提供了凭证查询和自定义报表查询功能。丰富的报表形式、简捷的查询方法能为用户提供多层次、多角度的工资数据查询。

6.1.2　薪资管理系统与其他系统间的主要关系

①薪资管理系统与系统管理共享基础数据;

②薪资管理系统将工资计提、分摊的结果自动生成转账凭证,传递到总账系统,两个系统能够相互查询凭证,并能在总账中联查薪资系统的原始单据;

③薪资系统向成本管理系统传送相关费用的合计数据,后者向前者提供计件工资的计算标准;

④报表系统可以从薪资管理系统取得数据,分析生成相关报表。

以上关系如图6-1所示。

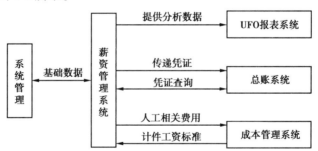

图6-1　薪资管理系统与其他系统间的主要关系

6.1.3　薪资管理系统的业务处理流程

1)单个工资类别核算管理的业务流程

如果企业中所有员工的工资发放项目相同,工资计算方法也相同,则可以对全部员工进行统一的工资核算方案,对应选用系统提供的单个工资类别应用方案。

①安装薪资管理系统;

②设置工资账套参数(单个工资类别);

③设置部门;

④设置工资项目、银行名称和账号长度,设置人员类别;

⑤录入人员档案;

⑥设置工资计算公式;

⑦录入工资数据;

⑧进行其他业务处理。

2) 多个工资类别核算管理的业务流程

若单位有多种不同类别的人员,工资发放项目不尽相同,计算公式也有区别,但需要进行统一的工资核算管理,则可对应选用系统提供的多个工资类别应用方案。

①安装薪资管理系统;

②设置工资账套参数(多个工资类别);

③设置所涉及的部门、所有工资项目、人员类别、银行名称和账号长度;

④建立第一个工资类别,选择所需管理部门;

⑤录入人员档案;

⑥选择第一个工资类别所涉及的工资项目并设置工资计算公式;

⑦录入工资数据;

⑧重复④~⑦步的流程以建立多个工资类别并录入档案和数据。

月末处理前将所要核算的工资类别进行汇总。生成汇总工资类别,然后对汇总工资类别进行工资核算的业务处理。

6.2　薪资管理系统初始化工作

在使用薪资管理系统进行具体的薪资业务核算之前,必须首先启用薪资管理子系统,继而建立适用于本单位薪酬制度和结构的工资账套,并进行基础信息的设置,从而将通用的薪资管理系统打造成符合本单位实际情况的专用系统。

6.2.1　系统启用

用户要使用用友 ERP-U8 中某个产品的系统模块,必须首先启用该系统。以薪资管理系统为例,启用方法如下:

登录用友 ERP-U8 企业应用平台,选择【设置】页签中的【基本信息】→【系统启用】,在弹出的"系统启用"窗口中勾选系统编码为"WA"的薪资管理子系统并选择启用时间,如图 6-2 所示。

6.2.2　建立工资账套

建立工资管理子账套的前提是在系统管理中已经建立了本单位的核算账套。正确建立工资管理子账套是正常进行工资项目设置和工资业务处理的根本保证。初次使用薪资管理系统,系统会自动进入"建立工资套"向导。该向导包含 4 个步骤。

图 6-2　薪资管理子系统启用

1) 参数设置

选择本账套处理的工资类别个数、核算工资所使用的币种,以及是否核算计件工资,如图 6-3 所示。

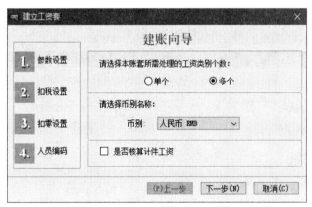

图 6-3　建立工资套——参数设置

①工资类别个数:当核算单位对所有人员工资实行统一管理,而且人员工资项目、计算公式全部相同时选择"单个"工资类别;当核算单位按周发放工资或每月多次发放工资以及按不同的职工发放工资的项目不同、计算公式不同,但需对工资实行统一管理,则选择"多个"工资类别。

【注意】

为使读者对薪资管理系统有比较全面的了解和认识,本章将以多工资类别核算为例介绍薪资管理系统的各项具体业务处理。

②选择币别名称。

③是否核算计件工资:对"是否核算计件工资"的选择与否,将影响到此后系统在工

139

资项目设置中是否显示"计件工资"项目,人员档案中是否显示"是否核算计件工资"选项,计件工资标准设置和计件工资统计中是否显示功能菜单。

2）扣税设置

设置"是否从工资中代扣个人所得税",如图6-4所示。如勾选此项,则工资核算时系统会根据设定的税率自动计算个人所得税。

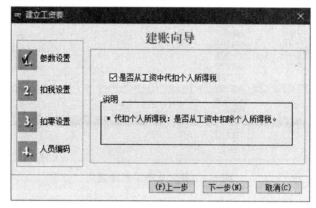

图6-4 建立工资套——扣税设置

3）扣零设置

选择是否进行扣零处理,若勾选"扣零",则工资核算时系统会依据所选的扣零方案将零头扣下,并在累计成整时补上,如图6-5所示。

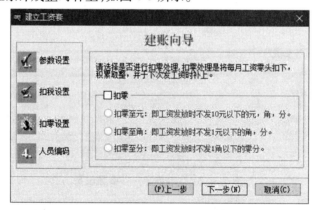

图6-5 建立工资套——扣零设置

4）人员编码

人员编码设置界面如图6-6所示。本系统的人员编码与公共平台的人员编码保持一致。具体设置及操作方法请见第5章。

单击"完成"按钮,弹出系统提示"未建立工资类别！"信息对话框,单击"确定"按钮,打开"工资管理"对话框,如图6-7所示。单击"取消"按钮。

【注意】

部分参数设置可以在【设置】菜单下的【选项】中进行设置、修改。

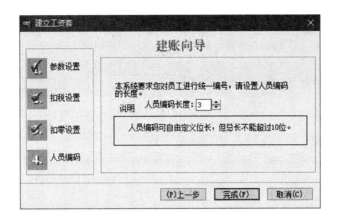

图 6-6　建立工资套——人员编码

图 6-7　打开工资类别

6.2.3　基础信息设置

1) 部门设置、人员类别设置、银行档案设置

以上信息均可以直接共享公共平台的数据,具体设置及操作方法详见第 5 章。

2) 人员附加信息设置

除了人员编号、人员姓名、所在部门、人员类别等基本信息外,为了管理的需要还需要一些辅助管理信息,这就要用到"人员附加信息设置"功能。该功能可用于增加人员信息,丰富人员档案的内容,便于对人员进行更加有效的管理。例如增加设置人员的:性别、民族、婚否等。

3) 工资项目设置

该设置用于定义工资项目名称、类型、长度、小数及增减项。系统中已经设定了一些固定项目名称,如"应发合计""扣款合计""实发合计"等,这是工资核算中必不可少的项目,因而不能删除或重命名。其他项目可以根据单位的实际需要进行自定义或参照增加。

【操作方法】

①在【业务】页签中,打开【人力资源】→【薪资管理】→【设置】菜单,选择【工资项目设置】,弹出"工资项目设置"窗口,如图 6-8 所示。

②单击"增加"按钮,在工资项目列表新增一空白行。

③直接输入或在窗口右侧"名称参照"下拉列表中选择工资项目名称,并设置相应的项目的类型、长度、小数位数和增减项。利用窗口中的向上、向下箭头可以调整工资项目的排列顺序,如图 6-9 所示。

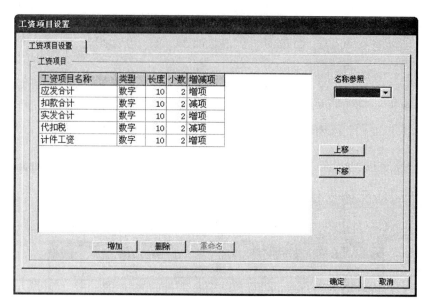

图 6-8　工资项目设置

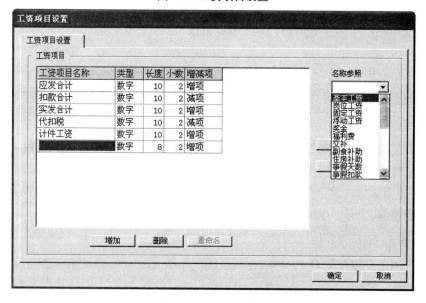

图 6-9　工资项目设置——增加、调整项目

　　"增减项"设置为"增项"的项目,核算时直接计入"应发合计",设置为"减项"的项目则计入"扣款合计"。根据实际情况,有时还将"增减项"设置为"其他",例如对"请假天数"的设置。如图 6-10 所示。

　　④工资项目增加完毕,单击"确定"按钮,弹出如图 6-11 提示,单击"确定"按钮,保存设置并退出。

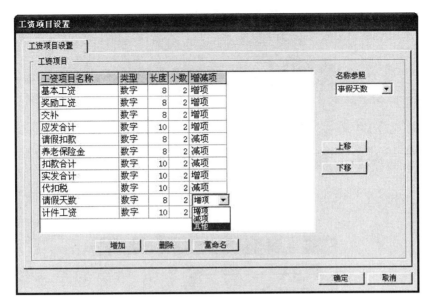

图 6-10　增加、调整工资项目

图 6-11　增加、调整工资项目

6.3　薪资日常会计处理

6.3.1　工资类别管理

采取多工资类别核算的单位,薪资管理系统依照工资类别进行核算管理。各工资类别下均有人员档案、工资变动、扣税处理、银行代发及工资分摊等业务。对工资类别的操作包括新建、删除、打开、关闭等。

1)新建工资类别

①在【业务】页签中,打开【人力资源】→【薪资管理】→【工资类别】菜单,选择【新建工资类别】,弹出"新建工资类别"窗口,输入要新建的工资类别名称,如图 6-12 所示。

②单击"下一步",选择新建工资类别所包含的部门。若单击"选定全部部门"按钮,则自动勾选所有部门及其所属的下级部门。如图 6-13 所示。

③单击"完成",系统弹出提示,如图 6-14 所示,单击"是",新建工资类别成功并完成启用。

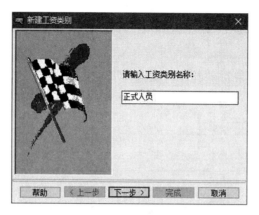

图 6-12 新建工资类别

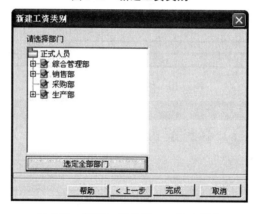

图 6-13 新建工资类别——选定部门

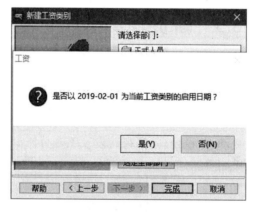

图 6-14 工资启用日期

2）打开工资类别

　　对于多工资类别的薪资系统来说，对其中大部分功能的操作都是针对某一工资类别的，因此在操作前必须先将该操作所针对的工资类别打开，即在【业务】页签中，打开【人力资源】→【薪资管理】→【工资类别】菜单，选择【打开工资类别】，继而选择相应的工资类别（前提是有已经建立的工资类别）。如图 6-15 所示。

图 6-15　打开工资类别

3）关闭工资类别

同样针对多工资类别薪资管理系统，当操作所针对的工资类别发生变化时，必须先关闭原先打开的工资类别，重新打开新操作所针对的工资类别。关闭方法是在已经打开某工资类别的状态下，在【业务】页签中，打开【人力资源】→【薪资管理】→【工资类别】菜单，选择【关闭工资类别】完成操作。

4）删除工资类别

在关闭工资类别状态下，打开【人力资源】→【薪资管理】→【工资类别】菜单，选择【删除工资类别】，选择要删除的工资类别，单击"确定"进行删除操作。

6.3.2　设置人员档案

人员档案的设置用于登记工资发放人员的姓名、编号、部门及人员类别和代发工资的银行账号等信息。员工的增减及各项具体信息的变动也需在此功能中进行处理。由于人员档案的操作是针对某工资类别的，因此操作时必须先打开相应的工资类别。

①打开工资类别后，选择【工资管理】→【设置】菜单下的【人员档案】，进入"人员档案"界面。在此可对人员档案进行增加、修改、删除、筛选等操作。如图 6-16 所示。

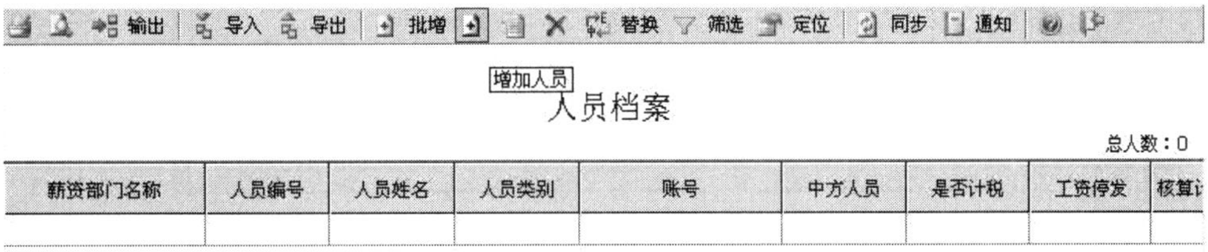

薪资部门名称	人员编号	人员姓名	人员类别	账号	中方人员	是否计税	工资停发	核算

图 6-16　人员档案界面

②单条增加人员信息：单击"增加"，在弹出的窗口中录入各人员档案的具体信息，包括人员编号、姓名、部门编码、名称、人员类别等。可以参照选择公共平台的数据进行录入，（若要新增公共平台中没有的人员，则需要先在公共平台中添加人员信息，具体设置和操作方法见第 4 章。）在"属性"栏目下可以对是否计税、是否核算计件工资等进行勾选。在"银行代发"栏目下选定负责给该人员代发工资的银行名称，并输入代发工资的银行账号。在"附加信息"选项卡下可以对更多信息进行完善。单击"确认"按钮完成当前人员档案的设置。如图 6-17 所示。

③批量增加人员信息：在人员档案界面，单击"批增"，在弹出的窗口中可以选择人员档案进行批量增加，具体的方法是在窗口中的"选择"栏目下单击鼠标左键选"是"，再单击可取消选择。如图 6-18 所示。最后单击"确定"，批量信息添加成功。

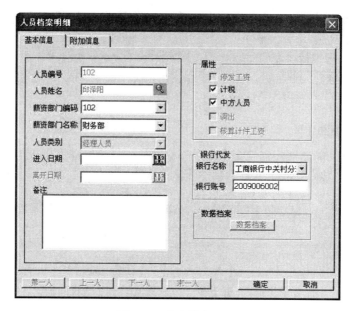

图 6-17　人员档案明细

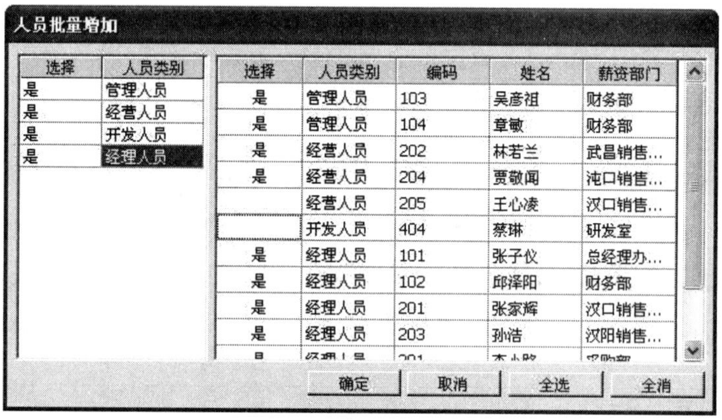

图 6-18　人员批量增加窗口

6.3.3　设置工资项目计算公式

在工资系统初始设置中定义的工资项目包含本单位各种工资类别所需的全部工资项目。但是,不同的工资类别,工资发放项目可能不同,计算公式也不相同,因此本系统可以实现根据不同的工资类别设置工资项目,并定义相应的计算公式。

①在【薪资管理】→【工资类别】→【打开工资类别】中打开要设置项目的工资类别。

②打开【薪资管理】→【设置】→【工资项目设置】,在"工资项目设置"选项卡中设置该工资类别涉及的工资项目,方法与系统初始中的工资项目设置相同。可以参照选择系统初始中设置的工资项目。

③在"工资项目设置"窗口中单击"公式设置"选项卡,单击左侧"增加"按钮选择要定义公式的工资项目,在右侧公式定义框中输入计算公式和项目之间的运算关系,输入

完毕后单击右侧的"公式确认"按钮,保存所定义的公式。如图 6-19 所示。

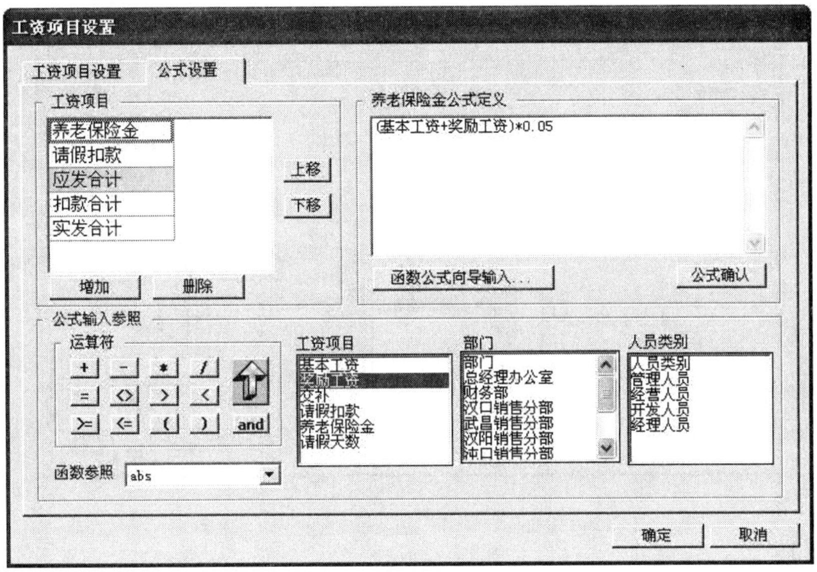

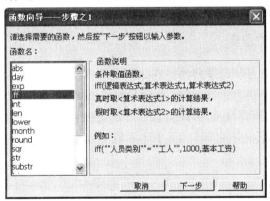

图 6-19　工资项目设置——公式设置

④带函数的公式添加:某些含有逻辑运算关系或函数的公式,可以使用"函数公式向导输入"按钮帮助定义,如图 6-20、图 6-21 和图 6-22 所示。

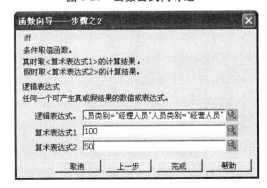

图 6-20　函数公式向导之一

图 6-21　函数公式向导之二

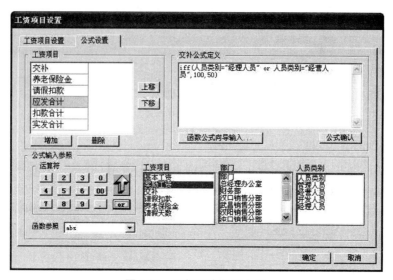

图 6-22　函数公式向导之三

【注意】

系统固定的工资项目如"应发合计""扣款合计""实发合计",其计算公式是依据工资项目设置的"增减项"自动给出的,因此这里只能增加、修改或删除其他工资项目的计算公式。计算公式定义要符合逻辑,系统会对公式进行合法性检查,不符合逻辑将给出错误提示。

6.3.4　工资变动业务

首次使用工资管理系统需要将所有员工的基本工资录入系统,平时发生的工资数据变动也要及时进行调整。本系统通过"工资变动"功能来完成这些操作,前提是首次使用本功能前,需先设置工资项目及其计算公式,才能进行数据录入。

在【薪资管理】→【业务处理】中选择【工资变动】,打开工资变动界面。如图 6-23 所示。

人员编号	姓名	部门	人员类别	基本工资	奖励工资	交补	应发合计	请假扣款	养老保
101	张子仪	总经理办公室	经理人员	6,000.00	600.00				
102	邱泽阳	财务部	经理人员	4,000.00	400.00				
103	吴彦祖	财务部	管理人员	3,000.00	300.00				
104	章敏	财务部	管理人员	2,500.00	200.00				
201	张家辉	汉口销售分部	经理人员	3,000.00	300.00				
202	林若兰	武昌销售分部	经营人员	2,000.00	200.00				
203	孙浩	汉阳销售分部	经理人员	5,500.00	550.00				
204	贾敬闻	沌口销售分部	经营人员	2,000.00	200.00				
401	周渝民	研发室	经理人员	5,500.00	550.00				
403	陆毅	研发室	开发人员	4,500.00	450.00				

图 6-23　工资变动窗口

"工资变动"列表中显示了目前打开的工资类别下所有人员的所有工资项目信息,可以直接在该列表中完成对具体数据的修改。为了快速、高效地录入工资变动数据,本系统还使用了以下几种辅助功能：

①过滤器：适用于只需对某些项目进行录入或修改。

【操作方法】

单击鼠标右键，在弹出的菜单中选择"项目过滤"，或在界面上的"过滤器"下拉列表中选择"过滤设置"，显示"项目过滤"窗口。将需要显示的项目选到"已选项目"列表中，如图 6-24 所示。单击"确定"，工资变动列表中即只显示已选的工资项目。也可以单击"保存"将设置的过滤条件保存在过滤器中，以便下次使用时可以直接调用。

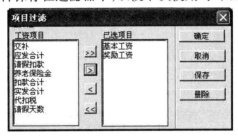

图 6-24　工资项目过滤窗口

②替换：适用于将符合某项条件的人员的某个工资项目数据进行统一调整。

【操作方法】

单击工资变动界面上工具栏中的"替换"按钮，进入数据替换窗口，如图 6-25 所示。

图 6-25　工资项数据替换窗口

在其中设置替换条件后，单击"确定"，在弹出的提示窗口（如图 6-26 所示）中选"是"完成工资项数据替换。

图 6-26　设置替换条件

③定位：适用于录入或修改某指定部门或人员的数据。

【操作方法】

单击工资变动界面上工具栏中的"定位"按钮，使用部门、人员定位功能令系统自动定位到需要的部门或人员上，进行录入。

④筛选:适用于需选取某些符合特定条件的人员进行数据录入。

【操作方法】

单击工资变动界面上工具栏中的"筛选"按钮,设置筛选条件,选取出符合条件的记录进行编辑修改。

【注意】

在工资变动中,只需输入没有进行公式设定的项目,如基本工资、奖励工资和请假天数等,其他各项由系统根据计算公式自动计算生成。

在录入或修改某些工资数据、重新设置计算公式、进行工资数据替换等操作后,都必须及时对工资数据进行计算(重新计算)和汇总。该功能通过单击工资变动界面(如图6-23所示)工具栏中的"计算"和"汇总"按钮来实现。

如果工资变动后没有执行数据的计算与汇总,在退出"工资变动"界面时,系统会提示是否进行工资计算和汇总,如图6-27所示。

图6-27　工资系统数据提示

6.3.5　扣缴所得税

本系统提供个人所得税自动计算功能,使用者只需自定义所得税税率,系统即可自动计算个人所得税,前提是在建立工资账套的过程中进行了相应的设置。

①在【薪资管理】→【业务处理】中选择【扣缴所得税】,进入"栏目选择"窗口。其中,"标准栏目"中列示了系统默认显示的栏目,可以在"可选栏目"中选择新栏目,设置"所得项目",同时定义个人所得税申报表中收入额合计项所对应的工资项目,如图6-28所示。

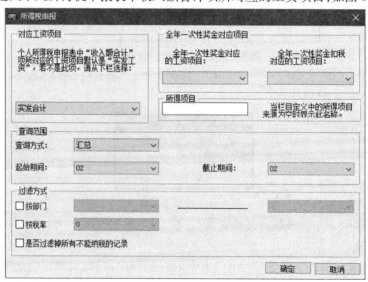

图6-28　扣缴所得税栏目选择窗口

②单击"确定"按钮,进入"个人所得税扣缴申报表"窗口,如图 6-29 所示。

| 打印　预览　输出　税率　栏目　过滤　定位　帮助　退出 |

所得税申报

2019年2月 — 2019年2月

总人数：10

序号	纳税人姓名	所得项目	收入额	用扣除标准	纳税所得额	税率	应扣税额
1	张子仪	4700.00	6700.00	2000.00	4700.00	20	385.00
2	邱泽阳	2500.00	4500.00	2000.00	2500.00	10	145.00
3	吴彦祖	1400.00	3400.00	2000.00	1400.00	3	42.00
4	章敏	750.00	2750.00	2000.00	750.00	3	22.50
5	张家辉	1700.00	3700.00	2000.00	1700.00	10	65.00
6	林若兰	300.00	2300.00	2000.00	300.00	3	9.00
7	孙洁	4150.00	6150.00	2000.00	4150.00	10	310.00
8	贾敬闻	300.00	2300.00	2000.00	300.00	3	9.00
9	周渝民	4150.00	6150.00	2000.00	4150.00	10	310.00
10	陆毅	3000.00	5000.00	2000.00	3000.00		195.00
合计			42950.00	20000.00	22950.00		1492.50

图 6-29　个人所得税扣缴申报表

③单击表 6-29 工具栏中的"税率"按钮,进入"个人所得税申报表——税率表"设置窗口,在其中可根据单位需要调整计税基数和附加费用,也可以增删级数,如图 6-30 所示。

图 6-30　个人所得税申报表——税率表

④单击"确定",由系统根据最新设置自动计算并生成新的个人所得税申报表。在工资变动中也需要重新汇总计算。

6.3.6　工资分摊

工资是费用中人工费最主要的构成部分,需要对工资费用进行工资总额的计提计算、分配及各种费用的计提,并编制转账会计凭证,供总账系统记账处理之用。

首先在【薪资管理】→【业务处理】中选择【工资分摊】,进入"工资分摊"窗口,如图6-31所示。

单击"工资分摊设置"按钮进行有关分摊类别、分摊计提比例及分摊构成的设置。

①分摊类型设置。

在"工资分摊"窗口中单击"工资分摊设置"按钮,进入"分摊类型设置"窗口,如图

图 6-31　工资分摊窗口

6-32所示。单击"修改"按钮可以修改选中行的工资分配计提类型;单击"删除"按钮可以删除光标所在行的工资分配计提类型。已分配计提的类型不能删除。

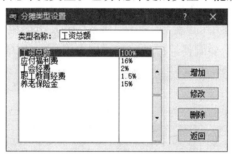

图 6-32　工资分摊类型设置窗口

②分摊计提比例设置。

在"分摊类型设置"窗口单击"增加",新增一项工资分配计提类型,输入计提类型名称和分摊计提比例,如图 6-33 所示。

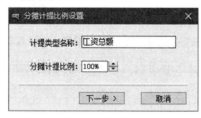

图 6-33　工资分摊计提比例设置窗口

③分摊构成设置。

在"分摊计提比例设置"窗口单击"下一步"按钮,进入分摊构成设置界面,在该界面中设置部门名称、人员类别、项目、借、贷方科目,如图 6-34 所示。

【注意】

部门名称:选择部门,一次可选择多个部门,不同部门的相同人员类别可设置不同的分摊科目。

人员类别:选择费用分配人员类别。

图 6-34　工资分摊构成设置窗口

项目:对应选中的部门、人员类别,选择计提分配的工资项目。每个人员类别可选择多个计提分配的工资项目。工资项目包括本工资类别所有的增项、减项和其他项目。

借方科目:对应选中部门、人员类别的每个工资项目的借方科目。

贷方科目:对应选中部门、人员类别的每个工资项目的贷方科目。

④单击"完成"按钮,成功增加一个新的分摊类型。

选择参与本次费用分摊的计提费用类型、参与核算的部门以及计提月份、计提分配方式。同时确定是否明细到工资项目。如图 6-35 所示。若勾选"明细到工资项目",则按工资项目明细列示工资费用分摊表格。

图 6-35　工资分摊设置窗口

单击"确定"按钮,显示工资分摊一览表,如图 6-36 所示。

在工资分摊一览表界面中"类别"下拉列表框中选择需要生成凭证的分摊类型,单击工具栏中的"制单"按钮,进入凭证填制窗口。

选择凭证类别"转账凭证",并检验确认凭证中其他各项是否填制正确。确认无误后,单击"保存"按钮生成凭证成功。如图 6-37 所示。

【注意】

也可以在工资分摊一览表界面中单击工具栏中的"批制"按钮,即可一次生成所有参与本次分摊的分摊类型所对应的凭证。

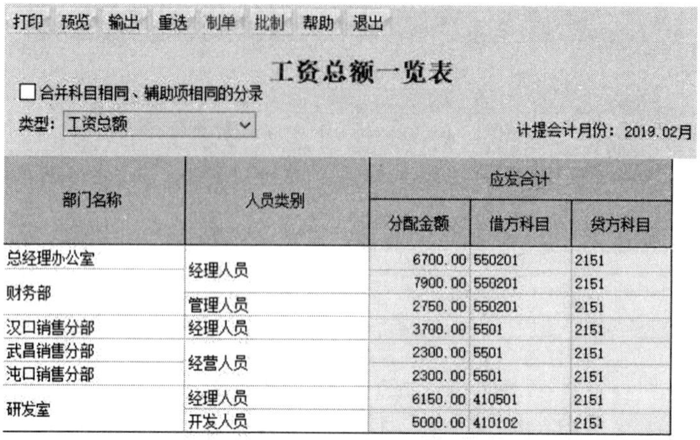

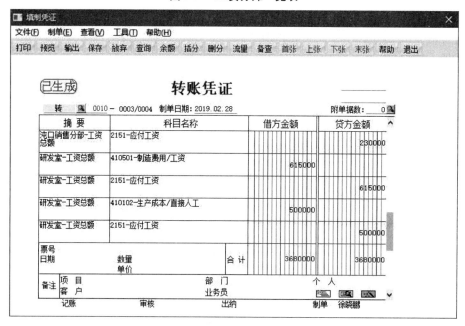

图 6-36　工资分摊一览表

图 6-37　工资分摊——制单（生成凭证）

6.3.7　工资分钱清单

工资分钱清单是根据企业计算的实发工资发放分钱票面额的清单。针对以现金形式发放工资的企业,出纳人员根据此表可以从银行提款并准确轻松地发放给各部门各人员。需要注意的是:执行此功能,必须在工资数据调整完毕之后,如果工资数据在计算后又做了修改,必须重新执行本功能,以保证数据的正确性。

可以在【薪资管理】→【业务处理】中选择【工资分钱清单】查看工资分钱清单,如图6-38 所示。

图 6-38　工资分钱清单

6.3.8　银行代发

银行代发是指每月末,企业在工资数据全部计算与汇总之后,应向银行提供银行给定内文件格式软盘。

①银行代发文件格式设置,是指根据银行的要求,设置所提供数据中包含的项目以及项目的数据类型、长度和取值范围等,如图 6-39 所示。

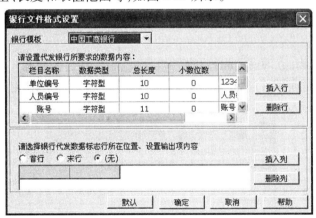

图 6-39　银行文件格式设置

②银行代发文件方式设置,是指根据银行的要求,设置向银行提供的数据,即数据以何种文件形式存放在磁盘中,且在文件中各数据项目是如何存放和区分的等,如图 6-40所示。

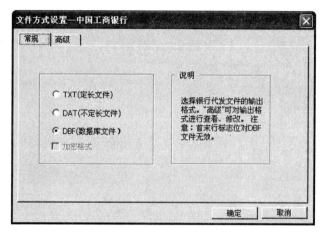

图 6-40　银行文件方式设置

6.4　薪资日常财务管理

工资数据处理结果最终会通过工资报表的形式反映,本系统提供了各种主要的工资报表。工资数据能够以多种形式计算汇总出来,便于企业充分了解工资的构成和工资变动的情况,为企业提供及时、准确、有用的工资信息,为薪资的日常财务管理提供帮助。

6.4.1　工资表

工资表主要用于本月工资的发放和统计,使用本功能可以查询和打印各种工资报表。系统提供的原始表包括:工资发放签名表、工资发放条、工资卡、部门工资汇总表、人员类别汇总表、部门条件汇总表、条件统计表、条件明细表、工资变动明细表、工资变动汇总表等。

工资表查询方法(查询前需先打开某一工资类别,后述各表同此):

①打开【薪资管理】→【统计分析】→【账表】,选择【工资表】,弹出"工资表"查看选择窗口,如图 6-41 所示。

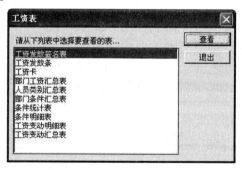

图 6-41　工资表选择窗口

②从列表中选择要查看的工资表,点击"查看"按钮,再根据"查看"不同工资表弹出

的系统提示进行相应的选择或设置,即可生成符合条件的工资表。

6.4.2　工资分析表

工资分析表是以工资数据为基础,对部门、人员类别的工资数据进行分析和比较,产生各种分析表,以供决策人员使用。主要包括:工资项目分析表(按部门)、员工工资汇总表(按月)、分部门各月工资构成分析表、工资增长情况表、部门工资项目构成分析表、员工工资项目统计表、分类统计表(按项目/部门/月)。

工资分析表的查询使用方法:

①打开【薪资管理】→【统计分析】→【账表】,选择【工资分析表】,弹出"工资分析表"选择窗口。在左侧的列表中选择某一分析表,界面右侧就会显示该类分析表的表样。如图 6-42 所示。

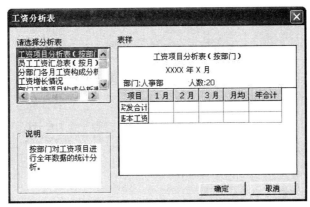

图 6-42　工资分析表选择窗口

②选择要查看的工资分析表类型,单击"确认"按钮,再根据选择不同工资分析表所弹出的系统提示进行相应的选择或设置,即可生成符合条件的工资分析表。

6.4.3　我的账表

工资报表(含工资表和工资分析表)的默认格式由系统提供,用户也可以根据实际需要自行设计格式。在本系统中,可通过【我的账表】来实现该功能。

【操作方法】

①打开【工资管理】→【统计分析】→【账表】,选择【我的账表】,弹出"账表管理"窗口,如图 6-43 所示。

②选中某一账表,单击"修改表"按钮,进入"修改表"窗口。可以直接修改栏目名称及栏目宽度,也可增加或删除栏目,并为选中的栏目设置计算公式。

③单击"重建表"按钮,显示重建表选择界面,选择需要重新生成的系统原始表,单击"确认"按钮,可重新生成系统原始表。

【注意】

工资变动汇总表、工资变动明细表不能修改和删除。

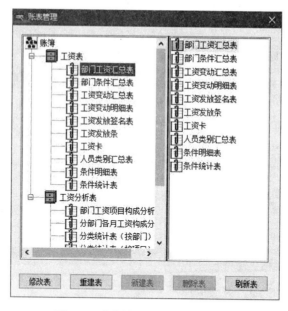

图 6-43 "我的账表"修改重建窗口

6.5 薪资期末会计事项处理

6.5.1 月末处理

每月工资数据处理完毕后均可进行月末处理。操作方法如下：

①在【工资管理】→【业务处理】菜单下选择【月末处理】，进入"月末处理"窗口，如图 6-44 所示。

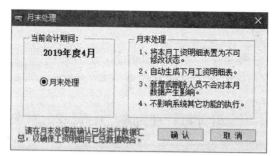

图 6-44 薪资管理系统月末处理

②单击"确定"，弹出如图 6-45 的提示。

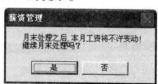

图 6-45 月末处理

③单击"是",系统提示是否选择清零项,如图 6-46 所示。

图 6-46 月末处理

④单击"是",选项需要清零的工资项目,如图 6-47 所示。

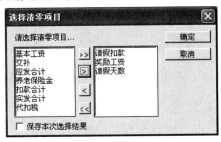

图 6-47 选择清零项目

⑤单击确定,系统提示月末处理完毕,如图 6-48 所示。

图 6-48 月末处理

【注意】

月末结转只有在会计年度的 1 月至 11 月进行。

只有在本月工资数据汇总之后才能进行月末结转。

进行期末处理后,当月数据将不再允许变动。

6.5.2 反结账

工资管理系统在进行结账后,如发现某些业务或事项需要在已结账月份进行账务处理,则可以通过本系统提供的反结账功能恢复结账前状态。

【操作方法】

在【工资管理】→【业务处理】菜单下选择【反结账】,进入"反结账"窗口。在列表中选择需要进行反结账操作的账套,单击"确定"按钮,系统即进行反结账处理。

【注意】

反结账只能由账套主管进行操作。

反结账前必须关闭所有工资类别。

6.6　固定资产管理系统概述

固定资产管理系统主要用于完成企业固定资产日常业务的核算和管理,生成固定资产卡片,按月反映固定资产的增加、减少、原值变化及其他变动,并输出相应的增减变动明细账,保证企业固定资产的安全完整并充分发挥效用;同时,按月自动计提折旧,生成折旧分配凭证,保证再生产的资金来源。此外,输出一些与"设备管理"相关的报表和账簿,用来分析固定资产的利用效果。

6.6.1　功能概述

1)固定资产系统初始设置

具体包括:系统初始化(设置控制参数如:约定与说明、启用月份、折旧信息、编码方式、财务接口等)、部门设置、类别设置、部门对应折旧科目设置、增减方式设置、折旧方法设置、卡片项目定义、卡片样式定义等。

2)固定资产卡片管理

主要实现录入原始卡片、卡片修改、卡片删除、资产增加和减少等功能,不仅可以对固定资产进行文字资料管理,还能实现图片管理。原始卡片的录入不限制必须在第一个期间录入,"变动单"能实现对固定资产变动的各项管理。

3)固定资产折旧管理

自动计提折旧形成折旧清单和折旧分配表,并按分配表自动制作记账凭证,并传递到总账系统,同时在本系统中可修改、删除和查询此凭证。对折旧进行分配时,可以在单部门或多部门之间进行分配。

4)固定资产月末对账、结账

月末,按系统初始设置的账务系统接口,自动与总账系统进行对账,并根据对账结果和初始设置决定是否结账。

5)固定资产账表查询

"我的账表"能对系统提供的全部账表进行管理,资产管理部门能随时查询分析表、统计表、账簿和折旧表,以便提高资产管理效率。同时,系统还提供固定资产的多种自定义功能,可自定义折旧方法、汇总分配周期、卡片项目等。

6.6.2　固定资产管理系统与其他系统间的主要关系

固定资产管理系统中资产的增加、减少及原值和累计折旧的调整、折旧计提都要将有关数据通过记账凭证的形式传递到总账系统,同时通过对账保持固定资产账目与总账系统的平衡,并可以查询凭证。固定资产管理系统为成本管理系统提供折旧费用数据。UFO报表系统可以通过使用相应的函数从固定资产系统中提取分析数据。如图6-49所示。

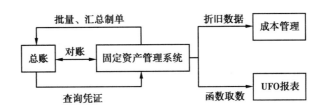

图 6-49　固定资产管理系统与其他子系统间的主要关系

6.6.3　固定资产管理系统的业务流程

固定资产管理系统的业务流程如图 6-50 所示。

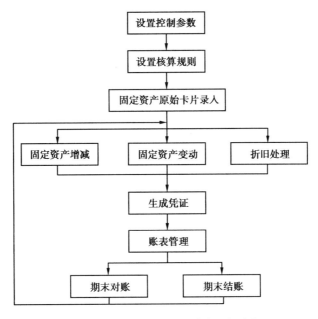

图 6-50　固定资产管理系统的业务流程

6.7　固定资产系统初始化工作

不同性质的单位,其固定资产的会计处理方法依相应的会计制度而有所不同。固定资产管理系统的初始设置,即是由用户根据单位实际情况,确定所使用的固定资产应用方案,建立相应固定资产子账套的过程。主要包括控制参数、基础信息的设置以及期初固定资产卡片的录入。

6.7.1　系统启用

用户要使用用友 ERP-U8 中某个产品的系统模块,必须先启用该系统。以固定资产系统为例,启用方法如下:

登录用友 ERP-U8 企业应用平台,选择【设置】页签中的【基本信息】→【系统启用】,在弹出的"系统启用"窗口中勾选系统编码为"FA"的固定资产子系统并选择启用时间。如图 6-51 所示。

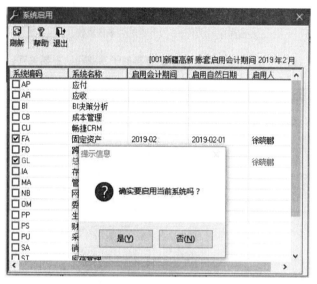

图 6-51　固定资产系统启用

6.7.2　初始控制参数设置

初始控制参数是根据用户单位的具体情况,建立相应的固定资产子账套的过程。新建账套初次使用固定资产管理系统时,系统会提示:"这是第一次打开此账套,还未进行过初始化,是否进行初始化?"选择"是"进入"固定资产初始化向导"窗口进行控制参数设置。

1）约定及说明

包含此新建子账套的基本信息和资产管理的基本原则,如图 6-52 所示。

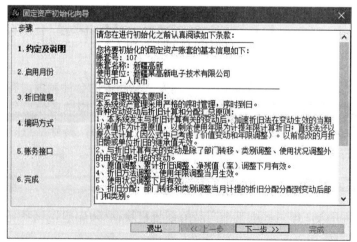

图 6-52　固定资产账套初始化 1

2）启用月份

在上步中选择"我同意"，单击"下一步"进入启用月份，该步骤用于查看本账套固定资产开始使用的年份和会计期间，启用日期只可查看，不能修改，需录入系统的期初数据一般即指至此期间期初的数据。如图 6-53 所示。

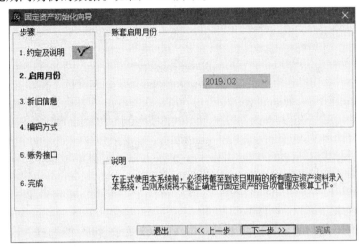

图 6-53　固定资产账套初始化 2

3）折旧信息

选择是否计提折旧和相应的折旧方案，如图 6-54 所示。

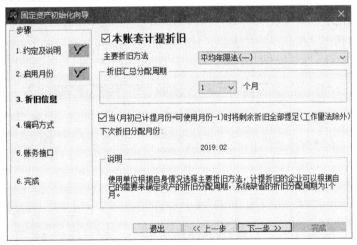

图 6-54　固定资产账套初始化 3

【注意】

如果不勾选"本账套计提折旧"，则账套内与折旧相关的功能不能操作；且该选项在保存初始化设置后不能更改。因此需根据单位性质和会计制度要求谨慎选择。

4）编码方式

为资产类别和固定资产选择相应的编码方案，如图 6-55 所示。

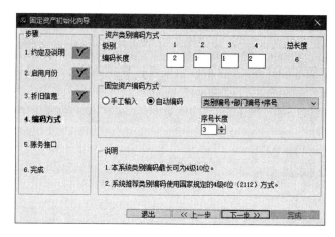

图 6-55　固定资产账套初始化 4

资产类别是根据单位的管理及核算需要对固定资产进行分类,本系统类别编码最多可设置 4 级,系统推荐使用国家规定的 4 级 6 位(2112)编码方案,也可以根据实际情况设定各级编码长度,但总长不能超过 10 位。

固定资产编码是为固定资产编制唯一标识码以便于管理,如选择"手工输入",则在录入固定资产卡片时手工录入。本系统也提供 4 类自动编码方案,分别为"类别编号+序号""部门编号+序号""类别编号+部门编号+序号""部门编号+类别编号+序号",可根据需要在"自动编码"后的下拉菜单中选择。自动编号的序号长度可自定义为 1~5 位。采用自动编码方案在录入固定资产卡片时有助于提高效率,也便于及时掌握资产数量情况。

5)账务接口

选择是否与总账系统对账及相应的对账科目,并选择在对账不平情况下是否允许固定资产月末结账。如图 6-56 所示。

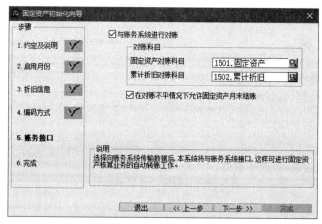

图 6-56　固定资产账套初始化 5

"与账务系统进行对账"意为将固定资产管理系统内的全部资产原值、累计折旧与总账系统中的固定资产、累计折旧科目的余额进行核对,检验数值是否相等。对账功能可以在系统运行中随时执行。

"对账科目"中可以单击参照按钮 🔍或 F2,参照选择相应科目。由于固定资产管理系统提供要对账的数据是系统内全部资产的原值和累计折旧,故选择的相应对账科目分别应是固定资产和累计折旧的一级科目。

"在对账不平情况下允许固定资产月末结账",勾选此项意味着可以在自动对账不平的情况下进行月末结账,但如果希望严格控制系统间平衡,且能够保证总账及固定资产管理系统录入的数据无时间差异,则不要勾选此项。

【注意】

只有对应的总账系统存在的情况下,才可以对"与账务系统进行对账"做勾选操作。

6) 完成

此页面显示了前五步的初始化设置结果,如图 6-57 所示。对其进行检查,确认无误后即可单击"完成",在系统弹出的提示中选"是"(6-58 所示),最后单击"确定"按钮保存固定资产管理子账套的初建工作并退出(6-59 所示)。

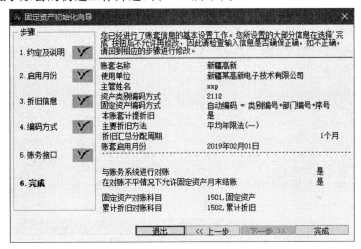

图 6-57　固定资产账套初始化 6

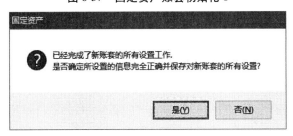

图 6-58　固定资产账套初始化

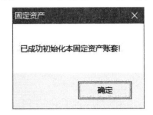

图 6-59　固定资产账套初始化完成

7）补充参数设置（选项设置）

选项设置用于补充或修改在固定资产账套初始化中设置的参数，和其他一些在账套运行中使用到的参数或选择。其中包括"基本信息""折旧信息""与账务系统接口"和"其他"4个选项卡。

在【业务】页签中选择【财务会计】→【固定资产】→【设置】→【选项】，可进入"选项"界面进行相应设置。在"选项"中主要可以补充对"业务发生后立即制单""月末结账前一定要完成制单登账业务"做出选择，并补充设置固定资产和累计折旧的缺省入账科目。其余各项，在控制参数中已经进行过设置，除"基本信息"选项卡中的内容不能修改外，对账和折旧信息均可以在此进行修改。如图6-60、图6-61、图6-62和图6-63所示。

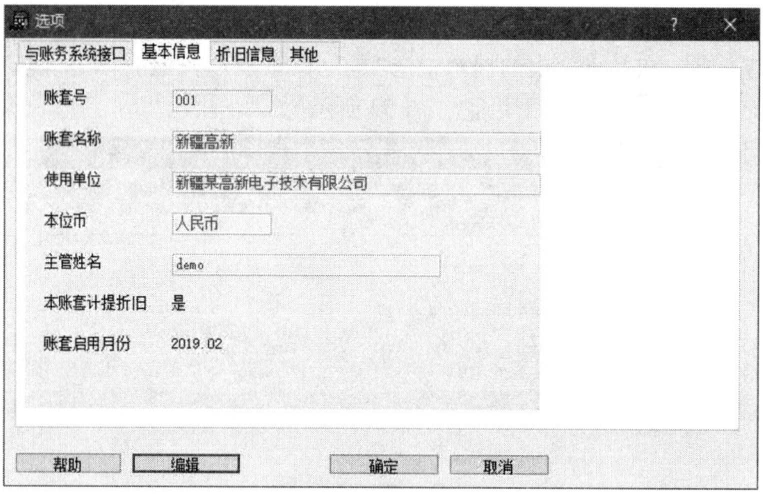

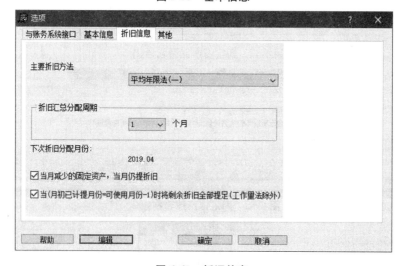

图 6-60　基本信息

图 6-61　折旧信息

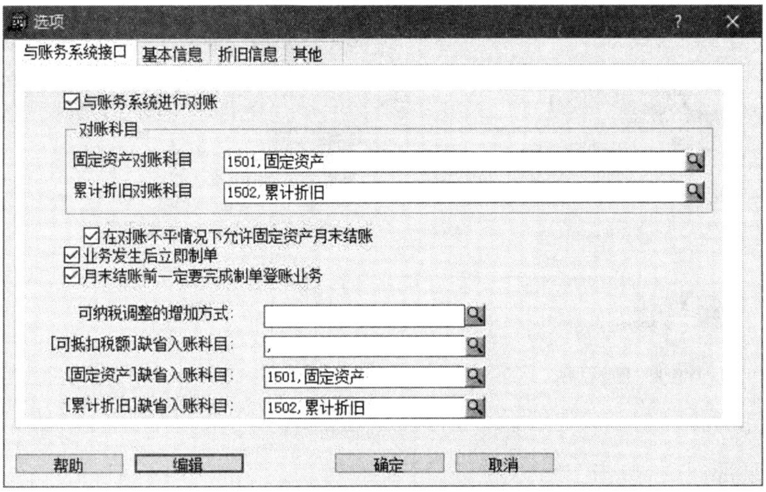

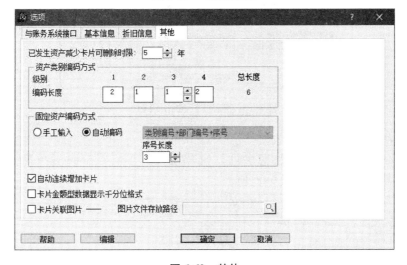

图 6-62　与财务接口

图 6-63　其他

6.7.3　基础信息设置

1）部门对应折旧科目设置

该设置为各部门选择折旧科目，使得在录入固定资产卡片时能够自动显示折旧科目，在生成部门折旧分配表时各部门可按折旧科目汇总，以制作记账凭证。

【操作方法】

①在【业务】页签下，选择【财务会计】→【固定资产】→【设置】→【部门对应折旧科目】，如图 6-64 所示。

②在界面左侧选择要设置或修改对应折旧科目的部门，可以查看该部门的编码、名称、上级名称和对应折旧科目等详细信息。系统提供"列表视图"和"单张视图"两种视图方式，可分别单击查看。

图 6-64　部门对应折旧科目

③选中某部门后,单击"修改"按钮,可以修改该部门的对应折旧科目,修改上级部门的折旧科目时,系统会询问是否同步修改下级部门的折旧科目,如图 6-65 所示。

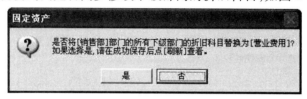

图 6-65　修改对应折旧科目

2)资产类别设置

①在【业务】页签下,选择【财务会计】→【固定资产】→【设置】→【资产类别】,进入固定资产分类编码表窗口,如图 6-66 所示。

图 6-66　资产类别列表视图

②在界面左侧选择资产类别,系统提供"列表视图"和"单张视图"两种视图方式,可查看资产类别的编码、名称、使用年限、净残值率、计量单位、计提属性、折旧方法和卡片样式等信息。

③在左侧分类目录中选择要增加资产类别的上一级资产类别,单击工具栏"增加"按钮,可显示该类别的"单张视图",在其中可以完成新增资产类别信息的录入和已有资产类别信息的修改,单击"保存"按钮保存设置,如图 6-67 所示。

3)增减方式设置

增减方式分为增加方式和减少方式两类。本系统提供 6 种增加方式:直接购入、投

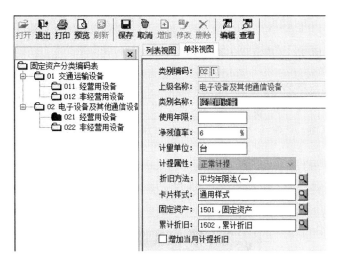

图6-67　资产类别单张视图

资者投入、捐赠、盘盈、在建工程转入和融资租入。7种减少方式：出售、盘亏、投资转出、捐赠转出、报废、毁损和融资租出。用户可以根据需要进行选择或另行增加。

【操作方法】

①在【业务】页签下，选择【财务会计】→【固定资产】→【设置】→【增减方式】，进入"增减方式"列表视图，如图6-68所示。

图6-68　固定资产增减方式设置

②选择要增加增减方式的上级方式，单击"增加"按钮，显示单张视图界面，在其中输入增减方式名称和对应入账科目，单击"保存"按钮添加完毕。

③如需对增减方式进行修改，可单击"修改"或"删除"按钮进行相应操作。

4）使用状况及折旧方法

在【业务】页签下，打开【财务会计】→【固定资产】→【设置】菜单，还可以完成对资产使用状况和折旧方式的设置。方法同上。

6.7.4 录入固定资产原始卡片

为保持历史资料的连续性,在使用固定资产管理系统进行核算前,须将原始卡片资料录入系统。原始卡片所记录的资产,其开始使用日期的月份必须早于其录入系统的月份。只要遵循此原则,原始卡片的录入并不限制必须在第一个期间结账前,随时可以录入。

【操作方法】

①在【业务】页签下,选择【财务会计】→【固定资产】→【卡片】→【录入原始卡片】,显示资产类别参照界面,如图 6-69 所示。

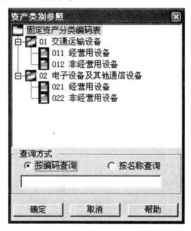

图 6-69　资产类别参照

②在"资产类别参照"界面中选择要录入的原始卡片所属的资产类别,如果资产类别较多,可以通过系统提供的查询方式进行查找。双击类别或者选中类别后单击"确定",即显示固定资产卡片录入界面,如图 6-70 所示。用户可在此界面录入或参照选择各具体项目的内容。

图 6-70　固定资产原始卡片

③固定资产主卡片录入完毕后,单击其他选项卡,可以录入附属设备和以前卡片发生的各种变动。附属选项卡上的信息只供参考而不参与计算。录入后单击"保存"按钮保存该张卡片。

【注意】

录入原始卡片时,先选择资产类别的目的是确定卡片的样式。在刚录入或查看完一张卡片的情况下,再进行录入原始卡片的操作,将会直接出现固定资产卡片界面,缺省类别为上张卡片的类别。而左上角的"卡片编号"则可以快速定位至相应原始卡片进行查看及修改操作。

6.8　固定资产日常会计处理

6.8.1　固定资产的增减业务处理

1)资产增加

资产增加是指单位通过购入或其他方式新增加资产。该情况下新增资产需要通过"资产增加"操作录入系统。不同于"原始卡片录入"功能,此功能的操作只适用于某项资产开始使用的日期期间与录入的期间相同时。

【操作方法】

①在【业务】页签下,选择【财务会计】→【固定资产】→【卡片】→【资产增加】,显示资产类别参照界面。

②选择要录入的卡片所属的资产类别,单击"确认"进入新增资产卡片录入界面。手工录入或参照选择各项目的具体内容,如图 6-71 所示。

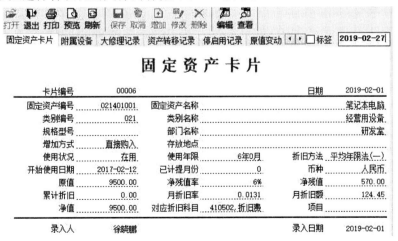

图 6-71　新增固定资产卡片

③固定资产主卡片录入完毕后,单击其他选项卡,可以录入附属设备和其他信息。附属选项卡上的信息只供参考而不参与计算。

【注意】

在"资产增加"中录入新增固定资产卡片时录入日期不能修改。

新卡片第一个月不计提折旧,累计折旧为空或0。

固定资产原值必须输入卡片录入月月初的价值,否则会出现计算错误。

卡片录入完毕可在单击"保存"按钮后进入"填制凭证"窗口进行制单,也可不立即制单,而在月末进行批量制单。

④如要在保存后立即进行制单操作,则在"填制凭证"窗口选择相应的凭证类别,并修改制单日期和附单据数等信息,确认无误后单击"保存"按钮生成凭证,如图 6-72 所示。

图 6-72　新增固定资产制单

2)资产减少

资产减少是指资产在使用过程中,由于毁损、出售、盘亏等各种原因而退出企业。此时需要做资产减少处理,录入资产减少卡片并记录减少原因。

【注意】

只有当本账套进行计提折旧后,才能使用"资产减少"功能,否则只有通过删除固定资产卡片来完成减少资产操作。

【操作方法】

①在【业务】页签下,选择【财务会计】→【固定资产】→【卡片】→【资产减少】,进入"资产减少"窗口,如图 6-73 所示。

图 6-73　资产减少

②选择要减少的资产。有两种方法:如果要减少的资产较少,可以通过直接输入卡片编号或资产编号,单击"增加",将相应资产添加到资产减少表中;如果要减少的资产较多且有共同点,则可通过单击"条件"按钮,挑选出符合相应条件的资产进行减少操作。

③在列表内记录资产减少的详细信息,包括减少日期、减少方式、清理收入、清理费用、清理原因等。有关清理收入和费用的信息后期可在卡片附表的"清理信息"中输入。

④录入完毕,单击"确定",完成相应资产的减少,并可随即完成资产减少的制单工作,如图 6-74 所示。

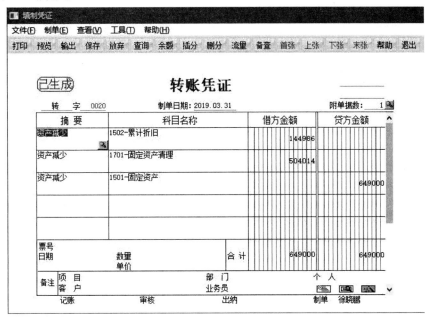

图 6-74　资产减少制单

6.8.2　固定资产变动业务处理

资产变动主要包括原值变动、部门转移、使用状况变动、折旧方法调整、累计折旧调整、使用年限调整、工作总量调整、净残值(率)调整等。对发生这些变动的资产,要输入相应的变动单来记录相应的资产调整结果。其他如名称、编号等项目的修改可直接在卡片上进行。

1)原值变动

固定资产的原值变动包括原值增加和原值减少两种类型。下面以原值增加为例说明具体的业务处理程序,原值减少的处理与此类同。

【操作方法】

①在【业务】页签下,打开【财务会计】→【固定资产】→【卡片】→【变动单】,单击【原值增加】,显示"固定资产变动单——原值增加"界面。

②输入卡片编号或资产编号,变动单中会自动显示出固定资产的名称、开始使用日期、规格型号、变动的净残值率、变动前净残值及变动前的原值;输入增加金额和币种,系

统会自动显示汇率并自动计算变动的净残值、变动后的原值和变动后净残值。最后记录下资产原值的变动原因。如图 6-75 所示。

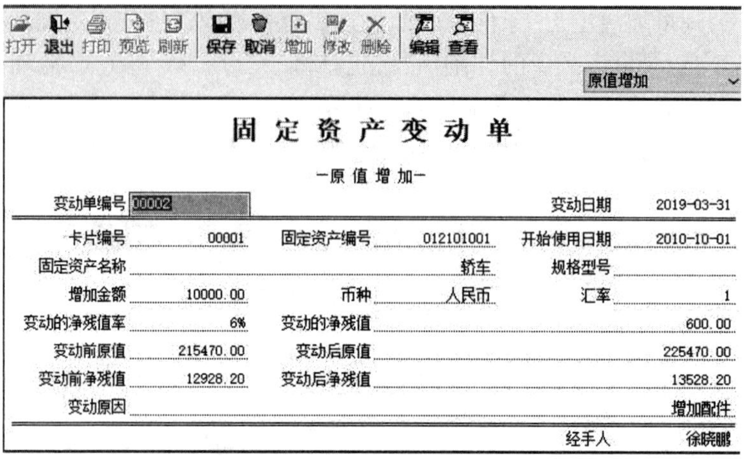

图 6-75 固定资产原值变动

③单击"保存"即进入制单窗口,完善并生成凭证,如图 6-76 所示。也可暂不制单,以后在【固定资产】→【处理】菜单下的【批量制单】中完成批量制单。

图 6-76 固定资产原值变动制单

【注意】

变动单不能修改,只有当月变动单可以删除重做。

当月录入的原始卡片或新增卡片不能进行原值增减变动操作。

做原值减少时必须保证变动后的净值不低于变动后的净残值。

2）部门转移

资产使用过程中发生的归属部门的变动,要通过部门转移功能进行处理,这关系到部门的折旧计算。

【操作方法】

①打开【固定资产】→【卡片】→【变动单】下的【部门转移】菜单,显示部门转移变动单界面。

②输入卡片编号或资产编号,系统会自动显示出资产的名称、开始使用日期、规格型号、变动前的部门及存放地点。手工输入或参照选择变动后的使用部门和新的存放地点,并记录变动原因。如图 6-77 所示。

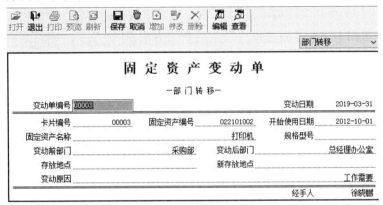

图 6-77　固定资产部门转移变动单

③单击"保存"按钮,系统弹出如图 6-78 的提示,单击"确定"完成相应的变动单操作。

图 6-78　固定资产部门转移成功

【注意】

当月录入的原始卡片或新增卡片不能进行部门转移变动操作。

3）使用状况变动

资产使用状况有在用、未使用、不需用、停用、封存 5 种。资产在使用过程中可能因某些原因使用状况发生变化,从而影响到折旧的计算,因而要及时通过使用状况变动功能进行调整。

【操作方法】

①打开【固定资产】→【卡片】→【变动单】下的【使用状况变动】菜单,显示使用状况变动单界面。

②输入卡片编号或资产编号,系统会自动显示出资产的名称、开始使用日期、规格型

号、变动前的使用状况。参照选择变动后的使用状况,并记录变动原因。单击"保存"按钮完成相应变动单操作。

【注意】

当月录入的原始卡片或新增卡片不能进行使用状况变动操作。

4)折旧方法调整

该功能用于调整资产使用过程中计提折旧方法的改变。

【操作方法】

①打开【固定资产】→【卡片】→【变动单】下的【折旧方法调整】菜单,显示折旧方法调整变动单界面。

②输入卡片编号或资产编号,系统会自动显示出资产的名称、开始使用日期、规格型号、变动前的折旧方法。参照选择变动后的折旧方法,并记录变动原因。单击"保存"按钮完成相应变动单操作。

【注意】

进行折旧方法调整变动的资产,自调整当月起即应按调整后的折旧方法计提折旧。

5)累计折旧调整

资产使用过程中,因补提折旧或多提折旧而需对已经计提的累计折旧进行调整,可使用此功能。具体操作方法与折旧方法调整变动相似。

【注意】

累计折旧调整后,资产的原值和调整后累计折旧值之差必须大于资产的净残值。

6)使用年限调整

资产在使用过程中,使用年限可能会因资产的重新评估、大修等原因而发生改变,从而影响到折旧的计算,因而要及时通过使用年限调整功能进行变动操作。具体操作方法与折旧方法调整变动相似。

【注意】

进行使用年限调整变动的资产,自调整当月起应按调整后的使用年限计提折旧。

6.8.3 固定资产计提折旧

自动计提折旧是固定资产管理系统的主要功能之一。系统根据用户录入的相关资料,对每项资产的折旧在每期计提一次,并自动生成折旧分配表,而后制作记账凭证,将本期的折旧费用自动登账。

执行计提折旧功能后,系统将自动计提各项资产当期的折旧额,并将当期的折旧额自动累加到累计折旧项目中。计提折旧完成后,还需进行折旧分配,形成折旧费用,系统除自动生成折旧清单外,还同时生成折旧分配表,从而完成本期折旧费用的记账工作。

【操作方法】

①在【业务】页签中,打开【财务会计】→【固定资产】→【处理】菜单,单击【计提本月折旧】,弹出是否查看折旧清单对话框,如图 6-79 所示。单击"是"可查看折旧清单,单击

"否"继续弹出对话框"本操作将计提本月折旧,并花费一定时间,是否要继续?"单击"是"按钮,如图 6-80 所示。

图 6-79　计提折旧提示

图 6-80　计提折旧

②系统计提折旧完成后,弹出"折旧分配表"窗口,如图 6-81 所示。单击右上角的"部门分配条件"按钮可以选择折旧分配部门,以后每次均按此中选择的部门生成部门折旧分配表,直至下次修改部门分配条件。

部门编号	部门名称	项目编号	项目名称	科目编号	科目名称	折　旧　额
101	总经理办公			550206	折旧费	3,381.19
3	采购部			550206	折旧费	55.11
401	研发室			410502	折旧费	226.34
合计						3,662.64

图 6-81　折旧分配表

在"折旧分配表"窗口内可以选择"按类别分配"查看类别折旧分配表;选择"按部门分配"查看部门折旧分配表;另可通过下拉列表选择要查看的分配时间范围,查看各期折旧分配表。

③单击"折旧分配表"中的"凭证"按钮,进入"填制凭证"窗口。填写或修改其中相应项目,单击"保存"按钮完成制单。如图 6-82 所示。

④退出制单窗口,系统弹出计提折旧完成的提示对话框,如图 6-83 所示。

【注意】

计提折旧遵循的原则如下:

①在一个期间内可以多次计提折旧,每次计提折旧后,只是将计提的折旧累加到月初的累计折旧上,不会重复累计。

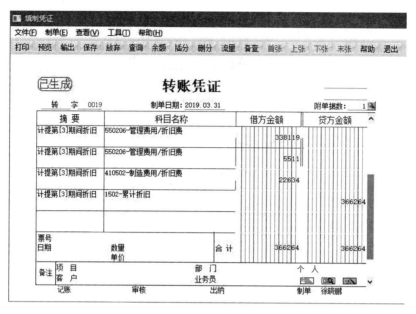

图 6-82　计提折旧制单

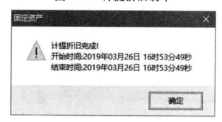

图 6-83　计提折旧完成

②若上次计提折旧已制单并传递到总账管理系统,则必须删除该凭证后才能重新计提折旧。

③计提折旧后,如又对账套进行了影响折旧计算分配的操作,则必须重新计提折旧,否则系统不允许结账。

④若自定义的折旧方法致使月折旧率或月折旧额出现负数,系统会自动中止计提折旧。

⑤资产的使用部门和资产折旧要汇总的部门有可能不同,为加强资产管理,使用部门必须是明细部门,而折旧分配部门并不一定要求分配到明细部门。具体应视单位情况,在计提折旧后,分配折旧费用时进行选择。

6.9　固定资产日常财务管理

6.9.1　卡片管理

录入的固定资产卡片可以在【业务】页签下,【财务会计】→【固定资产】→【卡片】→

178

【卡片管理】中进行查看，如图 6-84 所示。通过双击某行记录可快捷打开固定资产卡片进行修改、编辑等操作。

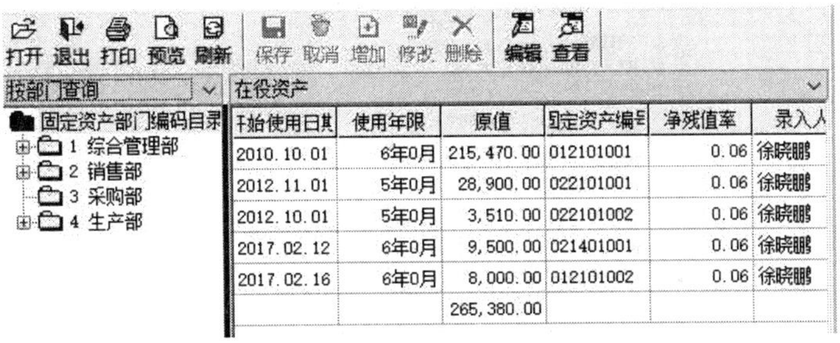

开始使用日期	使用年限	原值	固定资产编号	净残值率	录入人
2010.10.01	6年0月	215,470.00	012101001	0.06	徐晓鹏
2012.11.01	5年0月	28,900.00	022101001	0.06	徐晓鹏
2012.10.01	5年0月	3,510.00	022101002	0.06	徐晓鹏
2017.02.12	6年0月	9,500.00	021401001	0.06	徐晓鹏
2017.02.16	6年0月	8,000.00	012101002	0.06	徐晓鹏
		265,380.00			

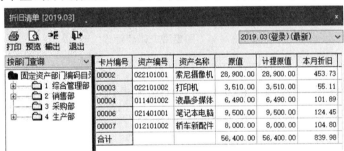

图 6-84　固定资产卡片管理

6.9.2　查看折旧清单

计提折旧工作完成后，如果需要了解全年或某个时期的折旧信息，则可以选择查询折旧清单。在【业务】页签中，打开【财务会计】→【固定资产】→【处理】，单击【折旧清单】进入折旧清单查询界面，如图 6-85 所示，也可以在计提折旧时直接查看折旧清单。

卡片编号	资产编号	资产名称	原值	计提原值	本月折旧
00002	022101001	索尼摄像机	28,900.00	28,900.00	453.73
00003	022101002	打印机	3,510.00	3,510.00	55.11
00004	011401002	液晶多媒体	6,490.00	6,490.00	101.89
00006	021401001	笔记本电脑	9,500.00	9,500.00	124.45
00007	012101002	轿车新配件	8,000.00	8,000.00	104.80
合计			56,400.00	56,400.00	839.98

图 6-85　固定资产折旧清单

6.9.3　账表管理

用户可以通过固定资产管理系统的账表功能生成有关固定资产的各类账簿，以满足查询需要。

打开【财务会计】→【固定资产】→【账表】，点击【我的账表】进入账表查询界面，如图 6-86 所示。在此选择需要查询的报表类型并设置一定的条件，系统可据此生成相应的固定资产报表。用户也可以通过其中的"自定义账夹"功能建立符合个性需要的报表并对其命名。

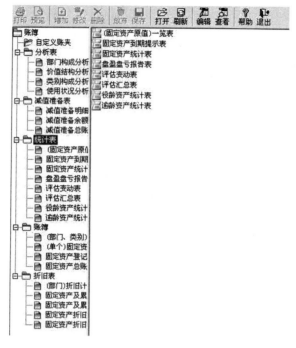

图 6-86　固定资产账表管理

6.10　固定资产期末会计事项处理

6.10.1　对账

系统运行过程中,可通过执行本系统提供的对账功能审查固定资产管理系统中的固定资产价值和总账管理系统中的固定资产科目数值是否相等。对账操作可随时进行,系统在执行月末结账时自动对账一次,给出对账结果,并根据初始化或选项中的设置来确定对账不平情况下是否允许结账。

【操作方法】

在【业务】页签中,打开【财务会计】→【固定资产】→【处理】菜单,选择【对账】,系统会给出对账结果。

【注意】

只有当系统初始化或选项中的参数设置勾选了"与账务系统对账"参数,此功能才可用。

6.10.2　月末结账

1)结账

当固定资产系统完成本月全部制单业务后,可以进行月末结账。月末结账每月进行一次,结账后当期数据不能修改。12 月底结账时系统要求完成本年应制单业务,即批量制单表为空时方可结账。

【操作方法】

在【业务】页签中,打开【财务会计】→【固定资产】→【处理】菜单,选择【月末结账】,系统会自动进行一系列处理直至结账完毕。如图 6-87、图 6-88 所示。结账完成后,系统会提示用户可操作日期已转成下一期间的日期,只有以下一期间的日期登录,才能对账套进行操作。

【注意】

结账前一定要进行数据备份,否则数据一旦丢失,将造成无法挽回的后果。

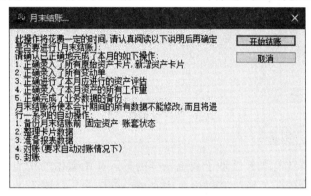

图 6-87 固定资产月末结账

图 6-88 固定资产月末结账完成

2)反结账

本系统提供"反结账"功能。如果由于某种原因,结账后发现结账前操作有误,而结账后不能修改结账前的数据,此时可使用"反结账"功能恢复到月末结账前的状态对错误进行修改。

【操作方法】

以要恢复的月份登录,打开【财务会计】→【固定资产】→【处理】菜单,点击【恢复月末结账前状态】,系统弹出提示对话框,点击"是",系统即执行反结账操作,并提示反结账成功。

【注意】

不能跨年度恢复数据,即本系统年末结转后,不能利用本功能恢复年末结转前状况。

恢复到某个月月末结账前状态后,本账套内对该结账后所做的所有工作都无痕迹删除。

本章小结

本章主要介绍了薪资和固定资产管理模块的应用。薪资管理适用于各类企业进行工资核算、工资发放、工资费用分摊、工资统计、分析和个人所得税核算等。与总账系统联合使用,可以将工资凭证传递到总账中;与成本系统联合使用,可以为成本系统提供人工费用资料。固定资产管理适用于各类企业进行设备管理、折旧计提等。可用于进行固定资产总值、累计折旧数据的动态管理,协助设备管理部门做好固定资产实体的各项指标的管理、分析工作。

思考与练习

1.工资管理子系统有账务处理子系统那样的输入初始数据的功能吗?

2.为什么工资管理子系统的基础设置中必须由部门与人员类别的设置?

3.为什么工资管理子系统中要设置多个工资类别的工资账套?

4.输入职工工资数据时,所有工资项目都要独立输入吗? 为什么?

5.在设置工资项目的计算公式时,需要按顺序设置吗?

6.固定资产管理子系统提供了哪些功能能够保证固定资产管理子系统与账务处理子系统的一致性?

7.在输入固定资产卡片时,系统有数据完整性的校验吗? 如何体现?

8.为什么在基础数据设置时,要设置部门和资产类别档案?

9.在使用固定资产管理子系统时,进行完何操作,才能进行固定资产减少的操作? 为什么?

10.在固定资产管理子系统中产生的凭证在账务处理子系统中,可以删除与修改吗? 为什么?

第7章 应收和应付管理系统

学习目标

本章是对应收系统、应付系统的简要介绍,通过本章学习,了解应收和应付系统初始化;掌握模块的日常处理和日常财务管理;理解期末会计处理的流程。

7.1 应收、应付款管理系统概述

用友 ERP-U8 管理软件中,应收款管理系统主要用于核算和管理客户往来款项;应付款管理系统主要用于核算和管理供应商往来款项。应收、应付款管理系统从初始设置、系统功能、业务流程上都极为相似,因此,本节主要讲述应收款管理系统。

7.1.1 功能概述

应收款管理系统以发票、费用单和其他应收单等原始单据为依据,记录销售业务及其他业务所形成的往来款项,处理应收款项的收回、坏账、转账等情况,同时提供票据处理功能。系统根据对客户往来款项核算和管理的程度不同,提供了两种应用方案。

1)在总账管理系统中核算客户往来款项

若企业应收款业务相对简单,或现销业务居多,则可以选择在总账管理系统中通过辅助核算完成客户往来核算,具体方案是:

①若企业同时使用销售系统,则总账可接收销售系统的发票,并对其进行制单处理;

②客户往来业务在总账管理系统中生成凭证后,可以在应收款管理系统中进行查询。

2)在应收款管理系统中核算客户往来款项

若企业应收款核算管理内容比较复杂,管理需要追踪每笔业务的应收款、实收款等情况,或者需要将应收款核算到产品级,则可选择此方案,本方案下所有的客户往来凭证全部由应收款管理系统生成,具体方案是:

①根据输入的单据或由销售系统传递来的单据,记录应收款项的形成;

②处理应收项目的收款及转账业务；

③对应收票据进行记录和管理；

④在应收项目的处理过程中生成凭证,并向总账管理系统进行传递；

⑤对外币业务及汇兑损益进行处理；

⑥根据设定的条件,提供各种查询及分析。

为了让使用者更全面地了解应收款管理系统,本章以第二种方案具体介绍其功能。

7.1.2 应收款管理系统与其他系统间的主要关系

①销售管理系统向应收款管理系统传递已复核的销售发票、销售调拨单及代垫费用单,应收款管理系统对发票等进行审核并做收款结算处理,生成凭证；应收款管理系统为销售管理系统提供各种单据的收款结算情况及代垫费用的核销情况。

②应收款管理系统和应付款管理系统间可以进行转账处理。

③应收款管理系统向总账管理系统传递凭证。

④应收款管理系统向财务分析系统提供各种分析数据。

⑤应收款管理系统向 UFO 报表提供应用函数。

⑥应收款管理系统与网上银行进行付款单的导入和导出。

以上关系如图 7-1 所示。

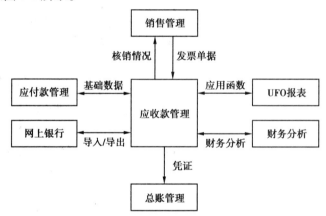

图 7-1 应收款管理系统与其他系统间的主要关系

7.1.3 应收款管理系统的业务处理流程

应收款管理系统的业务处理流程如图 7-2 所示。

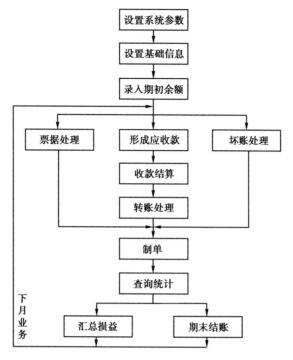

图 7-2　应收款管理系统的业务处理流程

7.2　输入期初数据

7.2.1　系统启用

用户要使用用友 ERP-U8 中某个产品的系统模块,必须先启用该系统。以应收款管理系统为例,启用方法如下:

登录用友 ERP-U8 企业应用平台,选择【设置】页签中的【基本信息】→【系统启用】,在弹出的"系统启用"窗口中勾选系统编码为"AR"的应收款管理子系统并选择启用时间,如图 7-3 所示。

7.2.2　账套参数设置

使用应收款管理系统之前,应根据单位需要设置合适的账套参数。启用本系统后,在"业务"页签中打开【财务会计】→【应收款管理】→【设置】菜单,选择【选项】,打开"账套参数设置"窗口,其中包含"常规""凭证""权限与预警"3 个选项卡。

①"常规"选项卡中的参数设置如图 7-4 所示。

应收款核销方式:系统提供按单据、按产品两种方式。

单据审核日期依据:提供单据日期、业务日期两种确认单据审核日期的依据。

汇兑损益方式:有外币余额结清时计算、月末处理两种备选项。

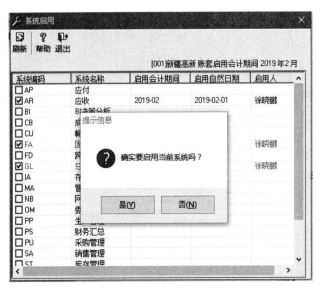

图 7-3　应收款管理系统启用

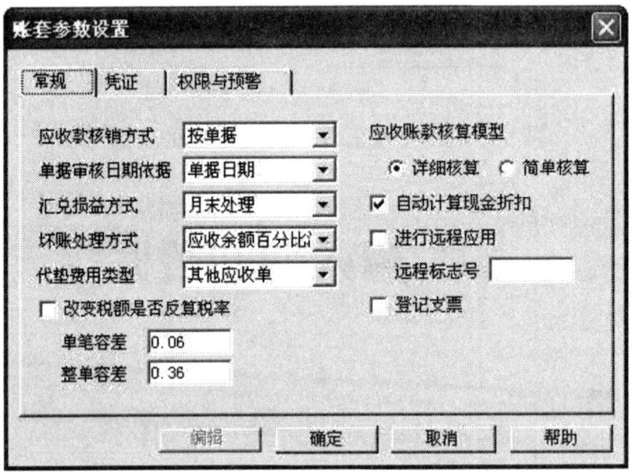

图 7-4　应收款管理账套参数设置——常规

坏账处理方式:备选项为直接转销法和备抵法,如选择备抵法,还需从应收余额百分比法、销售收入百分比法、账龄分析法中选取一种具体方法。

代垫费用类型:此选项定义从销售系统传递的代垫费用单在应收系统中用何种单据类型进行接收。系统默认为"其他应收单",用户也可在初始设置中的单据类型设置中自定义单据类型,然后在此处更改选择。

应收账款核算模型:选择详细核算或简单核算。系统默认设置为"详细核算",此处的选择一旦在应收款管理系统中进行过业务处理(含期初数据录入)后即不可更改。

是否自动计算现金折扣:如勾选此项,则在发票或应收单中输入付款条件后,在核销处理界面中系统将依据付款条件自动计算该发票或应收单可享受的折扣。

是否进行远程应用:如用户在异地有应收业务,则可通过勾选此项在两地间进行收付款单等的传递。

是否登记支票:勾选此项,则系统自动将具有票据管理结算方式的付款单登记支票登记簿。但此项需首行在总部总账系统选项中选择"支票控制"。

改变税额是否反算税率;本参数只能在销售系统未启用时设置。启用销售系统后该项不可更改。

②"凭证"选项卡中的参数设置如图 7-5 所示。

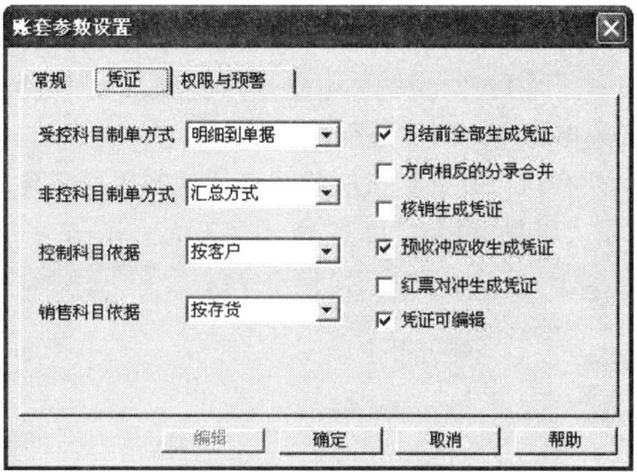

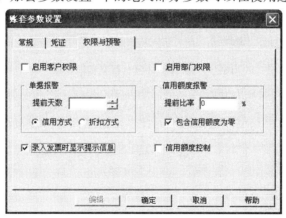

图 7-5　应收款管理账套参数设置——凭证

③"权限与预警"选项卡中的参数设置如图 7-6 所示。

该选项卡一般取系统默认设置,可以根据需要选择"是否根据信用额度自动报警",勾选此项,系统会自动计算发票或应收单的信用比例是否达到报警条件,符合条件则显示信用期报警单。(登录用户需拥有信用额度报警单查看权限)

【注意】

除特别说明外,"账套参数设置"中的绝大部分参数可以在使用过程中进行修改。

图 7-6　应收款管理账套参数设置——权限与预警

7.2.3　基础信息设置

应收、应付款管理系统的基础信息设置主要是对常用科目、坏账准备、账龄区间、报警级别、存货分类档案、单据类型和单据格式进行设置。其他如部门档案、职员档案、结算方式、客户分类及档案等信息已在系统管理和总账管理初始设置中完成,由各管理模块共享。

1）设置科目

应收、应付款管理系统的业务类型相对固定时,生成的凭证类型也较固定,因此为简化凭证生成操作,提高效率,可以在此处预先设置好各业务类型凭证中的常用科目。

【操作方法】

在"业务"页签中,打开【财务会计】→【应收款管理】→【设置】菜单,选择【初始设置】,打开"设置科目"菜单可进行四类科目设置。

①基本科目设置:用户可以在此定义应收系统凭证制单所需要的基本科目。如应收科目、预收科目、销售收入科目、税金科目等,如图 7-7 所示。

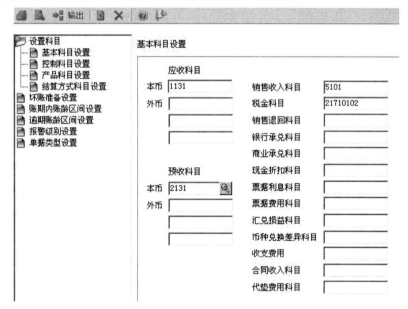

图 7-7 设置科目——基本科目设置

②控制科目设置:进行应收科目、预收科目的设置,如图 7-8 所示。

图 7-8 设置科目——控制科目设置

③产品科目设置:进行销售收入、应交增值税、销售退回科目的设置。

④结算方式科目设置:进行结算方式、币种、科目的设置,如图 7-9 所示。

图 7-9　设置科目——结算方式科目设置

2) 坏账准备设置

通过坏账准备设置定义本系统内计提坏账准备比率和设置坏账准备期初余额的功能。操作方法：在"业务"页签中，打开【财务会计】→【应收款管理】→【设置】菜单，选择【初始设置】，打开"坏账准备设置"进行相应设置，如图 7-10 所示。

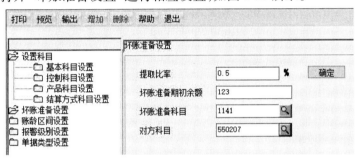

图 7-10　坏账准备设置

3) 账龄区间设置

通过账龄区间设置定义账期内应收账款或收款时间间隔，以便对应收账款进行账龄分析，评估客户信誉，并按一定的比例估计坏账损失。在"业务"页签中，打开【财务会计】→【应收款管理】→【设置】菜单，选择【初始设置】，打开"坏账准备设置"进行相应设置，如图 7-11 所示。

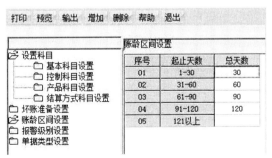

图 7-11　账龄区间设置

4) 报警级别设置

通过此功能将客户按欠款余额与其授信额度的比例分为不同的类型，以便掌握各客户信用情况。

5）单据类型设置

通过此功能将往来业务与单据类型建立对应关系。系统提供发票和应收单两大类单据。

7.2.4 期初余额

正式使用应收款管理系统处理日常业务前,要将此前发生的所有应收业务数据录入到系统中,作为期初建账的数据,以便今后的处理。当进入第二年度处理时,系统自动将上年度未处理完全的单据转成为下一年度的期初余额。用户可在下年第一个会计期间里进行期初余额的调整。

【操作方法】

①打开【应收款管理】→【设置】,选择【期初余额】,弹出"期初余额——查询"窗口,可在其中设置一定的条件查询相关单据,并对其进行修改编辑,如图7-12所示。

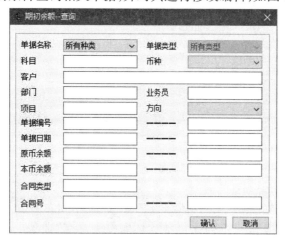

图7-12 期初余额查询窗口

②在"期初余额——查询"窗口中设置一定的单据查询条件,单击"确认",进入"期初余额明细表"界面,点击菜单栏中的"增加",在弹出的"单据类别"窗口中选择要增加的单据名称、类型和方向,如图7-13所示。

图7-13 单据类别选择

③单击"确认",屏幕出现刚才在"单据类别"中选中的单据类型的空白界面,单击菜单栏中的"增加"按钮,在空白单据中录入有关数据。单击"保存"完成数据记录,如图7-14所示。

【注意】

如为初次使用本系统,录入票据的日期必须早于本账套的启用时间;以后年度使用时,录入票据日期必须早于使用年的会计期初。

发票和应收单的方向包括正向和负向,类型包括系统预置的各类型和用户定义的类型。如果是预收款和应收票据,则不用选择方向,系统默认预收款方向为贷,应收票据方向为借。

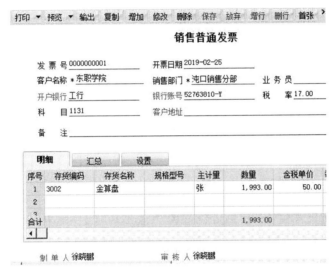

图7-14 期初余额明细录入

7.3 日常会计处理

应收款管理系统日常业务处理主要包括应收单据处理、收款单据处理、核销处理、票据管理、转账、坏账处理、单据查询等。

7.3.1 应收单据处理

应收款项是指企业因销售商品、提供劳务等发生的应向有关债务人收取的款项,是流动资产的重要组成部分。在本系统中录入销售发票或应收单,再对其进行审核,以确认应收业务的成立,作为记入应收明细账的依据。

【操作方法】

①打开【应收款管理】→【应收单据处理】菜单,在其中选择"应收票据录入",并在弹出的"单据类别"窗口中选择单据名称、类型及方向后,屏幕即出现空白票据,单击菜单栏中的"增加"按钮,即可进行票据录入,如图7-15所示。

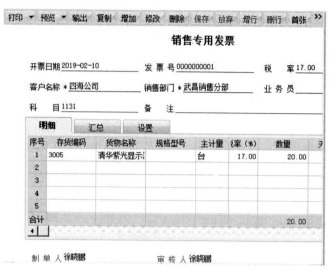

图 7-15　应收单据录入

②应收单据录入完毕,单击菜单栏中的"审核"按钮,完成对该单据的审核。系统会提示"是否立即制单",点"是"可在此时完成凭证的填制,也可以选择"否"在后期进行批量制单。

7.3.2　收款单据处理

收款单据处理主要对结算单据进行管理,包括收款单、付款单(红字收款单)的录入及审核。其中,应收、预收款性质的收款单将与发票和应收单进行核销勾对;付款单可与应收、预收性质的收款单、红字应收单和红字发票进行核销。

【操作方法】

①打开【应收款管理】→【收款单据处理】菜单,在其中选择"收款单据录入",进入收款单录入界面。单击菜单栏中的"增加"按钮,即可进行收款单录入。录入完毕单击"保存"进行确认。如图 7-16 所示。

②在【收款单处理】中选择"收款单据审核",输入过滤条件后可以进行自动审核或批量审核。

③录入完收款单后,即可单击工具栏中的"核销"按钮,进行符合条件的核销操作。

7.3.3　核销处理

核销处理指日常进行的收款核销应收款的工作。本系统通过核销处理功能帮助用户进行收款结算,即进行收款单与对应的发票、应收单据相关联,冲减本期应收。可以在录入收款单后进行单张核销,也可用系统提供的手工核销或自动核销功能进行核销。

【操作方法】

①要进行核销操作时,首先会弹出的"核销条件"窗口,如图 7-17 所示。

②在"核销条件"窗口中选择、设置相应的条件,系统即显示单据核销界面,在其中选择核销单据与被核销单据,输入本次结算金额,或单击"分摊"按钮,将结算金额分摊到被

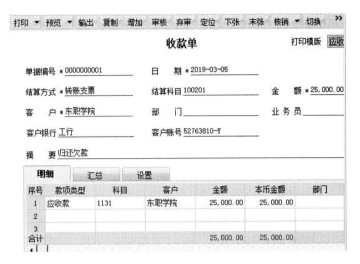

图 7-16 收款单据录入

核销单据处,可手工修改分摊金额,单击"保存"按钮,完成核销处理。如图 7-18 所示。

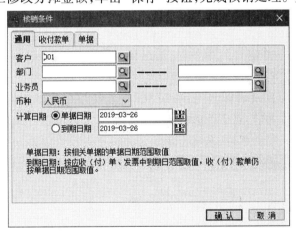

图 7-17 核销条件窗口

图 7-18 填写核销结算金额

【注意】

核销处理中的几种情况:

①收款单与原有单据完全核销:即收款单的数额等于应收单据的数额。

②核销时使用预收款：如客户事先预付部分款项，业务完成后又付清了剩余款项，且要求两笔款项同时结算，则在核销时需要使用预收款。

③核销后余款转为预收款：如与客户往来较频繁，在某笔业务完成后预计今后还会有往来业务发生，而结算该业务的收款单金额又大于本笔业务应付款，则该笔应收单完全核销后余款转为预收款。

④单据仅得到部分核销：如收到款项小于原有单据的数额，则单据仅能部分被核销，未核销余款留待下次核销。

⑤预收款余款退回：如预收往来单位款项大于实际结算的货款，可以将余款退付给往来单位。处理时按余款数额输入付款单，与原收款单核销。

7.3.4 转账

系统提供转账处理功能以满足用户调整应收账款的需要。针对不同业务类型进行调整，分为应收冲应收、预收冲应收、应收冲应付和红票对冲等。本节以应收冲应收和预收冲应收为例介绍具体的转账操作方法，其他转账类型方法类同。

1）应收冲应收

当一个客户为另一个客户代付款时，通过该功能将应收账款在客商之间进行转入、转出，实现应收业务的调整。操作方法如下：

①在【应收款管理】→【转账】中选择"应收冲应收"，在弹出的窗口中选择要转出的单据类型、转出户及转入户，点击"过滤"按钮，系统会将满足条件的单据全部列出，可以手工输入并账金额，或双击本行，系统将余额自动填充为并账金额。如图7-19所示。

图7-19 应收冲应收

②输入完有关信息后，单击"确定"按钮，系统自动进行转出、转入处理。同时询问"是否立即制单"，可以选择"是"立即进入转账制单，也可以选择"否"在后期进行批量制单。

【注意】

每笔应收款的转账金额不能超出其余额。

每次只能选择一个转入单位。

2）预收冲应收

用于处理客户的预收款（红字预收款）与该客户应收欠款（红字应收）之间的核算业务。操作方法如下：

①在【应收款管理】→【转账】中选择"预收冲应收"，弹出的窗口中包括"预收款"和"应收款"两个选项卡，在"预收款"选项卡中选择客户等信息，单击"过滤"按钮，系统列出该客户的预收款，在其中输入本次的转账金额，如图 7-20 所示。

②打开"应收款"选项卡，单击"过滤"按钮，系统列出该客户的应收款，在其中输入本次的转账金额，如图 7-21 所示。

③单击"确定"按钮，系统自动进行转账处理。同时询问"是否立即制单"，可以选择"是"立即进入转账制单，也可以选择"否"在后期进行批量制单。

【注意】

每一笔应收款的转账金额不能大于其余额。

应收款的转账金额合计应该等于预收款的转账金额合计。

在初始设置时，如将应收科目和预收科目设置为同一科目，将无法通过预收冲应收功能生成凭证。

此笔预收款也可不先冲应收款，待收到此笔货款的剩余款项并进行核销时，再同时使用此笔预收款进行核销。

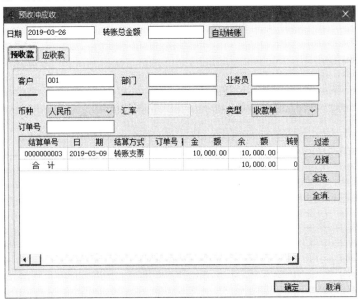

图 7-20　预收冲应收——预收款

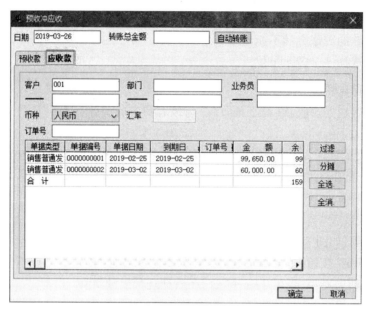

图 7-21　预收冲应收——应收款

3）应收冲应付

用于将应收款业务在客户和供应商之间进行转账,实现应收业务的调整,解决应收债权与应付债务的冲抵。

4）红票对冲

可用于客户的红字应收单据与其蓝字应收单据、收款单与付款单之间进行冲抵的操作。系统提供了自动冲销和手工冲销两种处理方式。

7.3.5　坏账处理

系统提供的坏账处理功能包括计提坏账准备、坏账发生、坏账收回和坏账查询。可以通过选择【应收款管理】→【坏账处理】中的相应栏目进行处理。

以坏账发生为例,说明坏账处理的操作方法,余项类同。

①在【应收款管理】→【坏账处理】中选择"坏账发生",打开"坏账发生"对话框,在其中选择相应的日期、客户、币种等项目,如图 7-22 所示。也可以单击"辅助条件"按钮,进行更详细的条件设置来帮助查找,如图 7-23 所示。

图 7-22　坏账发生查询

图 7-23　坏账发生辅助条件查询

②单击"确定"按钮,进入"坏账发生单据明细"窗口,系统列出该客户所有未核销的应收单据,在发生坏账的单据行输入本次发生坏账金额,单击工具栏上的"OK"按钮,如图 7-24 所示。弹出"是否立即制单"提示,可选"是"立即制单,或"否"后期制单。

全选　全消　查询　确认　帮助　退出

坏账发生单据明细

单据类型	单据编号	单据日期	到期日	余　额	部　门
销售普通发票	0000000002	2019-03-02	2019-03-02	60,000.00	武昌销售分部
合　计				60,000.00	

图 7-24　坏账发生单据明细窗口

7.3.6　制单处理

本系统中的处理分为立即制单和批量制单,前者可以在多种日常业务处理完成,系统询问是否立即制单时选择"是"进行凭证填制。后者可以在当期业务发生完毕后,进行批量制单。方法如下:

①选择【应收款管理】→【制单处理】,打开"制单查询"窗口,如图 7-25 所示。

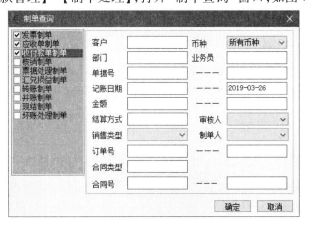

图 7-25　制单查询窗口

②在"制单查询"窗口中勾选需要进行制单的单据类型,点击"确定"按钮进入制单窗口,如图7-26所示。

图7-26　制单窗口

③在制单窗口中选择要制单的凭证类别,单击工具栏中的"All"全选按钮,进入填制凭证窗口,对凭证中的内容进行必要的完善和修改,最后单击"保存",凭证左上方出现"已生成"字样,表示该凭证已传递至总账。如图7-27所示。

④保存其他凭证,并完成其他单据类型的制单工作。

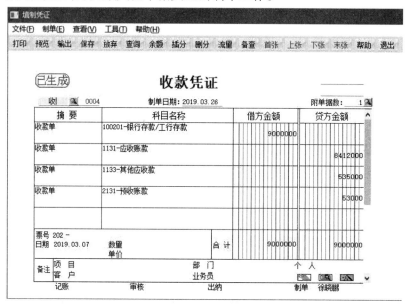

图7-27　制单完成

7.4　日常财务管理

7.4.1　单据查询

在应收款管理系统中打开【应收款管理】→【单据查询】,可以对发票、应收单、收付款单、凭证和应收核销明细表进行查询,也能在此查询单据报警和信用报警的有关信息。财务人员据此可以随时了解往来款项的核算与管理情况。

以发票查询为例,打开【应收款管理】→【单据查询】,选择"发票查询",系统自动列示出所有发票的记录,如图 7-28 所示。

　　单击工具栏上的"单据"按钮可查看选定单据的原始信息,点击"详细"按钮可查看选定单据的详细结算情况,如图 7-29 所示。

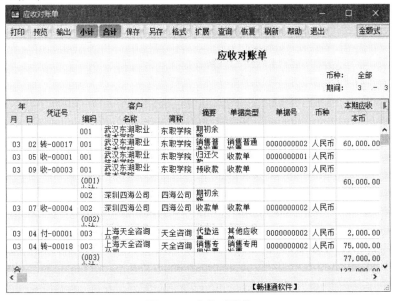

| 打印 | 预览 | 输出 | 查询 | 单据 | 详细 | 凭证 | 栏目 | 帮助 | 退出 |

发票查询

记录总数：4

单据日期	单据类型	单据编号	客户	币种	汇率	原币金额
2019-02-10	销售专用发	0000000001	深圳四海公司	人民币	1.00000000	84,120.00
2019-02-25	销售普通发	0000000001	武汉东湖职业技术学院	人民币	1.00000000	99,650.00
2019-03-02	销售普通发	0000000002	武汉东湖职业技术学院	人民币	1.00000000	60,000.00
2019-03-04	销售专用发	0000000002	上海天全咨询公司	人民币	1.00000000	75,000.00
合计						318,770.00

图 7-28　发票查询窗口

| 该单据详细结算情况： | | | | | | □ ✕ |

| 打印 | 预览 | 输出 | 帮助 | 退出 |

结算时间	核销方式	结算单号	币种	原币结算金额	原币余额	本币结算金额	本币余额
2019-03-26	预收冲应收		人民币	10,000.00	89,650.00	10,000.00	89,650.00

图 7-29　单据详细结算情况

7.4.2　账表管理

1) 业务账表

　　打开【应收款管理】→【账表管理】→【业务账表】,可以进行总账、明细账和对账单的查询,并能实现总账↔明细账↔单据的查询。通过总账及明细账查询,可以查看客户、客户分类、地区分类、部门、业务员、存货、存货分类在一定期间所发生的应收、收款余额及明细情况。例如,图 7-30 所示的应收对账单。

| 📗 应收对账单 | | | | | | | | | | — □ ✕ |

| 打印 | 预览 | 输出 | 小计 | 合计 | 保存 | 另存 | 格式 | 扩展 | 查询 | 恢复 | 刷新 | 帮助 | 退出 | 金额式 |

应收对账单

币种：　全部
期间：　3　—　3

年 月 日	凭证号	客户 编码	客户 名称	客户 简称	摘要	单据类型	单据号	币种	本期应收 本币	
		001	武汉东湖职业技术学院	东职学院	期初余					
03 02	转-00017	001	武汉东湖职业技术学院	东职学院	销售普	销售普通	0000000002	人民币	60,000.00	
03 05	收-00001	001	武汉东湖职业技术学院	东职学院	归还欠	收款单	0000000001	人民币		
03 09	收-00003	001	武汉东湖职业技术学院	东职学院	预收款	收款单	0000000003	人民币		
		(001) 小计							60,000.00	
		002	深圳四海公司	四海公司	期初余					
03 07	收-00004	002	深圳四海公司	四海公司	收款单	收款单	0000000002	人民币		
		(002)								
03 04	付-00001	003	上海天全咨询	天全咨询	代垫运	其他应收	0000000002	人民币	2,000.00	
03 04	转-00018	003	上海天全咨询	天全咨询	销售专	销售专用	0000000002	人民币	75,000.00	
		(003) 小计							77,000.00	
合									137,000.00	

【畅捷通软件】

图 7-30　应收对账单

2)统计分析

打开【应收款管理】→【账表管理】→【统计分析】,可以对应收账龄、收款账龄及欠款进行分析,并对收款进行预测。例如,图 7-31 所示的收款预测。

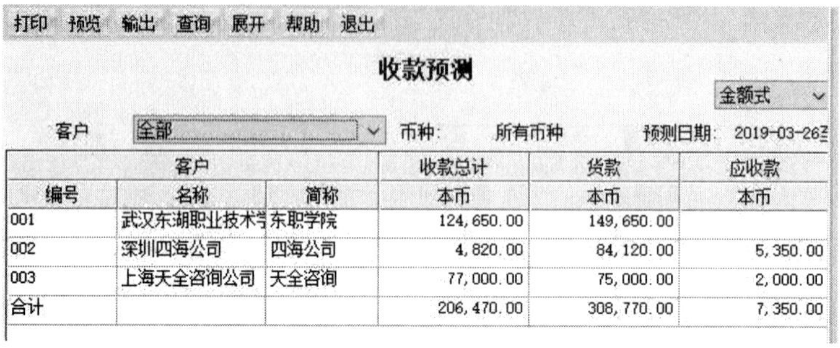

客户			收款总计	货款	应收款
编号	名称	简称	本币	本币	本币
001	武汉东湖职业技术学	东职学院	124,650.00	149,650.00	
002	深圳四海公司	四海公司	4,820.00	84,120.00	5,350.00
003	上海天全咨询公司	天全咨询	77,000.00	75,000.00	2,000.00
合计			206,470.00	308,770.00	7,350.00

图 7-31 收款预测

3)科目账查询

打开【应收款管理】→【账表管理】→【科目账查询】,可以查询科目明细账及科目余额表。如图 7-32 和图 7-33 所示。

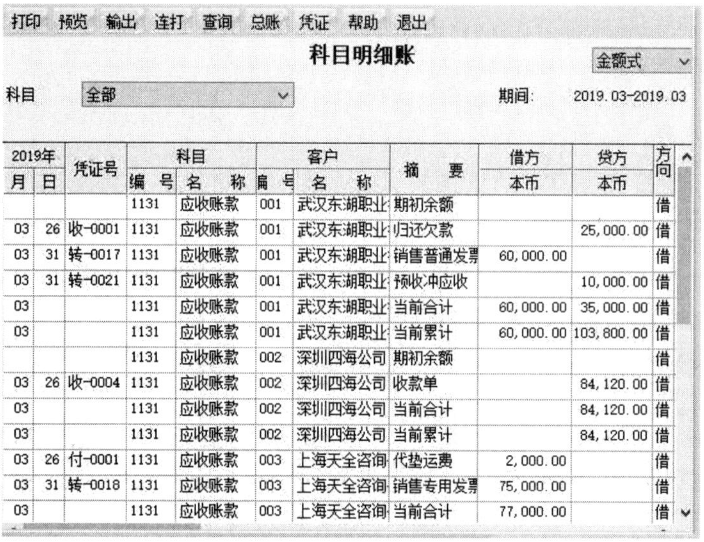

2019年		凭证号	科目		客户		摘要	借方	贷方	方向
月	日		编号	名称	编号	名称		本币	本币	
			1131	应收账款	001	武汉东湖职业	期初余额			借
03	26	收-0001	1131	应收账款	001	武汉东湖职业	归还欠款		25,000.00	借
03	31	转-0017	1131	应收账款	001	武汉东湖职业	销售普通发票	60,000.00		借
03	31	转-0021	1131	应收账款	001	武汉东湖职业	预收冲应收		10,000.00	借
03			1131	应收账款	001	武汉东湖职业	当前合计	60,000.00	35,000.00	借
03			1131	应收账款	001	武汉东湖职业	当前累计	60,000.00	103,800.00	借
			1131	应收账款	002	深圳四海公司	期初余额			借
03	26	收-0004	1131	应收账款	002	深圳四海公司	收款单		84,120.00	借
03			1131	应收账款	002	深圳四海公司	当前合计		84,120.00	借
03			1131	应收账款	002	深圳四海公司	当前累计		84,120.00	借
03	26	付-0001	1131	应收账款	003	上海天全咨询	代垫运费	2,000.00		借
03	31	转-0018	1131	应收账款	003	上海天全咨询	销售专用发票	75,000.00		借
03			1131	应收账款	003	上海天全咨询	当前合计	77,000.00		借

图 7-32 科目明细账

4)自定义账表

打开【应收款管理】→【账表管理】→【我的账表】,可以建立符合财务人员需要的账簿和自定义账夹。

图 7-33　科目余额表

7.5　期末会计事项处理

7.5.1　月末结账

如果当月各业务已经处理完毕,即可进行月末结账。当月结账后,才能开始下月的业务处理。

【操作方法】

①打开【应收款管理】→【期末处理】,选择"月末结账",弹出月末处理窗口,选择要结账的月份,双击该月的"结账标志"一栏,如图 7-34 所示。

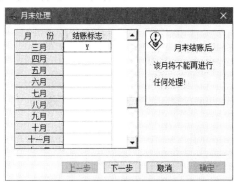

图 7-34　月末结账

②单击"下一步"按钮,系统将月末结账的检查结果列示,可以通过双击其中的某项来检查该项的详细信息,如图 7-35 所示。

③单击"完成"执行结账功能,提示"结账成功",如图 7-36 所示。

【注意】

进行月末处理时,一次只能选择一个月进行结账,前月未结账,本月不能结账。

结算单未审核完毕不能结账。

年末结账前,应对所有核销、坏账、转账等处理全部制单。

执行月末结账功能后,该月不能再进行任何业务处理。

图 7-35　月末结账检查

图 7-36　月末结账成功

7.5.2　取消月结

应收款管理系统的该功能可取消最近月份的结账状态。

【操作方法】

①打开【应收款管理】→【期末处理】,选择"取消月结",打开"取消结账"窗口,在"结账标志"栏中,已经用红色字在最新可进行取消月结操作的月份中标示了"已结账",如图7-37 所示。

图 7-37　取消月结

②直接单击"确定"按钮,系统提示"取消结账成功",如图 7-38 所示。

图 7-38　取消月结成功

本章小结

本章主要介绍了应收管理模块的应用。应收款管理着重实现企业对应收款所进行的核算与管理,以发票、费用单、其他应收单等原始单据为依据,记录销售业务以及其他业务所形成的应收款项,处理应收款项的收回与坏账、转账等业务,同时提供票据处理功能,实现对承兑汇票的管理。应付款管理着重实现企业对应付款进行的核算与管理,以发票、费用单等原始单据为依据,记录采购及其他业务所形成的往来款项,处理应付款项的支付、转账等业务,同时提供票据处理功能,实现对承兑汇票的管理。

思考与练习

1.在应收款管理子系统中,要输入哪些业务单据?

2.在应收款管理子系统如何自动生成会计凭证?

3.在应付款管理子系统中,要输入哪些业务单据?

4.在应付款管理子系统如何自动生成会计凭证?

第8章 报表管理系统

学习目标

通过本章学习,了解报表管理系统基本概念和基本约定;掌握报表模板如何使用;了解报表汇总、输出及图形分析。

8.1 报表管理系统概述

电子报表处理系统(UFO)是用友软件的一个重要组成部分,利用该系统可以对已经在账务处理系统中记账的各种经济业务资料进行分析、统计、汇总,并输出各种各样的财经报表和其他专业报表,有效地帮助企业财务人员完成企业的财务核算管理工作。

UFO 报表具有良好的移植性,可以打开其他格式的文件,实现不同格式之间的数据转换。随着互联网的发展,企事业单位逐渐对网络数据提出了新的要求,UFO 还可以把本系统处理的数据表格生成 HTML 文件,为互联网提供有效的数据。

8.1.1 报表管理系统功能概述

UFO 报表与其他电子表格的最大区别在于它是真正的三维立体表,在此基础上提供了丰富的实用功能,完全实现了三维立体表的四维处理能力。

1) 文件管理功能

UFO 报表提供了创建新文件、打开已有的文件、保存文件、备份文件等文件管理功能,并且能够进行不同文件格式的转换。UFO 报表的文件可以转换为 ACCESS 文件、MSEXCEL 文件、LOTUS1-2-3 文件、文本文件、XML 文件、HTML 文件。上述格式的文件也可转换为 UFO 报表文件。

文件管理器,以类似 Windows 资源管理器的风格,将 UFO 的文件统一管理,同时支持按预先设置的邮件地址将相应文件发送到对应邮件地址。

另 U861 按照国家标准《信息技术会计核算软件数据接口》(GB/T 19581—2004),新增财务标准格式输出账表功能。

2）格式管理功能

UFO 报表提供了丰富的格式设计功能。如设置表尺寸、画表格线（包括斜线）、调整行高列宽、设置字体和颜色等，可以制作符合各种要求的报表。并且内置了 11 种套用格式和 21 个行业的标准财务报表模板，可以轻轻松松制表。

3）数据处理功能

UFO 报表以固定的格式管理大量不同的表页，能将多达 99 999 张具有相同格式的报表资料统一在一个报表文件中管理，并且在每张表页之间建立有机的联系。提供了排序、审核、舍位平衡、汇总功能；提供了绝对单元公式和相对单元公式，可以方便、迅速地定义计算公式；提供了种类丰富的函数，可以从账务系统、应收系统、应付系统、薪资系统、固定资产系统、销售系统、采购系统、库存系统等用友产品中提取数据，生成财务报表。

4）图形功能

UFO 报表提供了很强的图形分析功能，可以很方便地进行图形数据组织，制作包括直方图、立体图、饼图、折线图等 10 种图式的分析图表。可以编辑图表的位置、大小、标题、字体、颜色等，并打印输出图表。

5）丰富的打印功能

所见即所得：屏幕显示内容和位置与打印效果一致。

打印预览功能：随时观看报表或图形的打印效果。

首页尾页功能：自动重复打印报表的表头和表尾。

自动分页功能：根据纸张大小和页面设置，对普通报表和超宽表自动分页。

强制分页功能：可以根据用户需要进行强制分页。

全表打印功能：可以连续打印多张表页。

缩放打印功能：可以在 0.3 到 3 倍之间缩放打印。

控制打印方向、打印品质功能：可以横向或纵向打印。

6）强大的二次开发功能

提供批命令和自定义菜单，自动记录命令窗中输入的多个命令，可将有规律性的操作过程编制成批命令文件。提供了 Windows 风格的自定义菜单，综合利用批命令，可以在短时间内开发出本企业的专用系统。

7）更加强大的数据处理功能

数据量增大，一个 UFO 报表能同时容纳 99 999 张表页，每张表页可容纳 9999 行×255 列，支持绝对计算公式和相对计算公式，支持单值表达式和多值表达式，可以分类打印各类公式及数据状态下的内容，支持对数据的立体透视，并且可以保存透视结果，新增自动求和，调整表页的行高列宽功能。

8）提供数据接口

可直接打开多种文件格式的文件，如文本文件、ACCSE 文件、MSEXCEL 文件和 LO-

TUS1-2-3(4.0 版)文件。UFO 报表文件也可以方便地转换为文本文件、ACCSE 文件、MSEXCEL 文件和 LOTUS1-2-3(4.0 版)文件。UFO 报表还可以把文本文件和 SQL 数据库文件的数据直接取到当前报表中,进行数据处理。提供同其他财务软件文件转换接口(文件的导入及导出)功能。

9)提供行业报表模板

提供了多个行业的标准财务报表模板,包括最新的《现金流量表》,可以轻松生成复杂报表。提供自定义模板的新功能,可以根据本单位的实际需要定制模板。

10)提供联查明细账功能

提供在报表上联查明细账功能,用户可以通过此功能查询与报表数据相关账务系统中的明细账来进行数据的查询分析。

8.1.2　报表管理系统与其他系统主要关系

报表管理系统与其他系统主要关系,如图 8-1 所示。

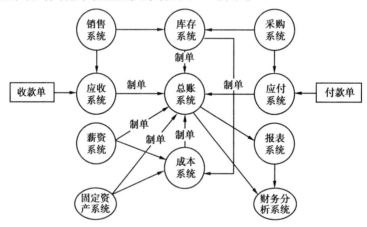

图 8-1　报表管理系统与其他系统主要关系

8.1.3　报表管理系统的基本操作流程

编制会计报表是每一个会计期末最主要的工作之一,会计报表的编制过程具有很强的规律性。在手工条件下,会计报表编制的基本过程可分为 4 个步骤:设计并绘制表格线条及有关说明文字;查阅账簿内容;计算并填写数据;根据数据间的钩稽关系检查数据的正确性。尽管目前大部分表是由上级部门统一设计并印制好的固定格式报表,但从总体来看这一基本步骤仍然是存在的。

报表编制工作在计算机上完成,其基本处理流程与手工并没有什么大的区别,但每一步骤的具体工作方法却大不相同。根据计算机编制报表的工作内容,会计报表软件的工作流程可分为以下 4 个步骤:报表名称登记;报表格式及数据处理公式设置;报表编制;报表输出。如图 8-2 所示。

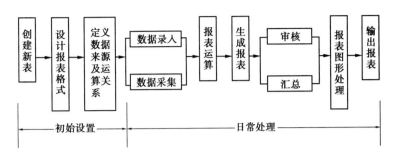

图 8-2　报表基本处理流程

8.1.4　基本概念

1）格式状态和数据状态

UFO 将含有数据的报表分为两大部分来处理,即报表格式设计工作与报表数据处理工作。报表格式设计工作和报表数据处理工作是在不同的状态下进行的。实现状态切换的是一个特别重要的按钮——格式/数据按钮,如图 8-3 所示,点取这个按钮可以在格式状态和数据状态之间切换。

格式状态:在格式状态下设计报表的格式,如表尺寸、行高列宽、单元属性、单元风格、组合单元、关键字、可变区等。报表的 4 类公式:单元公式(计算公式)、审核公式、舍位平衡公式也在格式状态下定义。在格式状态下所做的操作对本报表所有的表页都发生作用。在格式状态下不能进行数据的录入、计算等操作。

在格式状态下时,所看到的是报表的格式,报表的数据全部都隐藏了。

数据状态:在数据状态下管理报表的数据,如输入数据、增加或删除表页、审核、舍位平衡、做图形、汇总报表等。在数据状态下不能修改报表的格式。在数据状态下时,看到的是报表的全部内容,包括格式和数据。

2）单元

单元是组成报表的最小单位,单元名称由所在行、列标识。行号用数字 1~9999 表示,列标用字母 A~IU 表示。例如:D22 表示第 4 列第 22 行的那个单元。

3）单元类型

单元有以下 3 种类型:

数值单元:是报表的数据,在数据状态下(格式/数据按钮显示为"数据"时)输入。数值单元的内容可以是 $1.7 \times 10e^{-308} \sim 1.7 \times 10e^{308}$ 之间的任何数(15 位有效数字),数字可以直接输入或由单元中存放的单元公式运算生成。建立一个新表时,所有单元的类型缺省为数值。

字符单元:是报表的数据,在数据状态下输入。字符单元的内容可以是汉字、字母、数字及各种键盘可输入的符号组成的一串字符,一个单元中最多可输入 63 个字符或 31 个汉字。字符单元的内容也可由单元公式生成。

表样单元:是报表的格式,是定义一个没有数据的空表所需的所有文字、符号或数

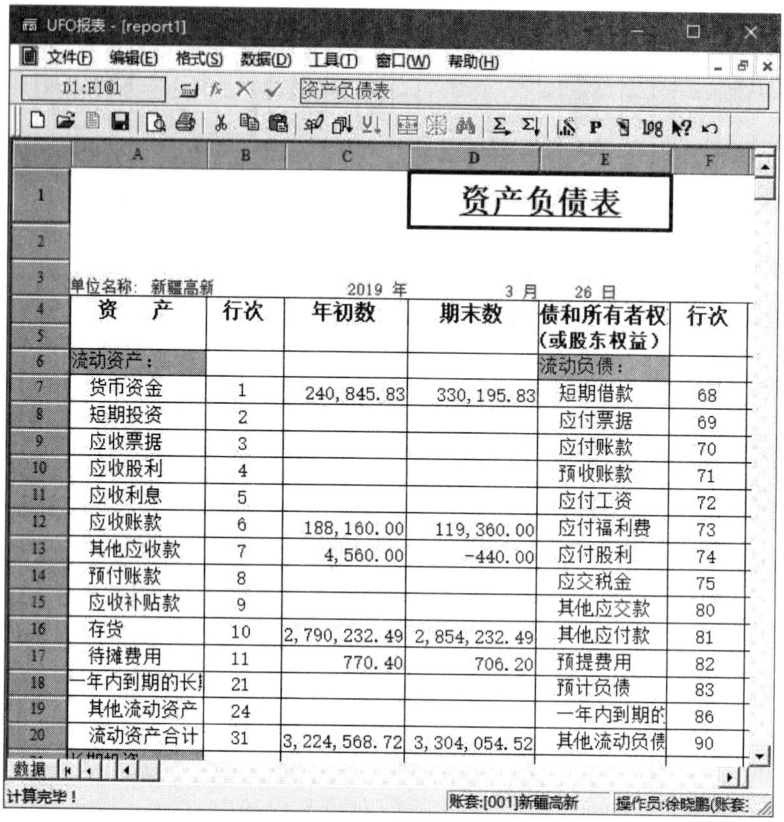

图 8-3 UFO 窗口

字。一旦单元被定义为表样,那么在其中输入的内容对所有表页都有效。

表样在格式状态下输入和修改,在数据状态下不允许修改。一个单元中最多可输入 63 个字符或 31 个汉字。

4)组合单元

组合单元由相邻的两个或更多的单元组成,这些单元必须是同一种单元类型(表样、数值、字符),UFO 在处理报表时将组合单元视为一个单元。可以组合同一行相邻的几个单元,可以组合同一列相邻的几个单元,也可以把一个多行多列的平面区域设为一个组合单元。

组合单元的名称可以用区域的名称或区域中的单元的名称来表示。例如,把 B2 到 B3 定义为一个组合单元,这个组合单元可以用"B2""B3"或"B2:B3"表示。

5)区域

区域由一张表页上的一组单元组成,自起点单元至终点单元是一个完整的矩阵。

在 UFO 中,区域是二维的,最大的区域是一个二维表的所有单元(整个表页),最小的区域是一个单元。

6)表页

一个 UFO 报表最多可容纳 99 999 张表页,每一张表页是由许多单元组成的。一个报表中的所有表页具有相同的格式,但其中的数据不同。表页在报表中的序号在表页的下方以标签的形式出现,称为"页标"。页标用"第 1 页"~"第 99999 页"表示。

7)二维表

确定某一数据位置的要素称为"维"。在一张有方格的纸上填写一个数,这个数的位置可通过行和列(二维)来描述。如果将一张有方格的纸称为表,那么这个表就是二维表,通过行(横轴)和列(纵轴)可以找到这个二维表中的任何位置的数据。

8)三维表

如果将多个相同的二维表叠在一起,找到某一个数据的要素需增加一个,即表页号(Z 轴)。这一叠称为一个三维表。

如果将多个不同的三维表放在一起,要从多个三维表中找到一个数据,又需增加一个要素,即表名。三维表中的表间操作即称为"四维运算"。

9)报表的大小

行数:1~9999 　(缺省值为 50 行)

列数:1~255 　(缺省值为 7 列)

行高:0~480 　(缺省值为 15)

列宽:0~640 　(缺省值为 75)

表页数:1~99 999 页(缺省值为 1 页)

10)固定区及可变区

固定区是组成一个区域的行数和列数的数量是固定的数目。一旦设定好以后,在固定区域内其单元总数是不变的。

可变区是屏幕显示一个区域的行数或列数是不固定的数字,可变区的最大行数或最大列数是在格式设计中设定的。

在一个报表中只能设置一个可变区,或是行可变区或是列可变区。行可变区是指可变区中的行数是可变的;列可变区是指可变区中的列数是可变的。设置可变区后,屏幕只显示可变区的第一行或第一列,其他可变行列隐藏在表体内。在以后的数据操作中,可变行列数随着需要而增减。

11)固定表及可变表

有可变区的报表称为可变表。没有可变区的表称为固定表。

12)关键字

关键字是游离于单元之外的特殊数据单元,可以唯一标识一个表页,用于在大量表页中快速选择表页。

UFO 共提供了以下 6 种关键字,关键字的显示位置在格式状态下设置,关键字的值则在数据状态下录入,每个报表可以定义多个关键字。

单位名称:字符(最大 30 个字符),为该报表表页编制单位的名称。

单位编号:字符型(最大 10 个字符),为该报表表页编制单位的编号。

年:数字型(1904~2100),该报表表页反映的年度。

季:数字型(1~4),该报表表页反映的季度。

月:数字型(1~12),该报表表页反映的月份。

日:数字型(1~31),该报表表页反映的日期。

13)筛选

筛选是在执行 UFO 的命令或函数时,根据用户指定的筛选条件,对报表中每一个表页或每一个可变行(列)进行判断,只处理符合筛选条件的表页或可变行(列);不处理不符合筛选条件的表页或可变行(列)。

筛选条件分为表页筛选条件和可变区筛选条件。表页筛选条件指定要处理的表页;可变区筛选条件指定要处理的可变行或可变列。筛选条件跟在命令、函数的后面,用"FOR<筛选条件>"来表示。

14)关联

(1)关联

UFO 报表中的数据有着特殊的经济含义,因此报表数据不是孤立存在的,一张报表中不同表页的数据或多个报表中的数据可能存在着这样或那样的经济关系或钩稽关系,要根据这种对应关系找到相关联的数据进行引用,就需要定义关联条件。UFO 在多个报表之间操作时,主要通过关联条件来实现数据组织。

关联条件跟在命令、函数的后面,用"RELATION<关联条件>"来表示。如果有筛选条件,则关联条件应跟在筛选条件的后面。

(2)关联条件

关联条件即描述表页间的对应关系,可以利用关联条件来引用本表它页的数据或其他表页的数据。

关联条件的格式为:

RELATION<单值表达式 1>WITH<单值表达式 2>[,<单值表达式 11>WITH<单值表达式 22>]

说明:其中"RELATION"为关联条件关键字,关联条件可以有多个,每个同类关系之间用","隔开。当<单值表达式 1>与<单值表达式 2>相等时,关联关系成立,否则关联关系不成立。

例如:……RELATION 月 WITH "ZJB"->月

表示在"ZJB"表中,找到和本表当前表页的关键字"月"的值相等的表页。(如果"ZJB"为本表表名,则为同表关联)。

……RELATION 2 WITH "ZJB"->季

表示在"ZJB"表中,找到 2 季度的表页。(如果"ZJB"为本表表名,则为本表关联)。

15)筛选条件

(1)筛选条件

筛选条件跟在命令、函数的后面,用"FOR<筛选条件>"来表示。执行命令或函数时,对报表中每一个表页或每一个可变行(列)进行条件比较,使命令或函数只处理符合筛选条件的表页或可变行(列);不处理不符合筛选条件的表页或可变行(列)。筛选条件又分为表页筛选条件和可变区筛选条件。

筛选条件的格式为:

FOR<表页筛选条件><;可变区筛选条件>

其中:表页筛选条件确定要处理的表页,若省略则指当前表页;ALL 表示选择所有的表页。可变区筛选条件表示要处理的可变行或可变列,省略则表示当前光标所在可变行(列);ALL 表示整个可变区。表页筛选条件和可变区筛选条件之间要用";"隔开。

(2)表页筛选条件

在所有的表页中选出符合条件的表页进行处理。筛选条件可以省略,省略时表示只处理当前表页,ALL 则代表所有表页。

例如:……FOR C1 >=A1.B1

表示处理所有满足 C1 单元大于等于 A1 和 B1 二单元之和的表页。

……FOR ALL

表示处理当前报表所有的表页。

【说明】在单元公式中,如果省略表页筛选条件,则计算所有的表页。

8.1.5　基本约定

1)行的表示

行:用#<行号>表示,行号为 1~9999 的数字。如#2 表示当前表页的第 2 行。

最大行:用##表示当前表页的最大行。

2)列的表示

列:用<列标>或! <列号>表示。

(1)<列标>:列标为 A~IU 的字母。如 B 表示 B 列,超过 26 列时,用 26 进制的方法表示,如第 28 列表示为 AB。

(2)! <列号>:列号为 1~255 的数字。如! 2(等同于 B)

最大列:用!! 表示当前表页的最大列。

3)表页的表示

表页:以@ <表页号>表示表页,表页号为 1~99999 的数字。如@ 2 表示第 2 页。

当前表页:以@ 表示当前正在处理的表页。

最大表页:以@ @ 表示最大表页。

4)报表的表示

报表名必须用""括起来,例如,利润表应表示为"利润表"。当报表名用来表示数据的位置时,在报表名的后面应跟减号和大于号。

例如:表示利润表中第 10 页的 D5 单元时,应该用"利润表"->D5@ 10 表示。

5）单元的表示

单元名称:单元名称可以用下面几种形式表示:

①<列标><行号>:如 A2 表示 A 列中的第 2 个单元。

②<列标>#<行号>:如 A#2(等同于 A2)

③! <列号>#<行号>:如! 1#2(等同于 A2)

④!! ##:表示当前表页的最大单元(以屏幕显示的最大行列数为准,不是表尺寸。)

单元描述:有以下几种方法。

①单元的完整描述为:

"报表名"->单元名称>@ 表页号

例如:在报表"利润表"第 5 张表页上的 A11 单元表示为:"利润表"->A11@ 5

当表页号省略时,即单元描述为"报表名"->单元名称>时,系统默认为单元在指定报表的第 1 页上。

②单元在当前正在处理的报表上时,报表名可以省略。

单元表示为:<单元名称>@ 表页号

例如,在当前报表第 5 张表页上的 A11 单元表示为:A11@ 5。

③单元在当前报表的当前表页上时,报表名和表页号可以省略。

单元表示为:<单元名称>

例如,在当前表页上的 A11 单元表示为:A11。

6）区域的表示

区域的表示,如图 8-4 所示。

单元名称: A			单元名称: B
单元名称: D			单元名称: C

图 8-4 区域

区域名称:区域名称可以用以下几种方式表示:

(1)<单元名称>:<单元名称>

用形成区域对角线的两个单元的单元名称表示,不分先后顺序。

以上区域可以用下面 4 种方法表示:

A:C C:A B:D D:B

(2)<行>

例如:"#5"表示第 5 行所有单元组成的区域。

"##"表示表页中最后一行所有单元组成的区域。

(3)<列>

例如:"B"或"! 2"表示 B 列所有单元组成的区域。

"!!"表示表页中最后一列所有单元组成的区域。

（4）<行>:<行>

例如:"#5:#7"表示第 5 行到第 7 行所有单元组成的区域。

"#1:##"表示整个表页的区域。

（5）<列>:<列>

例如:"B:D"或"!2:!4"或"B:!4"或"!2:D"表示 B 列到 D 列所有单元组成的区域。

"A:!!"或"!1:!!"表示整个表页的区域。

区域描述:区域描述有以下几种方法。

①区域的完整描述为:

"报表名"->< 区域名称>@ 表页号

例如:在报表"利润表"第 5 张表页上的 A1:A11 区域表示为:

$$"利润表"->A1:A11@5$$

当表页号省略时,即单元描述为"报表名"->< 区域名称>时,系统默认为区域在指定报表的第 1 页上。

②区域在当前正在处理的报表上时,报表名可以省略。

区域表示为:<区域名称>@ 表页号

例如:在当前报表第 5 张表页上的 A1:A11 区域表示为"A1:A11@5"。

③区域在当前表页上时,报表名和表页号可以省略。

区域表示为:<区域名称>

例如:在当前表页上的 A1:A11 区域表示为"A1:A11"。

【说明】

描述区域时在":"两边的单元名称应统一,不能混用可变区描述和固定区描述。

例如:区域可以表示为"B2:B5"或"V_B1:V_B4",不能表示为"B2:V_B4"或"V_B1:B5"。

7）可变区的表示

可变区中的行、列、单元、区域可以同样用行、列、单元、区域的绝对地址表示。可变区还有另外一套特殊的表示方法,即用"V_<可变区内相对地址>"表示。由于可变区分为行可变区和列可变区,同样一个名称在行可变区时和在列可变区时会有不同的含义。

例如:"V_1"在行可变区时表示第 1 可变行(整行) ;"V_1"在列可变区时表示第 1 行在列可变区中的部分(非整行) 。

（1）可变区中的行

行可变区中的可变行或列可变区中的行,可以用两种方法表示:

①V_<行号>

例如:"V_1"表示行可变区的第 1 可变行;或者列可变区中的第 1 行。

②V_#<行号>

例如:"V_#1"表示行可变区的第 1 可变行;或者列可变区中的第 1 行。

（2）可变区中的列

行可变区中的列或列可变区中的可变列，可以用两种方法表示：

①V_<列标>

例如："V_A"表示行可变区中的第 1 列；或者列可变区中的第 1 可变列。

②V_! <列号>

例如："V_! 1"表示行可变区中的第 1 列；或者列可变区中的第 1 可变列。

（3）可变区中的单元

可变区中的单元用 V_<可变区内相对地址>表示。

（4）可变区区域名称

可变区区域名称可以用下面几种形式表示：

①<V_单元名称>:<V_单元名称>

例如："V_A1:V_C1"表示行可变区中的第 1 行前 3 个单元组成的区域；或者 A1:C1 区域（列可变区时）。

②<V_行号>

例如："V_1"或"V_#1"表示行可变区中的第 1 行所有单元组成的区域；或者列可变区的第 1 行所有单元组成的区域。

③<V_列标>

例如："V_A"或"V_! 1"表示行可变区的 A 列所有单元组成的区域；或者列可变区中的第 1 列。

④<V_行号>:<V_行号>

例如："V_1:V_2"表示行可变区中的第 1 行到第 2 行所有单元组成的区域；或者列可变区的第 1 行到第 2 行所有单元组成的区域。

⑤<V_列标>:<V_列标>

例如："V_A:V_B"表示行可变区中的 A 列到 B 列所有单元组成的区域；或者列可变区的第 1 列到第 2 列所有单元组成的区域。

【说明】

描述区域时，在"："两边的单元名称应统一，不能混用可变区描述和固定区描述。

例如：区域可以表示为 B2:B5 或 V_B1:V_B4，不能表示为 B2:V_B4 或 V_B1:B5。

8）算术运算符

算术运算符是在描述运算公式时采用的符号，UFO 可使用的算术运算符及运算符的优先顺序如表 8-1 所示。

表 8-1 算术运算符及运算符

顺　序	算术运算符	运算内容
1	^	平方
2	*、√	乘、除
3	+、−	加、减

9）比较运算符

UFO 有下列比较运算符，如表 8-2 所示。

表 8-2　比较运算符

符　　号	含　　义
=	等于
>	大于
<	小于
<>	不等于
>=	大于或等于
<=	小于或等于

10）逻辑运算连接符

UFO 有下列逻辑运算连接符，如表 8-3 所示。

表 8-3　逻辑运算连接符

符　　号	含　　义
AND	与（并且）
OR	或（或者）
NOT	非

【注意】

逻辑运算符在使用时，如与其他内容相连接，必须至少有一个前置空格和一个后置空格。

如：A1＝B1　AND　B2＝B3，　NOT　A＝B　为正确的。

　　A1＝B1ANDB2＝B3，NOTA＝B　　　　　为错误的。

11）算术表达式

运算符、区域和单元、常数、变量、关键字、非逻辑类函数以及算术表达式的组合，其结果为一个确定值。表达式中括号嵌套应在 5 层以下。

算术表达式又分为单值和多值算术表达式。

单值算术表达式：其结果为一个数值，也可为一个单纯的常数，可将其赋值给一个单元。

例如：C1＝10

　　　C2＝A1.B1

等号后面的式子即为单值算术表达式。

多值算术表达式：其结果为多个数值，可将其运算结果赋值给多个单元。

例如：C1：C10＝A1：A10＋B1：B10（表示 C1＝A1＋B1，C2＝A2＋B2，…，C10＝A10＋B10）

C1：C10 = 100(表示 C1 = 100,C2 = 100,…,C10 = 100)

等号后面的式子即为多值算术表达式。

12)条件表达式(逻辑表达式)

利用比较运算符、逻辑运算符和算术表达式形成的判定条件,其结果只有两个,即 1(真),0(假)。

例 1:D5>= 100 表示比较 D5 单元的值和数字"100",如果 D5 单元的值大于或等于100,则条件表达式为真,否则为假。

例 2:月<= 6 表示比较关键字"月"的值和数字"6",如果关键字"月"的值小于或等于 6,则条件表达式为真,否则为假。

8.2 报表模板的使用

UFO 提供的报表模板包括了 11 种套用格式和 21 个行业的 70 多张标准财务报表。用户可以根据所在行业挑选相应的报表套用其格式及计算公式。

8.2.1 调用报表模板

调用系统已有的报表模板,如果该报表模板与实际需要的报表格式或公式不完全一致,可以在此基础上稍作修改即可快速得到所需要的报表格式和公式。

【操作步骤】

①进入 UFO 报表系统。执行"文件"|"新建"命令,系统自动生成一张空白表,如图8-5 所示。

②执行"格式"|"报表模板"命令,打开"报表模板"对话框。

③在"您所在的行业"下拉列表框中选择"新会计制度科目"选项。

④在"财务报表"下拉列表框中选择"资产负债表"选项。如图 8-6 所示。

⑤单击"确认"按钮,打开"模板格式将覆盖本表格式! 是否继续?"提示框。

⑥单击"确定"按钮,当前格式被自动覆盖。

【注意】

当前报表套用报表模板后,原有内容将丢失。

8.2.2 修改报表模板

调用报表模板以后,首先要在格式状态下检查该模板的格式或公式是否与本企业实际需要的报表完全一致,如果不一致,则应作适当的修改。

1)单元公式的编辑

为了方便而又准确地编制会计报表,系统提供了手工设置和引导设置两种方式。

(1)直接输入公式

①选定需要定义公式的单元,例如:"C16"即"存货"的年初数。

图 8-5　空白表

图 8-6　报表模板选择

②执行"数据"|"编辑公式"|"单元公式"命令,打开"定义公式"对话框,如图 8-7
所示。

图 8-7　定义公式

③在"定义公式"对话框内,直接输入总账期初函数公式:QC("1201",全年,,,年,,)
+QC("1211",全年,,,年,,)+QC("1243",全年,,,年,,)+QC("4101",全年,,,年,,)
QC("1261",全年,,,年,,)。

④单击"确认"按钮。

（2）利用函数向导输入公式

①选定被定义单元"H41"即未分配利润期末数。

②单击编辑框中的 Fx 按钮，打开"定义公式"对话框，如图8-8所示。

图8-8　定义公式

③单击"函数向导…"按钮，打开"函数向导"对话框，如图8-9所示。

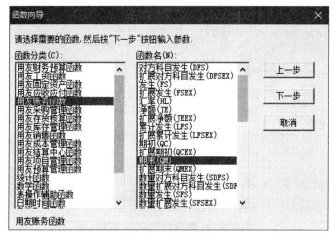

图8-9　函数向导

④在"函数分类"列表框中选择"用友账务函数"。

⑤在"函数名"列表框中选择"期末（QM）"。

⑥单击"下一步"按钮，打开"用友账务函数"对话框，如图8-10所示。

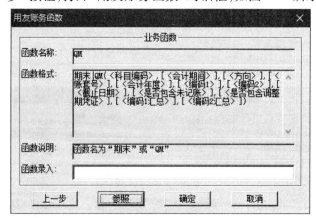

图8-10　用友账务函数

⑦单击"参照"按钮，打开"账务函数"对话框，如图8-11所示。

图 8-11　账务函数

⑧单击"账套号"下拉列表框的下三角按钮,在下拉列表中选择"默认"选项。

⑨在"科目"文本框输入"3131"。单击"期间"下拉列表框的下三角按钮,在下拉列表中选择"月"选项。单击"方向"下拉列表框的下三角按钮,在下拉列表中选择"默认"选项。

⑩单击"确定"按钮,返回"用友账务函数"对话框。

2）添加报表模板

企业可以根据本单位的实际需要定制报表模板,并可将自定义的报表模板加入系统提供的模板库中,也可对其进行修改、删除操作。

【操作步骤】

①执行"格式"|"生成常用报表"命令,打开"是否生成所有该行业模板"提示框。

②单击"是"按钮,即可生成该行业的所有模板。

8.2.3　生成会计报表

调用系统内预置的报表模板或企业自行编制的报表模板,均可随时生成固定格式的标准报表。

1）录入关键字

每一张表页均对应不同的关键字,输出时表页的关键字会随同单元一起显示。

①执行"数据"|"关键字"|"录入"命令,打开"录入关键字"对话框,如图 8-12 所示。

图 8-12　关键字录入

②输入相关的关键字。

2）生成报表

按计算公式计算报表中的数据。一般来说,要正确进行报表的编制,首先需要正确定义单元公式,其次还需要正确完成记账工作,这样才能生成正确的报表数据。在编制报表时,可以选择整表计算或表页重算,整表计算是将该表的所有表页全部进行计算,而表页重算仅是将该表页的数据进行计算。

①在"录入关键字"对话框输入相应的关键字,单击"确认"按钮,打开"是否重算第1页?"提示框。

②单击"是"按钮,系统自动根据公式计算1月份数据。

③执行"数据"|"表页重算"命令,打开"是否重算第1页?"对话框。

④单击"是"按钮,系统自动在初始的账套和会计年度范围内,根据单元公式计算生成数据。

8.3 自定义报表的编制

UFO设计报表分为两个部分来处理,即报表格式设计与报表数据处理。在UFO中,报表格式设计工作和报表数据处理工作是在不同的系统状态下进行的,也就是说,报表的格式设计与报表的数据录入、处理是分开进行的,分属于不同的系统菜单下。

在进行报表格式设计时,不能同时进行数据的录入、计算处理,而在对报表数据的录入、计算处理时,也不能对报表格式进行编辑、修改。

报表格式的存在是数据录入、计算处理的基础。没有报表格式,报表数据毫无意义,只有将这些数据放入相应的报表中,才能用文字说明其意义所在。所以,报表格式设计工作是整个报表系统的重要组成部分,是报表数据录入和处理的依据,也是用户操作使用UFO系统的基础。报表格式设计的主要内容有:表样格式编辑、单元属性设置、数据处理公式编辑、打印设置等。

下面以资产负债表为例来介绍报表格式设计的步骤与方法。

8.3.1 设计报表格式

1）建立报表

在UFO中报表是以文件的方式存储的,因此编制报表首先要为报表命名。

【操作步骤】

①在系统主菜单下,单击【新建】,新建一张报表;

②单击工具栏【保存】按钮,屏幕弹出对话框,如图8-13所示;

③输入文件名回车,即可将新建文件按指定文件名保存。

【说明】

①空表的表尺寸为50行,7列,单元属性为数据型;

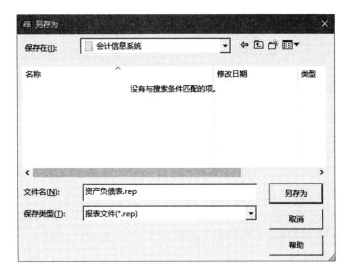

图 8-13　定义报表文件名

②UFO 系统自动为文件加上扩展名".REP"。

2）设定报表尺寸

为报表命名完成后,要对报表的大小,也就是表尺寸进行定义。表尺寸用行数和列数来确定。UFO 缺省的行列数为 50 行,7 列,如图 8-14 所示。

图 8-14　设置表尺寸

【操作步骤】

①单击【格式/数据】"按钮,进入格式状态;

②单击【格式】菜单,在下拉菜单中点取【表尺寸】,弹出"表尺寸"对话框。在对话框中输入报表的行数和列数,确认后表尺寸就设置完成了,当前处理的报表将按照设置的表尺寸显示;

③修改表尺寸时,重复 1、2 步操作即可。

3）设置行高与列宽

行高与列宽的设置方法相同,设置列宽有 3 种方法:

①编辑方法:单击【列宽】按钮,屏幕弹出列宽编辑窗,录入实际所需的列宽后回车,如图 8-15 所示;

②区域方法:选择区域后设置列宽,可将区域内所有列都设置成相同列宽;

③鼠标设置列宽:将鼠标对准列头尾处,当光标变成十字标时按住鼠标右键并移动鼠标到合适的位置,抬起右键即可改变列宽;

图 8-15　设置列宽

4）画表格线

定义好表尺寸和列宽后,就可以画出表格线。报表的表格线画法有多种,画线时可根据需要进行选择。

【操作步骤】

①单击"格式/数据"按钮,进入格式状态;

②选取要画线的区域;

③单击【格式】菜单,在下拉菜单中单击【区域画线】,将弹出"区域画线"对话框,如图 8-16 所示,在"画线类型"和"样式"中选择一种即可,确认后,选定区域中按指定方式画线;

图 8-16　画表格线

④如果想删除区域中的表格线,则重复 1、2、3 步,在对话框中选相应的画线类型样式为"空线"即可。

5）设置单元属性

单元属性指单元的类型、数字格式和边框线。

【操作步骤】

①单击"格式/数据"按钮,进入格式状态;

②选取要设置单元属性的区域;

③单击【格式】菜单,在下拉菜单中单击【单元属性】,弹出"单元属性"对话框选取单元类型,在其中设置单元的单元类型、数字格式和边框样式,如图 8-17 所示;

④要改变单元属性时,重复 1、2、3 步即可。

6）设置字体图案

单元风格指单元内容的字体、颜色图案、对齐方式和折行显示。

【操作步骤】

①单击"格式/数据"按钮,进入格式状态;

②选取要设置单元风格的区域;

③单击【格式】菜单中的【单元属性】,弹出"单元属性"对话框如图 8-18 所示,选取字

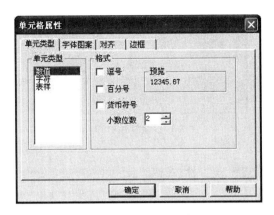

图 8-17 单元格属性

体图案,在其中设置单元内容的字体、字型、字号、前景色、背景色、图案、对齐方式和折行显示;

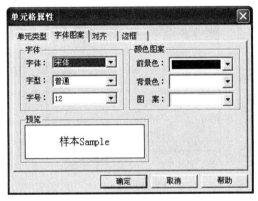

图 8-18 设置字体图案

④要改变单元风格时,重复 1、2、3 步即可。

7)设置标题区与组合单元

为使得标题在打印出来的报表上自动居中和放大,须将标题输入到报表的中间位置,因此需要预先定义输入标题的组合单元。

【操作步骤】

①定义组合单元:当遇到类似标题这样的需占用多个单元位置的输入时,首先鼠标选定组合单元的块区,然后单击【格式】下拉菜单选【组合单元】,屏幕弹出如图 8-19 所示对话框,通过选择,可设置或取消组合单元;

②录入标题:将光标移动到已定义好的标题组合单元上,通过键盘录入报表标题;

③设置标题显示打印风格:选择标题所在单元,单击【格式】菜单栏中的【单元属性】菜单项,选择合适的设置即可。

8)关键字设置

UFO 共提供了 6 种关键字,关键字的显示位置在格式状态下设置,关键字的值在数据状态下录入,每个报表可以定义多个关键字。

图 8-19　设置组合单元

【操作步骤】

①单击"格式/数据"按钮,进入格式状态;

②设置关键字:选取要设置关键字的单元,单击【数据】菜单中的【关键字】,在下拉菜单中点取【设置】,弹出"设置关键字"对话框,如图 8-20 所示,在对话框的关键字名称中选择一个,确认后在选定单元中显示关键字名称为红色;

③取消关键字:单击【数据】菜单中的【关键字】,在下拉菜单中单击【取消】,弹出"取消关键字"对话框,选取要取消的关键字,则该关键字被取消;

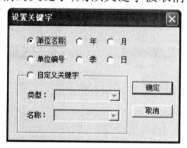

图 8-20　设置关键字位置

④关键字设置之后,可以改变关键字在单元中的左右位置。单击【数据】→【关键字】→【偏移】菜单项,弹出"定义关键字偏移"对话框,在其中输入关键字的偏移量。单元偏移量的范围是【-300,300】,负数表示向左偏移,正数表示向右偏移。

【说明】

每个关键字只能定义一次,第二次定义一个已经定义的关键字时,系统自动取消第一次的定义。每个单元中可以设置多个关键字,其显示位置由单元偏移量控制。

9)报表文字录入

报表文字录入是将空表中已有的文字照原样录入到报表格式中。包括表头文字和编表说明等内容。

【操作步骤】

①将光标移动到相应单元;

②从键盘录入报表文字。

UFO 自动将录入文字的单元的单元属性设定为表样文字,即只能在格式设计状态下才能对其进行修改。

8.3.2　报表公式

计算公式是报表数据的一个重要组成部分。报表中有相当一部分数据必须通过手动直接输入,这些数据是一些最基本的、最原始的报表数据;然而,报表中的许多数据如果只用手工来输入,从某些角度而言,可能是不现实、不经济、不可能的,尤其是一些非常复杂而重复的数据关系,费工、费时、费力、费钱。因此,通过计算公式来组织报表数据,既经济又省事,把大量重复、复杂的劳动简单化了。合理地设计计算公式能大大节约劳动时间,提高工作效率。

1)表页内部的计算公式

表页内部的计算公式,是指数据存放位置和数据来源位置,都没有超出本表本页范围的计算公式。

【说明】

计算结果为数字的表达式应用于给数值型单元赋值,计算结果为字符的表达式应用于给字符型单元赋值。如果单元类型不符,系统将对数据进行强制转换。

表页内部的计算公式可以分为:

(1)单元公式

固定区中一个单元公式是最简单的公式。作为范例,对某表进行赋值与计算。其中,B5 为字符型单元,C5:G5 为数值型单元。若单元 G5 为单元 C5、D5、E5、F5 的和,则 G5 单元的公式可定义为:

G5＝C5+D5+E5+F5　或 G5＝PTOTAL(C5:F5)

(2)区域公式

当某一区域内各单元的公式极其相似时,需要用到区域公式。区域公式等号左边区域所含单元的个数与等号右边表达式输出值的个数必须对应。如:

令区域 D3:D25 取 E3:E25 与 F3:F25 的商　D3:D25＝E3:E25/F3:F25

令区域 C7:C13 取 F15:F21 与 H6:H12 的和　C7:C13＝F15:F21+H6:H12

令区域 B8:C12 等于 12　B8:C12＝12

整行小计:#5＝#6+#7+#8+#9+#10

整列小计:C＝D+E+F+G+H

(3)统计函数

固定区统计函数和可变区统计函数的格式为:

函数名(<区域>[,<区域筛选条件>])

对于固定区统计函数来说,对参数"区域"中的固定区单元进行计算,对于可变区统计函数来说,对参数"区域"中的可变区单元进行计算。

如单元公式为:

E3＝PTOTAL(B3:B9)

E4＝PAVG(B3:B9)

E5＝PCOUNT(B3:B9)

E6＝PMIN(B3:B9)

E7＝PMAX(B3:B9)

F8＝PVAR(B3:B9,B3:B9>0)

F9＝PSTD（B3∶B9，B3∶B9>0）

2）表页与表页间的计算公式

有些报表数据是从以前的历史记录中取得的，如：本表其他表页。当然，这类数据可以通过查询历史资料而取得，然而，类似数据可能会繁多而复杂，查询起来既不方便，又会由于抄写错误而引起数据的失真。而如果在计算公式中进行取数设定，既减少工作量，又节约时间，同时数据的准确性也得到了保障。这就需要用到表页与表页间的计算公式。

在表页间取数可以分为：取确定页号表页的数据、按一定关键字取数、用 SELECT 函数从本表他页取数、用关联条件从本表他页取数。

当所取数据所在的表页页号已知时，用以下格式可以方便地取得本表他页的数据：

<目标区域>＝<数据源区域>@ <页号>

如：下面单元公式令各页 B2 单元均取当前表第一页 C5 单元的值。

B2＝C5@ 1

下面单元公式令"年"关键字为"1992"的各页 C 列取第 1 页 D 列值与第 5 页 E 列值的商乘以 169.4。

C＝（D@ 1/E@ 5）＊169.4　　FOR 年＝1992

8.3.3　账务函数

1）提取账务系统数据的意义

UFO 为用户提供了账务函数，账务函数架起了报表数据处理系统和账务处理系统之间数据传递的桥梁。所以，如果用户使用了用友软件公司的套装软件（含账务处理系统和报表处理系统），就可以实现账表一体化操作。利用账务函数设计计算公式，每期的会计报表无须过多操作，系统就会自动地将账务系统的会计数据传递到报表系统的会计报表中。

2）账务取数函数

（1）UFO 提供的账务取数函数

期初余额函数：

金额　QC（<科目>，<会计期> ［，<账套号>]）

数量　SQC（<科目>，<会计期> ［，<账套号>]）

外币　WQC（<科目>，<会计期> ［，<账套号>]）

期末余额函数：

金额　QM（<科目>，<会计期> ［，<账套号>]）

数量　SQM（<科目>，<会计期> ［，<账套号>]）

外币　WQM（<科目>，<会计期> ［，<账套号>]）

发生额函数：

金额　FS（<科目>，<会计期>，<方向> ［，<账套号>]）

数量　SFS(<科目>,<会计期>,<方向>　〔,<账套号>〕)

外币　WFS(<科目>,<会计期>,<方向>　〔,<账套号>〕)

发生净额函数:

金额　JE(<科目>,<会计期>　〔,<账套号>〕)

数量　SJE(<科目>,<会计期>　〔,<账套号>〕)

外币　WJE(<科目>,<会计期>　〔,<账套号>〕)

(2)账务取数函数参数说明

科　目:可以是字符串或字符串变量。

会计期:1 到 12 的数字表示 1~12 月份;

　　　　21 到 24 的数字表示 1~4 季度;

　　　　80 到 99 的数字表示会计年度;

　　　　也可以是整型变量。

方　向:可用"借""贷""增""减""收""付"来表示。

账套号:数字,缺省为 001 套账。

【说明】

①有方向参数时,为本科目编号下的所有"明细""多栏"之和。

方向为"借"时,返回值等于科目类型为"来源"取负值的绝对值,科目类型为"占用"取正值之和;方向为"贷"时,返回值等于科目类型为"来源"取正值,科目类型为"占用"取负值的绝对值之和。

②方向缺省返回值等于科目所对应期初值。

③科目编码和账套号必须在账务系统中存在。

④科目编码和方向必须用半角双引号引起来。

3)账务函数的使用

在准备利用账务函数设计计算公式之前,应确认账务处理系统和报表处理系统同时存在,并在报表系统内设置账务路径。

在单元公式中,可以使用函数向导,在账务函数对话框的指导下输入,也可以直接输入。

在命令窗和批命令中,以及不用账务函数对话框而直接在单元公式中输入账务函数时,必须完全遵从账务函数的格式,随时都可以用 F1 调出相关的帮助信息。

在命令窗和批命令中使用账务函数时,"科目""部门""姓名""单位""项目""方向"都必须用双引号括起,而会计期中的年、季、月不能用双引号括起。

4)账务函数参照的使用

在设置单元公式时,使用账务函数对话框是正确而快速输入账务函数的最好方法。以下是一个标准的账务函数对话框,其中函数格式并不需要记忆,在参数输入框输入后,选择"确认"回到"定义公式"对话框,如图 8-21 所示,会发现账务函数已按照标准格式设置完成。

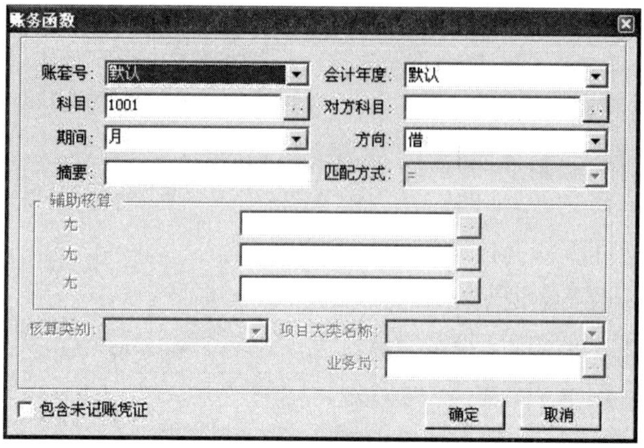

图 8-21 账务函数

在"科目编码"中请输入所需科目的科目编码,当科目名称不重复时也可以是科目名称,但如果科目名称有重复的可能性时,请尽量使用科目编码,以免取数错误。对于不同的账类,应使用不同账类的科目编码,如:数量账取数函数使用数量(S)类科目编码,个人往来账取数函数使用个人往来(A)类科目编码。

"部门""姓名""单位""项目"分别用于个人往来账、部门核算账、单位往来账和项目核算账。在个人往来账取数函数中"部门"指往来个人所属部门。

在"会计期"下拉框中可以选择年、季、月,表示取表页上的相应关键字,也可以输入数字,具体使用如下:

1~12:分别表示 12 个月份;

21~24:分别表示 4 个季度;

1990~2099:分别表示各年度。

在"方向"下拉框中,如果有的账务系统使用借贷记账法,请使用"借"或"贷",如果使用收付记账法,请使用"收"或"付"。期初函数 QC 和期末函数 QM 允许缺省参数"方向",其他在账务函数对话框中出现"方向"下拉框的账务函数必须选择一种方向。

如果取 001 至 010 套账,可以在"账套号"下拉框中选取,如果取其他套账,可以输入001~999 的整数,缺省为第一套账 001。

在使用账务函数时,随时可以用 F1 调出相关帮助信息。

8.3.4 报表取数

设计完报表格式,并编辑好公式后,就可以通过 UFO 报表的数据处理功能,将报表中的数据自动计算并填入报表了。UFO 报表在第一次设计好之后,只要报表格式和要求不发生变化,下一个会计期间编制报表时,只需简单地复制或者追加一张报表,重新计算即可得到新的会计期间的报表,非常方便。

报表数据处理分为两个部分。首先应录入关键字内容,因为在计算公式中要用到关键字的值,如设计公式时:

C7 = QC("1001" ,月 ,01)

上面公式中的会计期间"月"就相当于一个变量,具体是几月,由关键字中输入的数值决定。这样设计公式的好处是当设计好了 11 月的报表,等到 12 月,不用去修改公式中的会计期,而只需在关键字录入时输入不同的会计期即可计算出不同会计期的报表。

关键字录入完成后,即可由计算机自动进行计算,计算结果会自动填入相应的单元。计算完成后,经查对数据无误,就完成了在 UFO 下编制报表的工作。

1)关键字录入

在格式状态下设置关键字,在数据状态下录入关键字的值,每张表页上的关键字的值最好不要完全相同。(如果有两张关键字的值完全相同的表页,在利用筛选条件和关联条件寻找表页时,只能找到第一张表页。)

【操作步骤】

①单击"格式/数据"按钮,进入数据状态。

②点中要录入关键字的值的表页的页标,使它成为当前表页。

③单击【数据】菜单中的【关键字】,在下拉菜单中单击【录入】,将弹出"录入关键字"对话框,如图 8-22 所示。

④在"年""季""月""日"编辑框中显示系统时间。在已定义的关键字编辑框中录入关键字的值。

图 8-22　关键字录入

未定义的关键字编辑框为灰色,不能输入内容。确认后,关键字的值显示在相应的关键字所在单元中。

⑤如果要修改关键字的值,重复 1、2、3、4 步骤即可。

【说明】

"单位名称":字符型,最长 30 个字符或 15 个汉字。

"单位编号":字符型,最长 10 个字符。

"年":数字型,1904~2100。

"季":数字型,1~4。

"月":数字型,1~12。

"日":数字型,1~31。

2)数据计算

如果在格式状态下定义了单元公式,进入数据状态之后,当前表页的单元公式将自动运算并显示结果;当单元公式中引用单元的数据发生变化时,公式也随之自动运算并显示结果。

要重新计算所有表页的单元公式,请在数据状态下单击【数据】菜单中的【整表重算】。

【说明】

如果本表页设置了"表页不计算"标志,则进行整表重算时,本表页中的公式不重新计算。

设置表页不计算可以改善系统的性能,加快软件运算速度。当表页设置了"表页不计算"之后,无论任何情况下,表页中的单元公式都不再重新计算。

例如,从账务系统中取账务数据时,取到正确的数据之后可设置"表页不计算"标志。这样在账务系统月底结转之后报表数据也不会受到影响。

当某页设置为不计算表页时,图标显示在该页行列标的交界处,如图 8-23 所示。

为设置表页不计算标志,可在【数据】菜单中选择【表页不计算】菜单项,或单击表页不计算按钮,按钮随表页"计算"或"不计算"呈"按下"与"恢复"状态显示。

图 8-23　表页不计算

3) 报表审核

在数据处理状态中,当报表数据录入完毕后,应对报表进行审核,检查报表各项数据钩稽关系的准确性。

①进入数据处理状态,用鼠标选取菜单【数据】→【审核】菜单,如图 8-24 所示。

图 8-24　数据审核

②系统按照审核公式逐条审核表内的关系,当报表数据不符合钩稽关系时,屏幕上出现提示信息,记录该提示信息后按任意键继续审核其余的公式。

③按照记录的提示信息修改报表数据,重新进行审核,直到不出现任何提示信息,表示该报表各项钩稽关系正确。

【说明】

每当对报表数据进行过修改后,都应该进行审核,以保证报表各项钩稽关系正确。

8.4　报表汇总

报表的汇总是报表数据不同形式的叠加。报表汇总是每一位财会人员都熟悉的,也是非常复杂和烦琐的。利用 UFO 提供的汇总功能就可以快速、简捷地完成报表汇总操作。

UFO 提供了表页汇总和可变区汇总两种汇总方式,表页汇总是把整个报表的数据进行立体方向的叠加,汇总数据可以存放在本报表的最后一张表页或生成一个新的汇总报表。可变区汇总是把指定表页中可变区数据进行平面方向的叠加,把汇总数据存放在本页可变区的最后一行或一列。下面主要介绍 UFO 的表页汇总功能。

UFO 的表页汇总功能非常强大,可把汇总数据保存在本报表中,也可形成一个新的汇总表;可汇总报表中所有的表页,也可只汇总符合指定条件的表页,例如,在 1996 年全年各月共 12 张表页中,汇总上半年的表页;报表中的可变区可按数据位置汇总,也可重新排列顺序,按各项内容汇总。

【操作步骤】

①单击“格式/数据”按钮,进入数据状态;

②单击【数据】菜单中的【汇总】,在下拉菜单中点取【表页】,将弹出“表页汇总—三步骤之一”对话框,如图 8-25 所示,对话框用于指定汇总数据保存位置;

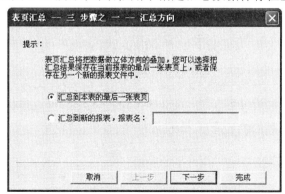

图 8-25　表页汇总步骤 1

③单击“下一步”按钮,将弹出“表页汇总—三步骤之二”对话框,如图 8-26 所示,此对话框用于指定汇总哪些表页;

231

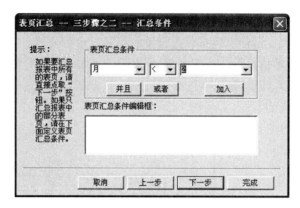

图 8-26 表页汇总步骤 2

④单击"下一步"按钮后,将弹出"表页汇总—三步骤之三"对话框,如图 8-27 所示,此对话框用于处理报表中的可变区;

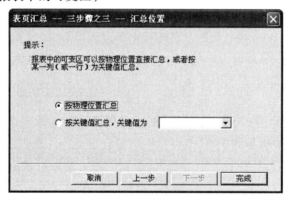

图 8-27 表页汇总步骤 3

⑤单击"完成"按钮后将生成汇总结果。

【说明】

UFO 将自动给汇总表页设置"表页不计算"标志。

8.5 报表输出

报表输出形式一般有屏幕查询、网络传送、打印输出和磁盘输出等形式。输出报表数据时往往会涉及表页的相关操作,如表页排序、查找、透视等。

8.5.1 报表查询

报表查询是报表系统应用的一项重要工作。在报表系统中,可以对当前正在编制的报表予以查阅,也可以对历史的报表进行迅速有效的查询。在进行报表查询时,一般以整张表页的形式输出,也可以将多张表页的局部内容同时输出,后者这种输出方式叫作表页的透视。

1）查找表页

可以以某关键字或某单元为查找依据。

①点取"格式/数据"按钮，进入数据状态。

②点取【编辑】菜单中的【查找】，将弹出"查找"对话框如图8-28所示。

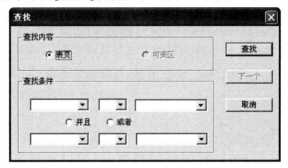

图8-28 查找表页

③在"查找内容"中点取"表页"。

④在"查找条件"框中定义查找条件。

⑤点取"查找"按钮后，第一个符合条件的表页将成为当前表页。

⑥点取"下一个"按钮后，下一个符合条件的表页将成为当前表页。

⑦如果没有符合条件的表页，或查找到最后一个符合条件的表页时，状态栏中将显示"满足条件的记录未找到！"。

2）联查明细账

在UFO报表系统中，可实现报表项目↔明细账↔总账↔记账凭证的联查。

选中B4单元格，单击鼠标右键，在快捷菜单中选择"联查明细账"，如图8-29所示，或单击常用工具栏中的"查询"快捷钮，即可进行查询相应的明细账。

图8-29 联查明细账

【注意事项】

①必须在数据状态下使用联查明细账功能。

②必须在有单元公式的单元格中使用,单元公式必须是有会计科目参数的期初类函数(包括 QC、WQC、SQC)、期末类函数(包括 QM、WQM、SQM)、发生类函数(包括 FS、SFS、WFS、LFS、SLFS、WLFS)、净额类函数(包括 JE,SJE,WJE,WTFS)。在无单元公式的单元格无法使用此功能。

③当选中某个单元格时,只要当前单元格内有总账函数,即联查当前科目的明细账,如果当前单元格有多个科目,显示第一个科目的明细账,其他科目通过明细账的查询窗口进行切换。

④必须同时具备 UFO 明细功能、总账函数、总账明细账查询权限的用户,才能通过函数联查明细账。

8.5.2　网络传送

网络传输方式是通过计算机网络将各种报表从一个工作站传递到另一个或几个工作站的报表传输方式。使用计算机网络进行报表传输,可在各自的计算机上方便、快捷地查看相关报表,这样大大提高了会计数据的时效性和准确性,又有很好的安全性,并且可以节省报表报送部门大量的人力、物力、财力。随着计算机网络的日益普及,网络传输方式的优势越发明显,正在逐步取代其他方式的传输。将报表生成网页 HTML 文件,可发布在企业内部网或互联网上。

8.5.3　报表打印

打印输出方式是指将编制出来的报表以纸质的形式打印输出。打印输出是将报表进行保存、报送有关部门而不可缺少的一种报表输出方式。但在付诸打印之前必须在报表系统中做好打印机的有关设置以及报表打印的格式设置,并确认打印机已经与主机正常连接。打印报表之前可以在"预览"窗口预览。

8.6　图表分析

图表是利用报表文件中的数据生成的,图表与报表数据存在紧密的联系,报表数据发生变化时,图表也随之变化,报表数据删除以后,图表也随之消失。

在进行图表分析管理时,可以通过图表对象来管理,也可以在图表窗口将图表专门作为图表文件来管理。如果通过图表对象管理,图表对象和报表数据一样在报表区域中编辑、显示、打印;如果把图表单独作为一个文件来管理,则图表文件的编辑、显示、打印均在图表窗口中进行,但图形的大小会随报表数据变动。

8.6.1　追加图形

在管理图表对象时,图表对象和其他数据一样需要占用一定的报表区域。由于在报表格式设置时没有为图形预留空间,如果不增加图形显示区域的话,插入的图形会和报表数据重叠在一起,影响阅读。因此,一般需要增加若干行或列,作为专门的图形显示区域。

①在格式状态下,执行"编辑"|"追加"|"行"命令,打开"追加行"对话框,如图 8-30 所示。

图 8-30　追加行

②输入需要添加的行数"8"。

③单击"确认"按钮。

8.6.2　选取数据

插入的图表并不是独立存在的,它依赖报表的数据而存在,反映报表指定区域中数据的对比关系,所以在插入图表对象之前必须事先选择图表对象反映的数据区域。

【注意】

①插入的图表对象实际上也属于报表的数据,因此有关图表对象的操作必须在数据状态下进行。

②选择图表对象显示区域时,区域不能少于 2 行×2 列,否则会提示出现错误。

③系统把区域中的第一行和第一列默认为 X、Y 轴标注,其余为数据区。如果选中数据区域的第一行和第一列在每张表页上不一样,则以第 1 页的第一行和第一列为标注。

8.6.3　插入图表

图表对象实际上是报表的特殊数据。它由以下内容组成:

①主标题、X 轴标题、Y 轴标题:最多可以输入 20 个字符或 10 个汉字。

②X 轴标注:用于区分不同的数据。

③Y 轴标注:用于显示数据的值。

④单位:指 Y 轴(数据轴)的单位,Y 轴标注乘以单位即是实际数值。

⑤图例:说明不同颜色或图案代表的意义,图例可以移动但不能修改。

⑥图形:指图形显示部分。

⑦关键字标识:当选取"整个报表"作为操作范围时,用以区别不同表页的数据。

图表对象可以在报表的任意区域插入,一般为了不和报表的数据重叠,可以将图表对象插入到事先已增加的图形显示区域内。

在 UFO 系统中,允许同时插入多个图表对象,以不同的图形反映不同数据。

【操作步骤】

①执行"工具"|"插入图表对象"命令,打开"区域作图"对话框,如图 8-31 所示。

②在"数据组"中,选"行"则以行为 X 轴、以列为 Y 轴作图(选"列"则以列为 X 轴、

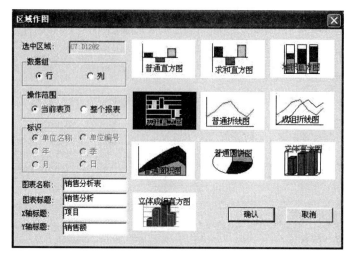

图 8-31　区域作图

以行为 Y 轴作图),缺省为"行"。

　　③操作范围中选"当前表页",则利用当前表页中的数据作图(选"整个报表"则利用所有表页中的数据作图),缺省为"当前表页"。

　　④在"图表名称"编辑框中输入图表的名称:销售分析表;在"图表标题"框中分别输入图表标题:销售分析,X 轴标题:项目,Y 轴标题:销售额。

　　⑤在列出的图表格式中选择一种图形,例如:成组直方图。

　　⑥单击"确认"按钮,显示分析图,如图 8-32 所示。

月份	收入	支出
1月	9,130.82	56,545.09
2月	303,901.18	256,486.91

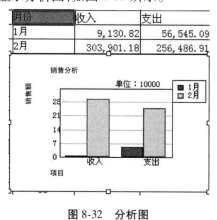

图 8-32　分析图

8.6.4　编辑图表

　　图表对象建立后,可以在图表对象窗口对图表对象进行编辑。在数据状态下,选中图表对象后,可以拖动、拉伸图表对象,双击图表对象即可进入图表对象窗口。在图表对象窗口中可以编辑图表对象、改变图表格式及图表对象的相对位置等。单击图形区域以外的区域即可回到正常报表处理状态。

　　在图表窗口中可以完成图表对象窗口的基本操作功能。

1）编辑标题

图表标题、X 轴标题、Y 轴标题可以在建立图表时的"区域作图"对话框中输入内容，也可以在图表建立以后进行编辑。编辑标题时，可以在图表对象编辑状态下的"编辑"菜单中编辑，或在图表编辑状态下双击要编辑的标题进行编辑。

【操作步骤】

①双击图表对象的任意部位，图表即被激活，此时，图表及图形四周均出现 8 个黑点。

②执行"编辑"|"主标题"命令，打开"编辑标题"对话框。

③在"请输入标题"编辑框里输入标题内容。

④单击"确认"按钮。

2）改变主标题的字体

【操作步骤】

①单击要改变的标题，如主标题，使之激活。

②执行"编辑"|"标题字体"命令，打开"标题字体"对话框。

③在字体框中选取宋体，在字号框中选取字号 14。

④单击"确认"按钮。同样地，X、Y 轴标题的字型、字体、字号也可按此法改变。

3）定义数据组

图表的坐标轴可以进行转换。

【操作步骤】

①执行"编辑"|"定义数据组"命令，打开"定义数据组"对话框。

②在对话框中选择"以一列数据为一组进行比较"。

③单击"确认"按钮，图形将作相应的变化。

4）改变图表格式

在"格式"菜单中选择相应的图形格式菜单项，或者单击工具栏中的图标就可以完成相应图形格式的转换。但在这些图形格式中，普通直方图、立体直方图、圆饼图、面积图只能显示第一行或第一列的数据。

【操作步骤】

执行"格式"|"立体成组直方图"命令，系统自动切换编辑框里的图形格式，如图8-33所示。

5）对象置前/对象置后

如果这些图表对象相互重叠，会导致有些图表无法显示。这时可以利用"对象置前"或"对象置后"使它显示在最前端或隐藏在其他图表对象之后。

【操作步骤】

选定对象，单击鼠标右键，选择"对象置后"，系统自动切换图形，将藏在下面的图表对象置于表面显示，如图 8-34 所示。

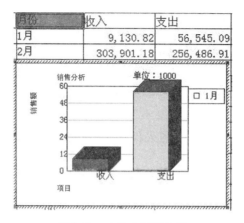

月份	收入	支出
1月	9,130.82	56,545.09
2月	303,901.18	256,486.91

图 8-33　立体成组直方图

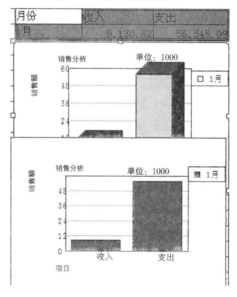

图 8-34　对象置后

6）图表对象预览/打印

可以和报表数据一起打印/预览,也可以单独打印/预览。这里的图表对象的预览/打印功能仅对图表对象有效,不打印或预览报表的数据。

【注意】

①如果要将图表和报表一起打印,可以执行"文件"!"打印"命令。

②如果存在多个图表对象的话,对象预览/打印只对最上层的图表对象有效。可以利用对象置前/置后功能将需要打印的图表对象放置在最上层。

8.6.5　图表窗口

图表窗口是一个特殊的窗口,有别于图表对象窗口。在图表窗口中看到的仅仅是图表文件,且只能对图表文件进行操作,却无法观察到报表的格式和数据。要在图表窗口中操作图表,首先要打开图表窗口。

1）打开图表窗口

在报表窗口中，执行"工具"|"图表窗口"命令，即可打开图表窗口。

【注意事项】

①打开图表窗口既可以在格式状态下操作，又可以在数据状态下操作。

②如果已有图表，则自动打开第一个图表；如果没有图表，则打开一个空的图表窗口。

③打开图表窗口时只能打开一个图表，不能同时打开多个图表。

2）打开图表

在图表窗口中，执行"图表"|"打开"命令，打开"打开图表"对话框。在对话框中列出了本报表文件已有的图表名，从中选择一个即可。

3）删除图表

如果不需要某一张图表，可以随时将其删除。操作完毕后，退出图表窗口。关闭后，退出到格式/数据窗口。

4）关闭图表

执行"图表"|"退出图表窗口"命令，即可关闭图表。关闭图表的同时将自动保存图表。

本章小结

本章主要介绍了报表管理模块的应用。UFO报表是一个灵活的报表生成工具，用户可以自由定义各种财务报表、管理汇总表、统计分析表。它可以通过取数公式从数据库中挖掘数据，也可以定义表页与表页以及不同表格之间的数据钩稽运算、制作图文混排的报表。

思考与练习

1.报表处理子系统的数据来源有哪些？

2.一个报表文件为什么只能存放一种报表？

3.为什么报表能够一次设置，多次使用？

4.手工条件下一般在会计期末才能编制会计报表，计算机条件下也是这样吗？如果不是这样，多长时间可以编制一次报表？

5.如果要编制现金流量表，在账务处理子系统的科目初始设置和凭证输入应该如何处理？

6.报表处理子系统从其他系统读取数据采用何种形式？

7.在编制利润表时,由于财务费用科目,既可以是贷方余额,也可以是借方余额,应该用何种函数才能正确取数?

8.什么样的报表可以汇总?

第9章 会计信息系统实验案例

学习目标

本章介绍了会计信息系统软件的系统管理及基础设置,会计信息系统最重要和最基础的总账、报表、薪资、固定资产、应收应付款、供应链、采购、销售、库存管理和存货核算子系统的基本功能与使用方法。通过最新实验案例资料的操作练习,对前8章学习内容进行操作应用,以有效巩固所学理论,熟练掌握财务业务一体化管理软件的基本操作,进一步理解企业管理软件的整体系统结构和运行特征,理解计算机环境下的信息处理方式。

实验一 系统管理及基础设置

【实验目的及要求】

通过完成本次实验,要求理解会计信息系统基础信息及系统管理的设置在整个会计信息系统中的作用及其重要性,掌握设置的具体方法及操作步骤,学会如何建立单位新账套及调整相关参数,以适应具体单位的日常工作需要,并能根据实际工作情况,设置不同人员岗位,相互监督制约,共同协调完成账套日常工作并能较好地进行软件的维护。

【实验内容】

第一步,建立一套新的单位账套。

第二步,增加新账套的具体操作人员,并按工作岗位的需要进行财务分工,分配权限。

第三步,设置新账套共享的基础信息,调整软件参数,以适应具体工作需要。

第四步,备份新账套数据。

【实验准备】

已正确安装用友软件。

【实验资料】

1）建立新账套

（1）账套信息

账套号；账套名称；采用默认账套路径；启用会计期：2019 年 2 月；会计期间设置：1 月 1 日—12 月 31 日。

各模块启用日期：

采购系统 2019 年 2 月

销售系统 2019 年 2 月

库存系统 2019 年 2 月

存货系统 2019 年 2 月

总账系统 2019 年 2 月

薪资系统 2019 年 2 月

固定资产 2019 年 2 月

应收系统 2019 年 2 月

（2）单位信息

单位名称：新疆某高新电子技术有限公司；单位简称：新疆高新；单位地址：北四路 36 号；法人代表：张子仪；邮政编码：861000；联系电话及传真：87284488；电子邮件：xjuf@ qq. com；税号：128467920888664。

（3）核算类型

该企业的记账本位币：人民币（RMB）；企业类型：工业；行业性质：新会计制度科目；账套主管：某学生；选中"按行业性质预置科目"复选框。

（4）基础信息

该企业有外币核算，进行经济业务处理时，需要对存货、客户、供应商进行分类。

（5）分类编码方案

该企业的分类方案如下：

存货分类编码级次：1223

客户和供应商分类编码级次：223

收发类别编码级次：12

部门编码级次：122

结算方式编码级次：12

地区分类编码级次：223

成本对象编码级次：122

科目编码级次：42222

（6）数据精度

该企业对存货数量、单价小数位定为 2。

2）操作人员设置及分工

（1）学生——账套主管

负责财务软件运行环境的建立，以及各项初始设置工作；负责财务软件的日常运行管理工作，监督并保证系统的有效、安全、正常运行；负责总账子系统的凭证审核、记账、账簿查询、月末结账工作；负责报表管理及其财务分析工作。

具有系统所有模块的全部权限。

（2）教师——软件操作员

负责现金、银行账管理工作。

具有出纳签字权，现金、银行存款日记账和资金日报表的查询及打印权，支票登记权以及银行对账操作权限。

（3）学生——软件操作员

负责总账子系统的凭证管理工作以及客户往来和供应商往来管理工作。

具有总账子系统的填制凭证、自动转账定义、自动转账生成、凭证查询、明细账查询操作权限。

具有工资、固定资产、应收系统、应付系统的全部操作权限。

（4）学生——软件操作员

负责购销存业务。

具有采购管理、销售管理、库存管理、存货核算的全部操作权限。

3）设置基础档案

新疆某高新电子技术有限公司分类档案资料如下。

● 机构设置

（1）部门档案

部门编码	部门名称	部门属性	部门编码	部门名称	部门属性
1	综合管理部	管理部门	203	汉阳销售分部	专售软件
101	总经理办公室	综合管理	204	沌口销售分部	售配套用品
102	财务部	财务管理	3	采购部	采购供应
2	销售部	市场营销	4	生产部	研发制造
201	汉口销售分部	专售打印纸	401	研发室	技术开发
202	武昌销售分部	专售硬件	402	制造车间	生产制造

（2）企业人员类别设置

经理人员、管理人员、经营人员、开发人员。

（3）职员档案

职员编码	职员名称	人员类别	所属部门	职员属性	业务员
101	张子仪	经理人员	总经理办公室	总经理	是
102	邱泽阳	经理人员	财务部	会计主管	是
103	吴彦祖	管理人员	财务部	出纳	是
104	章　敏	管理人员	财务部	会计	是
201	张家辉	经理人员	汉口销售分部	部门经理	是
202	林若兰	经营人员	武昌销售分部	经营人员	是
203	孙　浩	经理人员	汉阳销售分部	部门经理	是
204	贾敬闻	经营人员	沌口销售分部	经营人员	是
301	李小路	经理人员	采购部	部门经理	是
401	周渝民	经理人员	研发室	部门经理	是
402	李若彤	经理人员	制造车间	部门经理	是

● 往来单位

（1）客户分类

分类编码	分类名称
01	事业单位
0101	学校
0102	机关
02	企业单位
0201	工业
0202	商业
0203	金融
03	其他

（2）供应商分类

分类编码	分类名称
01	硬件供应商
02	软件供应商
03	材料供应商
04	其他

（3）地区分类

地区分类	分类名称
01	东北地区
02	华北地区
03	华东地区
04	华南地区
05	西北地区
06	西南地区

（4）客户档案

客户编号	客户名称	客户简称	所属分类码	所属地区	税号	开户银行	银行账号	地址	邮政编码	扣率	付款条件编码
001	武汉东湖职业技术学院	东职学院	0101	02	652489571356268	工行	52763810-Y	武汉市武昌区湖滨路特1号	430000	5	01
002	深圳四海公司	四海公司	0202	02	135626895248957	工行	88862392	深圳市东兴工业园56号	160000		
003	上海天全咨询公司	天全咨询	0203	03	265821211148565	工行	58963231	上海市徐汇区东一路19号	200932		
004	南京喜洋洋装饰公司	喜洋洋装饰	0201	01	526789254554210	中行	689525123	南京市平房区南巷路368号	560076	10	

（5）供应商档案

供应商编号	供应商名称	供应商简称	所属分类码	所属地区	税号	开户银行	银行账号	邮编	地址
001	天津万达有限公司	万达	02	02	256163613213126	中行	55668563	360019	天津市桥南区十里埔26号
002	武汉清华紫光分公司	清华紫光	01	02	256266226112233	中行	89561568	100078	北京市朝阳区宣武路13号

续表

供应商编号	供应商名称	供应商简称	所属分类码	所属地区	税号	开户银行	银行账号	邮编	地址
003	武汉大学多媒体教学研究中心	多媒体研究中心	04	03	325689123123898	工行	5567787	430072	武汉市珞瑜路100号
004	湖北三环商务印刷公司	三环印刷	03	03	310103695431012	工行	8511507	200232	上海市浦东新区东方路1号

● 存货设置

(1)存货分类

存货类别编码	存货类别名称
1	生产用原材料
2	产成品
201	打印纸
20101	普通纸
20102	专用纸
3	其他
301	辅材
30101	配套光盘
302	配套硬件
30201	计算机
30202	打印机
303	配套软件
30301	会计电算化软件
30302	财务软件
9	应税劳务

(2)计量单位

计量单位组:无换算关系;计量单位:吨,箱,张,套,台,元。

（3）存货档案

存货编码	存货名称	规格型号	计量单位	所属分类	税率	存货属性	批次管理	计划价/售价	参考成本	参考售价
1001	原纸	铜版纸	吨	1	17	销售、外购、生产耗用		5 000		5 700
2001	打印纸–B5	B5	箱	20111	17	自制、销售	有		120	150
2002	打印纸–A4	A4	箱	20112	17	自制、销售	有		160	210
3001	商务之旅		张	30101	17	外购、销售			80	98
3002	金算盘		张	30101	17	外购、销售			38	50
3003	清华紫光金禧	PIII/500	套	30201	17	外购、销售			9 699	9 999
3004	清华紫光美丽珑	PIII/500	台	30201	17	外购、销售			8 599	8 999
3005	清华紫光显示器	17英寸	台	30201	17	外购、销售			2 200	2 500
3006	购销存管理子系统	G版	套	30302	17	外购、销售			172 009	112 300
3007	清华紫光美丽珑套装	PIII/500	套	30201	17	外购、销售			10 799	11 499
9001	运输费		元	9	10	外购、销售、劳务费用				0

【注意】

参考售价不含税。

● 财务设置

（1）外币及汇率

币名：美元；　　　　币符：USD；　　　　固定汇率：1:8.345。

（2）会计科目及期初余额表

科目名称	辅助核算	方向	币别计量
库存现金（1001）	日记	借	
银行存款（1002）	银行日记	借	
工行存款（100201）	银行日记	借	
中行存款（100202）	银行日记	借	美元
应收账款（1122）	客户往来	借	
预付账款（1123）	供应商往来	借	
其他应收款（1231）	个人往来	借	

续表

科目名称	辅助核算	方向	币别计量
坏账准备(1241)		贷	
材料采购(1401)		借	
生产用材料采购(140101)	数量核算	借	吨
其他材料采购(140102)	数量核算	借	吨
原材料(1403)		借	
生产用原材料(140301)	数量核算	借	吨
其他原材料(140302)		借	
材料成本差异(1404)		借	
库存商品(1406)	数量核算	借	吨
委托加工物资(1411)		借	
包装物及低值易耗品(1412)	数量核算	借	吨
待摊费用(1501)		借	
报刊费(150101)		借	
固定资产(1601)		借	
累计折旧(1602)		贷	
在建工程(1604)		借	
人工费(160401)	项目核算	借	
材料费(160402)	项目核算	借	
其他(160403)	项目核算	借	
无形资产(1701)		借	
待处理财产损溢(1901)			
待处理流动资产损溢(190101)			
待处理固定资产损溢(190102)			
短期借款(2001)		贷	
应付账款(2202)	供应商往来	贷	
预收账款(2205)	客户往来	贷	
应付职工薪酬(2211)		贷	
应交税费(2221)		贷	
应交增值税(222101)		贷	
进项税额(22210101)		贷	
销项税额(22210105)		贷	
其他应付款(2241)		贷	
预提费用(2401)		贷	
借款利息(240103)		贷	

续表

科目名称	辅助核算	方向	币别计量
实收资本(4001)		贷	
本年利润(4103)		贷	
利润分配(4104)		贷	
未分配利润(410415)		贷	
生产成本(5001)		借	
直接材料(500101)	项目核算	借	
直接人工(500102)	项目核算	借	
制造费用(500103)	项目核算	借	
折旧费(500104)	项目核算	借	
其他(500105)	项目核算	借	
制造费用(5101)		借	
工资(510101)		借	
折旧费(510102)		借	
主营业务收入(6001)	数量核算	贷	
其他业务收入(6051)	数量核算	贷	
主营业务成本(6401)	数量核算	借	
营业税金及附加(6405)		借	
其他业务支出(6402)		借	
销售费用(6601)		借	
管理费用(6602)		借	
工资(660201)	部门核算	借	
福利费(660202)	部门核算	借	
办公费(660203)	部门核算	借	
差旅费(660204)	部门核算	借	
招待费(660205)	部门核算	借	
折旧费(660206)	部门核算	借	
其他(660207)	部门核算	借	
财务费用(6603)		借	
利息支出(660301)		借	

(3)指定科目

"会计科目"→"编辑"菜单→"指定科目"

现金总账:库存现金;银行总账:银行存款;现金流量科目:库存现金、工行存款、中行存款

（4）凭证类别

凭证类别	限制类型	限制科目
收款凭证	借方必有	1001,100201,100202
付款凭证	贷方必有	1001,100201,100202
转账凭证	凭证必无	1001,100201,100202

（5）项目目录

项目设置步骤	设置内容
项目大类	成本项目
核算科目	生产成本（4101） 直接材料（410101） 直接人工（410102） 制造费用（410103） 折旧费（410104） 其他（410105）
项目分类	1.自行开发项目 2.委托开发项目
项目名称	打印纸-B5 （101） 打印纸-A4 （102）

● 收付结算

（1）结算方式

结算方式编码	结算方式名称	票据管理
1	现金结算	否
2	支票结算	否
201	现金支票	是
202	转账支票	是
9	其他	否

（2）付款条件

编码	信用天数	优惠天数1	优惠率1	优惠天数2	优惠率2	优惠天数3	优惠率3
01	30	5	2				
02	60	5	4	15	2	30	1
03	90	5	4	20	2	45	1

（3）开户银行

01　工商银行北四路支行,账号:689556682199。

实验二　总账初始化设置

【实验目的及要求】

通过完成本次实验,要求理解总账子系统初始设置的意义,掌握会计信息系统中总账子系统初始设置的具体内容和操作方法,学会录入期初余额。

【实验内容】

第一步,设置总账子系统参数。

第二步,调整"实验一"所建新账套的会计科目,设置凭证类别、外币及汇率、结算方式、辅助核算档案等基础信息。

第三步,录入期初余额。

【实验准备】

引入"实验一"的账套数据。

操作步骤如下:

①以系统管理员的身份注册进入系统管理,执行"账套"|"引入"命令,打开"引入账套数据"对话框。

②在"搜寻"下拉列表框中,选择"实验一"账套数据所在的磁盘驱动器,下拉列表框中显示该磁盘驱动器中所包含的所有文件夹,依次双击存放账套数据的各文件夹,找到账套文件 Uferpact.lst,单击"打开"按钮,系统显示"恢复进程"指示,稍候,提示"账套引入成功!"。

【实验要求】

以"学生"的身份进行初始设置。

【实验资料】

1.总账控制参数

选项卡	参数设置
凭证	制单序时控制 支票控制 科目余额控制 打印凭证页脚姓名 凭证审核控制到操作员 出纳凭证必须经出纳签字 凭证编号由系统编号 外币核算采用固定汇率 进行预算控制 可以使用应收款系统核算 可以使用应收款系统核算
账簿	账簿打印位数每页打印行数按软件的标准设置 明细账查询权限控制到科目 明细账打印按年排页
会计日历	会计日历为 1 月 1 日—12 月 31 日
其他	数量小数位和单价小数位设为 2 位 部门、个人、项目按编码方式排序

2.期初余额

(1)总账期初余额表

科目名称	方向	币别 计量	累计借方 发生额	累计贷方 发生额	期初 余额
库存现金(1001)	借		22 667.58	22 632.78	8 250.84
银行存款(1002)	借		563 102.26	444 000.42	232 594.99
工行存款(100201)	借		563 102.26	444 000.42	232 594.99
中行存款(100202)	借	美元			
应收账款(1122)	借		72 009	24 000	189 120.00
预付账款(1123)	借				
其他应收款(1231)	借		5 040.00	6 492.32	4 560.00
坏账准备(1241)	贷		360.00	720.00	960.00

科目名称	方向	币别计量	累计借方发生额	累计贷方发生额	期初余额
材料采购(1401)	借			353 016.00	−353 016.00
生产用材料采购(140101)	借			121 200.00	−121 200.00
其他材料采购(140102)	借			231 816.00	−231 816.00
原材料(1403)	借		351 816.00		2 469 849.60
生产用原材料(140301)	借	吨	120 090.00		180 000.00
其他原材料(140302)	借		231 816.00		2 289 849.60
材料成本差异(1404)	借		2 892.32		1 200.00
库存商品(1406)	借		168 171.05	108 000.00	652 800.00
委托加工物资(1411)	借				
包装物及低值易耗品(1412)	借				
待摊费用(1501)	借				770.40
报刊费(150101)	借				770.40
固定资产(1601)	借				313 032.00
累计折旧(1602)	贷			47 414.27	56 545.09
在建工程(1604)	借				
人工费(160401)	借				
材料费(160402)	借				
其他(160403)	借				
无形资产(1701)	借			70 200.00	70 200.00
待处理财产损溢(1901)					
待处理流动资产损溢(190101)					
待处理固定资产损溢(190102)					
短期借款(2001)	贷			240 000.00	240 000.00
应付账款(2202)	贷		180 668.71	72 009.00	332 220.00
预收账款(2205)	贷				
应付职工薪酬(2211)	贷			4 080.00	9 840.00
应交税费(2221)	贷		44 137.64	18 698.08	−20 160.00
应交增值税(222101)	贷		44 137.64	18 698.08	−20 160.00
进项税额(22210101)	贷		44 137.64		−40 560.00
销项税额(22210105)	贷			18 698.08	20 400.00

续表

科目名称	方向	币别计量	累计借方发生额	累计贷方发生额	期初余额
其他应付款（2241）	贷			2 520.00	2 520.00
预提费用（2401）	贷				
借款利息（240103）	贷				
实收资本（4001）	贷				3 130 862.40
本年利润（4103）	贷				
利润分配（4104）	贷		15 807.29	11 196.66	−142 826.77
未分配利润（410415）	贷		15 807.29	11 196.66	−142 826.77
生产成本（5001）	借		10 453.64	12 145.97	20 598.89
直接材料（500101）	借		5 760.00	7 165.20	12 009.00
直接人工（500102）	借		1 033.20	1 080.00	4 800.89
制造费用（500103）	借		3 420.00	3 660.00	2 400.00
折旧费（500104）	借		240.44	240.77	1 398.00
其他（500105）	借				
制造费用（5101）	借				
工资（510101）	借				
折旧费（510102）	借				
主营业务收入（6001）	贷		420 090.00	420 090.00	
其他业务收入（6051）	贷		300 000.00	300 000.00	
主营业务成本（6401）	借		360 000.00	360 000.00	
其他业务支出（6402）	借		216 115.86	216 115.86	
营业税金及附加（6405）	借		10 273.54	10 273.54	
销售费用（6601）	借		6 000.00	6 000.00	
管理费用（6602）	借		27 865.6	27 865.6	
工资（660201）	借		10 251.55	10 251.55	
福利费（660202）	借		1 435.21	1 435.21	
办公费（660203）	借		681.96	681.96	
差旅费（660204）	借		6 720.28	6 720.28	
招待费（660205）	借		5 545.87	5 545.87	
折旧费（660206）	借		3 163.52	3 163.52	
其他（660207）	借		67.20	67.20	

续表

科目名称	方向	币别计量	累计借方发生额	累计贷方发生额	期初余额
财务费用（6603）	借		9 600.00	9 600.00	
利息支出（660301）	借		9 600.00	9 600.00	

（2）辅助账期初余额表

会计科目：1133 其他应收款　余额：借 4 560 元

日期	凭证表	部门	个人	摘要	方向	期初余额
2019-1-26	付-118	总经理办公室	张子仪	出差借款	借	3 000.00
2019-1-27	付-156	汉口销售分部	张家辉	出差借款	借	1 560.00

会计科目：1131 应收账款　余额：借 189 120 元

日期	凭证号	客户	摘要	方向	金额	业务员	票号	票据日期
2019-1-25	转-118	东职学院	销售商品	借	100 000	林若兰	P111	2019-1-25
2019-1-10	转-15	四海公司	销售商品	借	89 120	林若兰	Z111	2019-1-10

会计科目：2121 应付账款　余额：贷 332 220 元

日期	凭证号	供应商	摘要	方向	金额	业务员	票号	票据日期
2019-1-20	转-45	万达	购买商品	贷	332 220	林若兰	C000	2019-1-20

会计科目：4101 生产成本　余额：借 20 598.89 元

科目名称	打印纸-B5	打印纸-A4	合计
直接材料（410101）	4 000.00	8 000.00	12 000.00
直接人工（410102）	1 500.00	3 300.89	4 800.89
制造费用（410103）	800.00	1 600.00	2 400.00
折旧费（410104）	598.00	800.00	1 398.00
合计	6 898.00	13 700.89	20 598.89

实验三　总账日常业务处理

【实验目的及要求】

通过完成本次实验,要求了解总账子系统日常业务处理的相关内容,熟悉总账子系统日常业务处理的各种操作,能够做到熟练运用软件完成实际工作。

【实验内容】

第一步,进行凭证的相关操作,包括填制、审核、记账等。
第二步,进行出纳管理。
第三步,进行各类账簿的管理工作。

【实验准备】

引入"实验二"中的账套数据。

【实验要求】

①以"学生"的身份进行填制凭证,凭证查询操作。
②以"教师"的身份进行出纳签字,现金、银行存款日记账和资金日报表的查询,支票登记操作。
③以"教师"的身份进行审核、记账、账簿查询操作。

【实验资料】

1.凭证管理

2月经济如下:

①2月2日,汉口销售分部张家辉购买了800元的办公用品,以现金支付,附单据一张。

借:销售费用(6601)　　　　　　　　　　　　　　800
　贷:库存现金(1001)　　　　　　　　　　　　　　　800

②2月3日,财务部吴彦祖从工行提取现金15 000元,作为备用金,现金支票号XJ001。

借:库存现金(1001)　　　　　　　　　　　　　15 000
　贷:银行存款/工行存款(100201)　　　　　　　　　15 000

③2月5日,收到美的集团投资资金10 000美元,汇率1:8.345,转账支票号ZZW001。

借:银行存款/中行存款(100202)　　　　　　　　83 450

　　　　贷:实收资本(4001)　　　　　　　　　　　　　　　　　83 450

　　④2 月 8 日,采购部李小路采购原纸 12 吨,每吨 5 000 元,材料直接入库,货款以银行存款支付,转账支票号 ZZR001。

　　　　借:原材料/生产用原材料(140301)　　　　　　　　　　60 000

　　　　　　贷:银行存款/工行存款(100201)　　　　　　　　　　60 000

　　⑤2 月 12 日,武昌销售分部林若兰收到武汉东湖职业技术学院转来转账支票一张,金额 68 800 元,用以偿还前欠货款,转账支票号 ZZR002。

　　　　借:银行存款/工行存款(100201)　　　　　　　　　　　68 800

　　　　　　贷:应收账款(1122)　　　　　　　　　　　　　　　68 800

　　⑥2 月 14 日,采购部李小路从南京多媒体研究中心买入"商务之旅"光盘 100 张,单价 40 元,货税款暂欠,商品已验收入库,适用税率 17%。

　　　　借:库存商品(1406)　　　　　　　　　　　　　　　　4 000

　　　　　　应交税金/应交增值税/进项税额(22210101)　　　　680

　　　　　　贷:应付账款(2202)　　　　　　　　　　　　　　4 680

　　⑦2 月 16 日,总经理办公室支付业务招待费 2 900 元,转账支票 ZZR003。

　　　　借:管理费用/招待费(660205)　　　　　　　　　　　2 900

　　　　　　贷:银行存款/工行存款(100201)　　　　　　　　　2 900

　　⑧2 月 18 日,总经理办公室张子仪出差归来,报销差旅费 5 000 元,交回现金 800 元。

　　　　借:管理费用/差旅费(660204)　　　　　　　　　　　4 200

　　　　　　库存现金(1001)　　　　　　　　　　　　　　　800

　　　　　　贷:其他应收款(1231)　　　　　　　　　　　　5 000

　　⑨1 月 20 日,生产部领用原纸 6 吨,单价 5 000 元,用于生产打印纸-B5。

　　　　借:生产成本/直接材料(500101)　　　　　　　　　　30 000

　　　　　　贷:原材料/生产用原材料(140301)　　　　　　　30 000

2.出纳管理

2 月 25 日,武昌销售分部林若兰借转账支票一张,支票号 134,预计金额 8 600 元。

实验四　总账期末处理

【实验目的及要求】

　　通过完成本次实验,要求了解财务工作中月末工作的范围和内容,掌握总账子系统月末处理的操作方法,理解银行对账的目的和意义,会进行自动转账设置,能充分利用计算机系统的优势生成机制转账凭证,减少工作中的重复性。

【实验内容】

第一步,进行银行对账工作。

第二步,进行自动转账设置,并结转生成机制凭证。

第三步,核对账簿。

第四步,本月全部工作完结,进行结账处理。

【实验准备】

引入"实验三"中的账套数据。

【实验要求】

①以"学生"的身份进行银行对账操作。

②以"学生"的身份进行自动转账操作。

③以"教师"的身份进行审核、记账、结账操作。

【实验资料】

1.银行对账

(1)银行对账期初

新疆高新银行账的启用日期为 2019/02/01 ,工行人民币户企业日记账调整前余额为 226 532.78 元,银行对账单调整前余额为 256 532.78 元,未达账项一笔,系银行已收企业未收款 30 000 元。

(2)银行对账单

1 月份银行对账单

日期	结账方式	票号	借方金额	贷方金额
2019.2.01			40 000	
2019.2.03	201	XJ001		15 000
2019.2.06				60 000
2019.2.10	202	ZZR001`		60 000
2019.2.14	202	ZZR002	68 800	

2.自动转账定义

(1)自定义结转

借:管理费用/其他(550207)　　　　JG( )

　　贷:待摊费用/报刊费(130101)　　QC(130101,月,借)/12

(2)期间损益结转

依照本实验操作指导中相对应步骤操作。

3.自动转账生成

(1)自定义费用结转生成

(2)期间损益结转生成

4.自动转账凭证审核及记账

5.月末对账及结账。

实验五　报表管理

【实验目的及要求】

通过完成本次实验,要求理解编制报表的目的及原理,掌握报表格式定义、公式定义的操作方法,会设置不同的报表模板,能独立运用软件完成不同类型的报表编制工作。

【实验内容】

第一步,自定义生成货币资金表模板,并能运用此模板,根据当期数据生成一张完整的报表,得到相关报表数据。

第二步,利用软件自带报表模板及当期数据,生成一张资产负债表。

【实验准备】

引入"实验四"中的账套数据。

【实验资料】

1.货币资金表

货币资金表

编制单位：　　　　　　　　　　年　　月　　日　　　　　　　　　　单位:元

项　　目	行　　次	期初数	期末数
现金	1		
银行存款	2		
合计	3		

制表人:

说明:编制单位和年、月、日应设为关键字。

2.资产负债表

利用软件自带报表模板及当期数据,生成一张资产负债表。

注意:新会计制度科目的报表。

实验六　薪资管理

【实验目的及要求】

通过完成本次实验,要求了解工资管理子系统的作用、工作范围,掌握工资管理的相关内容,会独立完成工资管理子系统的日常业务处理、工资分摊及月末处理。

【实验内容】

第一步,第一次使用工资管理子系统时必须进行初始化设置。

第二步,使用工资管理子系统进行日常业务的处理。

第三步,对工资进行分摊。

第四步,使用工资管理子系统进行月末处理。

【实验准备】

引入"实验一"中的账套数据。

【实验资料】

1.建立工资账套

工资类别个数:多个;核算币种:人民币;要求代扣个人所得税:不进行扣零处理;人员编码长度:3 位;启用日期:2019 年 2 月。

2.基础信息设置

(1)人员类别设置

经理人员、管理人员、经营人员、开发人员。

(2)工资项目设置

项目名称	类型	长度	小数位数	增减项
基本工资	数字	8	2	增项
奖励工资	数字	8	2	增项
交补	数字	8	2	增项
应发合计	数字	10	2	增项
请假扣款	数字	8	2	减项
养老保险金	数字	8	2	减项
扣款合计	数字	10	2	减项
实发合计	数字	10	2	增项
代扣税	数字	10	2	减项
请假天数	数字	8	2	其他

（3）人员档案设置

工资类别1：正式人员。

部门选择：所有部门。

工资项目：基本工资、奖励工资、交补、应发合计、请假扣款、养老保险金、扣款合计、实发合计、代扣税、请假天数。

计算公式：

工资项目	定义公式
请假扣款	请假天数 * 20
养老保险金	（基本工资＋奖励工资）* 0.05
交补	iff（人员类别＝"经理人员"OR 人员类别＝"经营人员"，100，50）

人员档案：

人员编码	人员姓名	部门名称	人员类别	账号	中方人员	是否计税
101	张子仪	总经理办公室	经理人员	20090060001	是	是
102	邱泽阳	财务部	经理人员	20090060002	是	是
103	吴彦祖	财务部	管理人员	20090060003	是	是
104	章敏	财务部	管理人员	20090060004	是	是
201	张家辉	汉口销售分部	经理人员	20090060005	是	是
202	林若兰	武昌销售分部	经营人员	20090060006	是	是
203	孙浩	汉阳销售分部	经理人员	20090060007	是	是
204	贾敬闻	沌口销售分部	经营人员	20090060008	是	是
401	周渝民	研发室	经理人员	20090060009	是	是
403	陆毅	研发室	开发人员	20090090010	是	是

注：以上所有人员的代发银行均为工商银行中关村分理处。

工资类别2：临时人员。

部门选择：汉口销售分部、研发室。

工资项目：基本工资、奖励工资。

人员编制	人员姓名	部门名称	人员类别	账号
205	王心凌	汉口销售分部	经营人员	20090012301
404	蔡琳	研发室	开发人员	20090012302

（4）银行名称

工商银行中关村分理处；账号定长为 11。

3.工资数据

（1）2 月初人员工资情况

正式人员工资情况：

姓　名	基本工资	奖励工资
张子仪	6 000	600
邱泽阳	4 000	400
吴彦祖	3 000	300
章敏	2 500	200
张家辉	3 000	300
林若兰	2 000	200
孙浩	5 500	550
贾敬闻	2 000	200
周渝民	5 500	550
陆毅	4 500	450

临时人员工资情况：

姓　名	基本工资	奖励工资
王心凌	3 000	300
蔡琳	4 000	400

（2）2 月份工资变动情况

考勤情况：贾敬闻请假 2 天；张家辉请假 1 天。

因需要，决定招聘李丽珍（编号 405）到研发室担任开发人员，以补充技术力量，其基本工资 3 000 元，无奖励工资，代发工资银行账号 20090090011。

因去年汉口销售分部推广产品业绩较好，每人增加奖励工资 300 元。

4.代扣个人所得税

计税基数 2 000 元。

5.工资分摊

应付工资总额等于工资项目"等级工资+奖励工资"，应付福利费、工会经费、职工教育经费、养老保险金也以此为计提基数。

工资费用分配的转账分录：

部门 工资分摊		工资总额		应付福利费(16%)		工会经费(2%) 职工教育经费(1.5%) 养老保险金(15%)	
		科目编码		科目编码		科目编码	
		借方	贷方	借方	贷方	借方	贷方
总经理办公室	经理人员	550 201	2 151	550 202	2 153		
财务部	经理人员	550 201	2 151	550 202	2 153		
	管理人员	550 201	2 151	550 202	2 153		
汉口销售分部	经理人员	5 501	2 151	5 501	2 153		
武昌销售分部	经营人员	5 501	2 151	5 501	2 153	550 207	2 181
汉阳销售分部	经理人员	5 501	2 151	5 501	2 153		
沌口销售分部	经营人员	5 501	2 151	5 501	2 153		
研发室	经理人员	410 501	2 151	410 501	2 153		
	开发人员	410 102	2 151	410 102	2 153		

6.工资制单

7.月末处理

实验七　固定资产管理

【实验目的及要求】

通过完成本次实验,要求了解日常固定资产的管理工作有哪些,学会如何运用软件系统帮助完成对固定资产的增减变动的处理、定期的计提折旧及生成相应的凭证向总账子系统传递。

【实验内容】

第一步,进行固定资产管理子系统初始化设置。

第二步,运用固定资产管理子系统进行日常业务的处理。

第三步,月末进行对账及结账处理。

【实验准备】

引入"实验一"中的账套数据。

【实验资料】

1.初始设置

(1)控制参数

控制参数	参数设置
约定与说明	我同意
启用月份	2019.02
折旧信息	本账套计提折旧 折旧方法:平均年限法 折旧汇总分配周期:1个月 当(月初已计提月份=可使用月份-1)时,将剩余折旧全部提足
编码方式	资产类别编码方式:2112 固定资产编码方式: 　　按"类别编码+部门编码+序号"自动编码 　　卡片序号长度为3
财务接口	与企业应用平台进行对账 对账科目: 　　固定资产对账科目:1601固定资产 　　累计折旧对账科目:1602累计折旧
补充参数	业务发生后立即制单 月末结账前一定要完成制单登账业务 固定资产默认入账科目:1601,累计折旧默认入账科目:1602

(2)资产类别

编码	类别名称	净残值率	单位	计提属性
01	交通运输设备	6%		正常计提
011	经营用设备	6%		正常计提
012	非经营用设备	6%		正常计提
02	电子设备及其他通信设备	6%		正常计提
021	经营用设备	6%	台	正常计提
022	非经营用设备	6%	台	正常计提

（3）部门及对应折旧科目

部门	对应折旧科目
综合管理部	管理费用/折旧费
销售部	营业费用
采购部	管理费用/折旧费
生产部	制造费用/折旧费

（4）增减方式的对应入账科目

增减方式目录	对应入账科目
增加方式	
直接购入	100201,工行存款
减少方式	
毁损	1606,固定资产清理

（5）原始卡片

固定资产名称	类别编号	所在部门	增加方式	可使用年限	开始使用日期	原值/元	累计折旧/元	对应折旧科目名称
轿车	012	总经理办公室	直接购入	6	2014.1.1	215 470	37 254.75	管理费用/折旧费
索尼摄像机	022	总经理办公室	直接购入	5	2014.1.1	28 900	5 548.80	管理费用/折旧费
打印机	022	总经理办公室	直接购入	5	2014.1.1	3 510	1 825.20	管理费用/折旧费
液晶多媒体	021	研发室	直接购入	5	2014.1.1	6 490	1 246.08	制造费用/折旧费
液晶多媒体	021	研发室	直接购入	5	2014.1.1	6 490	1 246.08	制造费用/折旧费
合计						260 860	47 120.91	

注:净残值率均为 6%,使用状况均为"在用",折旧方法均采用平均年限法(一)。

2.日常处理

2 月份固定资产管理发生业务如下:

①2 月 12 日,研发室部购买笔记本电脑一台,价值 9 500 元,净残值率 6%,预计使用年限为 6 年。

②2 月 16 日,总经理办公室的轿车添置新配件 8 000 元。

③2 月 16 日,计提本月折旧费用。

④月末结账。

3 月份固定资产管理发生业务如下:

⑤3 月 23 日,总经理办公室的打印机移交采购部。

⑥3 月 31 日,计提本月折旧费用。

⑦3 月 28 日,研发室部毁损液晶多媒体一台。

⑧月末结账。

3.凭证生成

4.月末结账

实验八　应收款管理

【实验目的及要求】

通过完成本次实验,要求了解应收账款在什么情况下会产生,如果在总账子系统中进行核算会和在专门的应收款管理子系统中进行核算有什么区别,掌握当有应收账款业务发生时,应采取的处理方法,进一步加强对款项的核算和管理。

【实验内容】

第一步,第一次使用应收账款管理子系统时必须进行初始化设置。

第二步,进行相关日常处理,练习包括形成应收、收款结算、转账处理、坏账处理、制单、查询统计等的操作。

第三步,月末结账。

【实验准备】

引入"实验一"中的账套数据。

【实验资料】

1.初始设置

(1)控制参数

启用日期:2019 年 2 月

控制参数	参数设置
应收款核销方式	按余额
控制科目依据	按客户
产品销售科目依据	按存货
预收款核销方式	按余额
制单方式	明细到单据
汇兑损益方式	月末处理
坏账处理方式	应收余额百分比
现金折扣是否显示	√
录入发票显示提示信息	√

（2）设置科目

科目类别	设置方式
基本科目设置	应收科目（本币）：1122 预收科目（本币）：2205 应交增值税科目：22210102 主营收入科目：6001
控制科目设置	所有客户的控制科目： 应收科目：1122 预收科目：2205
结算方式科目设置	结算方式：现金支票；币种：人民币；科目：100201 结算方式：转账支票；币种：人民币；科目：100201

（3）坏账准备设置

控制参数	参数设置
提取比例	0.5%
坏账准备期初余额	123
坏账准备科目	1141
对方科目	550207

（4）账龄区间

序 号	起止天数	总天数
01	0~30	30
02	31~60	60
03	61~90	90
04	91~120	120
05	121 以上	

（5）期初余额

会计科目：1122 应收账款　　　　　余额：借 189 120 元

普通发票：

开票日期	发票号	客户	销售部门	科目	货物名称	数量	含税单价	价税合计
2019-1-25	F001	东职学院	沌口销售分部	1122	金算盘	1 992	50	99 650

增值税发票：

开票日期	发票号	客户	销售部门	科目	货物名称	数量	含税单价	税率	价税合计
2019-1-10	F002	四海公司	武昌销售分部	1122	清华紫光显示器	20	4 206	17%	84 120

其他应收单：

单据日期	科目编号	客户	销售部门	金额	摘要
2019-1-10	1122	四海公司	武昌销售分部	5 350	代垫运费

2.2 月份发生经济业务

①2 月 2 日，汉阳销售分部售给东职学院购销存管理子系统一套，售价 60 000 元，开出普通发票，发票号：F003，货已发出。

②2 月 4 日，武昌销售分部出售上海天全咨询公司清华紫光显示器 30 台，单价 2 500 元，开出增值税发票，发票号：F005。货已发出，同时代垫运费 2 000 元。

③2 月 5 日，收到东职学院交来转账支票一张，金额 25 000 元，发票号 ZZ001，用以归还前欠货款。

④2 月 7 日，收到四海公司交来转账支票一张，金额 90 000 元，发票号 ZZ002，用以归还前欠货款及代垫运费，剩余款转为预收账款。

⑤2 月 9 日，东职学院交来转账支票一张，金额 10 000 元，发票号 ZZ003，作为预购清华紫光显示器的定金。

⑥2 月 10 日，将天全咨询购买清华紫光显示器的应收款 25 500 元转给四海公司。

⑦2 月 11 日,用东职学院交来的 10 000 元订金冲抵其期初应收款项。

⑧2 月 17 日,确认本月 2 日为天全咨询代垫运费 2 000 元作为坏账处理。

⑨2 月 31 日,计提坏账准备。

3.生成凭证

4.月末结账

实验九　购销存管理初始设置

【实验目的及要求】

通过完成本次实验,要求掌握会计信息系统中购销存子系统初始化设置的相关内容,了解其业务处理流程,掌握购销存子系统基础信息设置、期初余额录入的操作方法。

【实验内容】

第一步,设置购销存管理子系统账套参数。

第二步,设置购销存管理子系统基础信息。

第三步,录入期初资料。

第四步,进行单据设计。

【实验准备】

引入"实验一"中的账套数据。

【实验资料】

1.基础信息

(1)存货分类

存货类别编码	存货类别名称
1	生产用原材料
2	产成品
201	打印纸
20101	普通纸
20102	专用纸
3	其他
301	配套电线

续表

存货类别编码	存货类别名称
30101	配套光盘
302	配套硬件
30201	计算机
30202	打印机
303	配套软件
30301	会计电算化软件
30302	财务软件
9	应税劳务

（2）存货档案

存货编码	存货名称	规格型号	计量单位	所属分类	税率	存货属性	批次管理	计划价/售价	参考成本	参考售价	启用日期
1001	原纸	铜版纸	吨	1	17	销售、外购、生产耗用		5 000		5 700	2019-1-1
2009	打印纸-B5	A4	箱	20101	17	自制、销售	有		120	150	2019-1-1
2002	打印纸-A4	8X	箱	20102	17	自制、销售	有		160	210	2019-1-1
3001	商务之旅		张	30101	17	外购、销售			80	98	2019-1-1
3002	金算盘		张	30101	17	外购、销售			38	50	2019-1-1
3003	清华紫光金禧	PIII/500	套	30201	17	外购、销售			9 699	9 999	2019-1-1
3004	清华紫光美丽珑	PIII/500	台	30201	17	外购、销售			8 599	8 999	2019-1-1
3005	清华紫光显示器	17英寸	台	30201	17	外购、销售			2 200	2 500	2019-1-1
3006	购销存管理子系统	G版	套	30302	17	外购、销售			172 009	180 000	2019-1-1
3007	清华紫光美丽珑套装	PIII/500	套	30201	17	外购、销售			10 799	11 499	2019-1-1
9001	运输费		元	9	10	外购、销售、劳务费用				0	2019-1-1

注意：

● 参考售价不含税。

（3）仓库档案

仓库编码	仓库名称	所属部门	负责人	计价方式
1	材料库	采购部	李小路	计划价法
2	产品库	汉口销售分部	张家辉	先进先出法
3	硬件库	武昌销售分部	林若兰	全月平均法
4	软件库	汉阳销售分部	孙浩	移动平均法
5	辅料库	沌口销售分部	贾敬闻	后进先出法

（4）收发类别

收发类别编码	收发类别名称	收发标志	收发类别编码	收发类别名称	收发标志
1	入库分类	收	2	出库分类	发
101	采购入库	收	201	材料领用	发
102	退料入库	收	202	采购退货	发
103	组装入库	收	203	销售出库	发
104	产成品入库	收	204	调拨出库	发
105	调拨入库	收	205	其他出库	发
106	其他入库	收	206	组装出库	发
107	暂估入库	收	207	盘亏出库	发
108	盘盈入库	收	208	出库调整	发
109	入库调整	收			

（5）采购类型

采购类型编码	采购类型名称	入库类别	是否默认值
1	生产用材料采购	采购入库	是
2	其他材料采购	采购入库	否

（6）销售类型

销售类型编码	销售类型名称	出库类别	是否默认值
1	批发	销售出库	否
2	零售	销售出库	是
3	代销	销售出库	否

（7）产品结构

父项编码	父项名称	生产部门	子项编码	子项名称	规格型号	单位	定额数量	存放仓库
3007	清华紫光美丽珑套装	402制造车间	3004	清华紫光美丽珑	PIII/550	台	1	硬件库
			3005	清华紫光显示器	17英寸	台	1	硬件库

（8）费用项目

费用项目编号	费用项目名称	备　注
01	销售招待费	
02	广告宣传费	
03	运输费	
04	包装费	
05	保险费	

（9）发运方式

发运方式编码	发运方式名称
01	公路
02	航空

2.账套参数

按标准顺序启用各系统。

（1）启动采购管理系统

公共参数：存货无辅助计量单位；允许零出库；无成套件管理；远程应用；存货、客户、供货商均分类。

业务范围：有外币业务，启用月份为1月。

采购管理系统的初始设置完成后，退出采购管理系统。

（2）启动销售管理系统

公共参数：同采购管理。

业务范围：有外币业务；有委托代销业务；有销售调拨业务；是先发货后开票；控制超现存量发货；销售报价不含税；销售计划金额不含税；无信用额度控制；无最低售价控制。

销售管理系统初始设置完成后，退出销售管理系统。

（3）启动库存管理系统

公共参数：同采购管理。

业务范围:有批次管理;无保质期管理;有组装拆卸业务;无形态转换业务;有最高最低库存报警。

库存管理系统初始设置完成后,退出库存管理系统。

(4)启动存货核算系统

公共参数:同采购管理。

业务范围:核算方式为按仓库核算;暂估处理方式为月初回冲;零出库成本选择参考成本;资金占用规划为按仓库。

存货科目设置:

仓库	存货资料	差异分析
材料库	生产用原材料(140301)	材料成本差异(1404)
产品库	库存商品(1406)	
硬件库	其他原材料(140302)	
软件库	其他原材料(140302)	
辅料库	其他原材料(140302)	

对方科目设置:

收发类别	存货分类	对方科目
采购入库	生产用原材料	生产用物质采购(140101)
采购入库		其他物质采购(140102)
组装入库		其他原材料(140302)
产成品入库		生产成本/直接材料(500101)
盘盈入库		待处理流动资产损溢(190101)
材料领用		生产成本/直接材料(500101)
销售出库		主营业务成本(6401)
组装出库		其他原材料(140302)
盘亏出库		待处理流动资产损溢(190101)

存货核算系统的初始设置完成后,退出存货核算系统。

(5)启动应收款系统

应收款核销方式:按单据;坏账处理方式"应收余额百分比";其他参数为系统默认。

科目设置:应收科目"1122",预收科目"2205",主营收入科目"6001",应交增值税科目"22210105",其他可暂时不设。

结算方式科目设置:现金结算对应1001,转账支票对应100201,现金支票对应100201。

坏账准备设置:提取比例"0.5%",期初余额"123",科目"1241",对方科目"660207"。

账龄区间设置:

序　号	起止天数	总天数
01	0～30	30
02	31～60	60
03	61～90	90
04	91～120	120
05	121 以上	

报警级别设置:

序　号	起止比例	总比例	级别名称
01	0 以上	10	A
02	10%～30%	30	B
03	30%～50%	50	C
04	50%～100%	100	D
05	100%		E

应收款系统初始设置完成后,退出应收系统。

（6）启动应付款系统

应付款核销方式:按单据,其他参数为系统默认。

科目设置:应付科目"2202",预付科目"1123",采购科目"140101",采购税金科目"22210101",其他可暂不设置。

结算方式科目设置:现金结算对应 1001,转账支票对应 100201,现金支票对应科目 100201。

账龄区间和报警级别参照应收系统。

应付款系统初始设置完成后,退出应付款系统。

3.期初数据

（1）采购管理系统期初数据

1 月 24 日,采购部,收到武汉清华紫光分公司提供的"清华紫光金禧"电脑,共计 20 套,暂估价为 9 659 元,商品已验收入硬件库,2 月 1 日仍未收到发票。

1 月 28 日,采购部,收到武汉大学多媒体教学研究中心开具的普通发票一张,发票号为 A00113,商品为"金算盘"多媒体教学光盘,数量 100 张,单价 39 元,由于天气变化影响运输,光盘 2 月 1 日还未到达。

1 月 30 日,采购部,收到湖北三环商务印刷公司提供的铜版纸原纸,共计 20 吨,暂估价为 5 050 元,商品已验收入材料库,2 月 1 日仍未收到发票。

1 月 30 日,采购部,收到天津万达有限公司开具的专用发票一张,发票号为

A208616,商品为 G 版购销存管理子系统,数量 2 套,单价 172 009 元,税率 17%,由于运输问题,光盘 2 月 1 日还未到达。

（2）销售系统期初数据

1 月 30 日,汉口销售分部,从产品库发出"打印纸-B5",共计 100 箱,每箱售价 130元,委托武汉东湖职业技术学院代为销售,批号 5768,货已发出至 2 月 1 日还未结算。

1 月 30 日,汉口销售分部,从产品库发出"凭证套打纸-8X",共计 50 箱,每箱售价180 元,委托深圳四海公司代为销售,批号 5903,货已发出至 2 月 1 日还未结算。

（3）库存和存货系统期初数据

1 月 30 日,对各个仓库进行了盘点,结果如下:

仓库名称	存货编码	存货名称	批次	数量	单价
材料库	1001	原纸		30	5 000.00
产品库	2009	打印纸-B5	（2009.801）5768	2 520	120.00
	2002	凭证套打纸-8X	（2009.8.10）5903	1 510	160.00
硬件库	3003	清华紫光金禧		25	9 699.00
	3004	清华紫光美丽珑		67	8 599.00
	3005	清华紫光显示器		58	2 200.00
软件库	3006	购销存管理子系统		5	172 009.00
辅料库	3001	商务之旅		1 000	80.00
	3002	金算盘		1 000	38.00
材料库	1001	原纸	期初材料成本差异:1 000.00		

实验十　采购管理

【实验目的及要求】

通过完成本次实验,要求了解采购管理工作的重要性,掌握企业日常采购业务处理的方法,归纳企业可能遇到的采购业务类型,并注意将采购管理子系统与应付账款管理子系统结合起来思考。

【实验内容】

第一步,处理采购订单。

第二步,处理不同类型的采购入库业务。

第三步,处理采购退货业务。

第四步,处理现结业务。

第五步,进行月末结账。

【实验准备】

引入"实验一"中的账套数据。

【实验要求】

对每一笔采购业务,都严格按照该类型业务操作流程进行操作,基本顺序如下:

①以"学生"的身份、业务日期进入采购管理系统,对该笔采购业务进行处理。

②以"学生"的身份、业务日期进入库存管理系统,对该笔采购业务所生成的入库单进行审核。

③以"学生"的身份、业务日期进入存货核算系统,对该笔采购业务所生成的入库单进行记账,对上月收到的货物当月进行采购结算的入库单进行暂估处理,并生成入库凭证。

④以"学生"的身份、业务日期进入应付款管理系统,对销售发票进行制单,对涉及付款的业务进行付款处理,并生成凭证。

【实验资料】

2019 年 2 月份采购业务如下:

①2 月 5 日,向武汉清华紫光分公司订货一批,货物为清华紫光金禧电脑,数量为 50 套,单价为 9 659 元,预计到货日期为本月 8 日。

②2 月 6 日,收到武汉清华紫光分公司提供的清华紫光美丽珑电脑,数量为 20 台,商品已验收入硬件库,未收到发票。

③2 月 8 日,收到武汉清华紫光分公司提供的清华紫光 17 英寸显示器,共计 30 台,商品已验收入硬件库,并收到专用发票一张,发票号 AS8751,单价 2 200 元,总金额77 220元,已用转账支票支付,支票号 2356,银行账号 8316587962。

④2 月 8 日,收到向武汉清华紫光分公司所订的清华紫光金禧电脑,入库数量 50 套,单价 9 659 元,已验收入硬件库。同时,收到专用发票一张,发票号 AS5581,款未付(注:可立即进行采购结算)。

⑤2 月 10 日,收到湖北三环商务印刷公司提供的上月已验收入库的 20 吨铜版纸的专用采购发票,发票号 48210,发票单价 5 060 元;同时收到运输发票一张,发票号 8201,金额 5 000 元,税率为 7%,货款均未付(注:运费需分摊至采购成本中)。

⑥2 月 10 日,收到武汉大学多媒体教学研究中心提供的 100 张"金算盘"光盘,验收入辅料库,发票上月已到。

⑦2 月 15 日,收到天津万达公司 G 版进销存系统 2 套,发票上月已到,验收入软件库。

⑧2 月 18 日,向武汉大学多媒体教学研究中心订货一批,货物为"商务之旅"多媒体

教学光盘,数量 100 张,单价为 80 元,预计到货日期 2 月 23 日。

⑨2 月 23 日,收到向武汉大学多媒体教学研究中心订的"商务之旅"光盘,入库数量 100 张,已验收入辅料库。同时,收到专用发票一张,发票号 AS8806,单价 80 元。立即用转账支票付款,支票号 1803,银行账号 8316587962。

⑩2 月 30 日,将 23 日收到的武汉大学多媒体教学研究中心提供的"商务之旅"光盘 20 张退货,单价 80 元,红字发票号 H2521,结算金额 1 872 元。

实验十一　销售管理

【实验目的及要求】

通过完成本次实验,要求了解销售管理工作的重要性,掌握企业日常销售业务处理的方法,归纳企业可能遇到的销售业务类型,并注意将销售管理子系统与应收账款管理子系统结合起来思考。

【实验内容】

第一步,处理销售订单。

第二步,处理不同类型的销售业务。

第三步,进行月末处理。

【实验准备】

引入"实验一"中的账套数据。

【实验要求】

对每一笔销售业务,都严格按照该类型业务操作流程进行操作,基本顺序如下:

①以"学生"的身份、业务日期进入销售管理系统,对该笔销售业务进行处理。

②以"学生"的身份、业务日期进入库存管理系统,对该笔销售业务所生成的出库单进行审核。

③以"学生"的身份、业务日期进入存货核算系统,对该笔销售业务所生成的出库单进行记账,并生成凭证。

④以"学生"的身份、业务日期进入应收款管理系统,对该笔销售业务所生成的发票进行制单,对有结算要求的业务进行结算,并生成凭证。

【实验资料】

2019 年 2 月发生销售日常业务如下:

①2 月 10 日,沌口销售分部,向武汉东湖职业技术学院出售"商务之旅"光盘,共计

1 000张,单位售价为98元,由辅料库发货,给予9折的折扣。同时开具销售普通发票一张,发票号48701,款未收。

②2月12日,汉口销售分部,向南京喜洋洋装饰公司出售凭证打套纸-8X,共计100箱(批次5902),按参考售价出售,由产品库发货。同时开具销售专用发票一张,发票号48702。收到24 570元的转账支票一张,发票号25792,做现结处理。

③2月15日,汉口销售分部,收到武汉东湖职业技术学院委托代销结算单一张,结算普通打印纸,共计100箱(批次5768),结算单价为130元,立即开具销售普通发票给武汉东湖职业技术学院,发票号48705,款未收。

④2月18日,武昌销售分部,收到南京喜洋洋装饰公司订单一张,订购清华紫光美丽珑套装,共计50套,订购单价11 499元,预计本月28日发货。

⑤2月18日,武昌销售分部,从硬件库发出清华紫光金禧电脑,共计50套,售价为9 959元,委托上海天全咨询代为销售,货已发还未结算。

⑥2月21日,汉口销售分部,收到深圳四海公司的委托代销结算单一张,结算凭证套打纸,计30箱(批次5903),单价210元,售价6 300元。立即开具销售专用发票给深圳四海公司,发票号68705,款未收。

⑦1月28日,武昌销售分部,从硬件库发出清华紫光美丽珑套装,共计50套,售价11 499元,代垫运费3 000元,立即开出专用发票给南京喜洋洋装饰公司,发票号76504,款未收。

⑧2月28日,汉阳销售分部,从软件库发出G版购销存管理子系统1套,按参考售价出售,并立即开出销售专用发票给南京喜洋洋装饰公司,发票号85231,给予9折的折扣,收到转账支票一张,支票号2150,做收款处理。

⑨2月28日,武昌销售分部,喜洋洋装饰公司退回清华紫光美丽珑套装1套,无税单价11 499元,入硬件库。

⑩2月28日,武昌销售分部,从硬件库发出清华紫光显示器,共计20台,按参考售价出售,委托上海天全咨询代为销售,货已发出还未结算,在销售过程中发生销售费用500元。

实验十二　库存管理

【实验目的及要求】

通过完成本次实验,要求了解库存管理工作的重要性,掌握企业日常入库、出库及其他业务的处理方法,理解库存管理子系统与其他子系统之间的数据传递关系。

【实验内容】

第一步,处理入库、出库业务;

第二步,处理其他业务;

第三步,月末结账。

【实验准备】

引入"实验一"中的账套数据。

【实验要求】

操作顺序如下:

①以"学生"的身份、业务日期进入库存管理系统,填制各种出入库单据并进行审核。

②以"学生"的身份、业务日期进入存货核算管理系统,对各种入库单进行记账,生成出入库凭证。

【实验资料】

2019 年 2 月份库存业务如下:

①2 月 3 日,生产部,从材料库领用 20 吨铜版纸用于生产打印纸-B5。

②2 月 5 日,汉口销售分部,从生产部调拨打印纸-B5(批号 5768)和凭证套打纸-8X(批号 5902)各 500 箱。

③2 月 9 日,武昌销售分部,收到赠品——清华紫光 17 英寸显示器一台,单价 2 200 元。

④2 月 10 日,武昌销售分部,收到武汉清华紫光分公司提供的清华紫光金禧电脑,共计 20 台,暂估价为 9 699 元,已验收入硬件库。

⑤2 月 12 日,收到制造车间打印纸-B5(批次 6001),共计 100 箱,验收入产品库。

⑥2 月 15 日,汉口销售分部,领取样品打印纸-B5(批次 6001)和凭证套打纸-8X(批号 5903)各 1 箱。

⑦2 月 20 日,武昌销售分部,向深圳四海公司销售清华紫光 17 英寸显示器一台,单价 2 500 元。

⑧2 月 24 日,武昌销售分部,组装了 51 套清华紫光美丽珑套装。

⑨2 月 28 日,辅料库进行盘点,"商务之旅"光盘实际库存 998 张,"金算盘"光盘实际库存 1 100 张。

实验十三　存货核算

【实验目的及要求】

通过完成本次实验,要求了解存货管理工作的重要性,掌握企业日常存货核算业务处理的方法,注意将存货管理子系统与库存管理子系统结合起来思考,注意两者的区别与联系。

【实验内容】

第一步,进行单据处理。
第二步,进行暂估业务处理。
第三步,生成相应凭证。
第四步,进行月末处理工作。

【实验准备】

引入"实验一"中的账套数据。

【实验要求】

以"学生"的身份、业务日期进入存货管理系统进行操作。

【实验资料】

2019 年 2 月存货业务如下:

①2 月 8 日,收到武汉清华紫光分公司提供的 17 英寸显示器 30 台,商品已验收入硬件库,并收到专用发票一张,发票号 AS8751,单价 2 200 元,总金额 77 220 元,已用转账支票支付,支票号 2356,银行账号 8316587962(见采购业务 3)。

②2 月 10 日,沌口销售分部,向武汉东湖职业技术学院出售"商务之旅"光盘 1 000 张,单位售价为 98 元,由辅料库发货,给予 9 折的折扣。同时开具销售普通发票一张,发票号 48701,款未收(见销售业务 1)。

③2 月 20 日,将 1 月 8 日发生的采购清华紫光显示器的入库成本增加 1 000 元 。

④2 月 28 日,调整 1 月 10 日出售给武汉东湖职业技术学院的"商务之旅"光盘的出库成本 500 元。

本章小结

本章简要介绍了供应链管理系统的应用。采购管理根据企业应用的实际需求,对请购单、采购订单、采购到货、采购入库、采购发票、采购结算进行全程管理,为采购部门和财务部门提供准确及时的信息,并辅助管理决策,从而保证供应、节约采购成本、缩短采购周期、避免采购风险。销售管理以销售计划为先导,提供了包括报价、订货、发货、开票的完整销售流程,支持普通销售、委托代销、分期收款、直运、零售、销售调拨 6 种类型的销售业务,对销售价格和信用进行实时监控,支持其他销售辅助业务的处理,在完备的业务处理基础上提供了丰富、灵活、多维度的销售统计报表和分析,为管理决策提供依据。库存管理系统是供应链的核心模块,库存既是企业满足生产、销售需要的缓冲,也是企业持有成本的主体。有效的配置库存结构,管理库存价值,以有效地信息代替库存,降低企业库存已经是企业竞争力提升的基础。库存管理系统包括库存业务处理(入库、出库、调拨、盘点、货位管理、其他特殊业务)、库存状态控制、库存分析3个方面,能够有效地跟踪库存的出入库情况,分析库存的异常状态,针对库存的短缺、超储、安全库存提供了预警机制,提供鲜活的动态库存信息,为企业各个部门进行决策提供依据。存货核算主要针对企业存货的收发存业务进行核算,掌握存货的耗用情况,及时准确地把各类存货成本归集到各成本项目和成本对象上,为企业的成本核算提供信息,并且动态反映存货资金的增减变动情况,提供存货资金周转和占用的分析,在保证生产经营的前提下,降低库存量,减少资金积压,加速资金周转,具有及时性、可靠性和准确性。

思考与练习

1.在采购与销售管理子系统中,要输入哪些业务单据?

2.采购与销售管理子系统如何自动生成会计凭证?

3.完成库存和存货核算应该经过哪几个环节?

4.在库存和存货核算子系统中,要输入哪些业务单据?

5.库存和存货核算子系统可以处理哪些特殊业务? 对每项特殊业务又是如何处理的?

参考文献

［1］全国会计从业资格考试辅导教材编写组.会计电算化［M］.北京:经济科学出版社,2016.

［2］徐晓鹏.会计信息系统［M］.北京:清华大学出版社,2014.

［3］付得一.会计信息系统［M］.2 版.北京:清华大学出版社,2002.

［4］孙万军.财务软件应用技术［M］.北京:清华大学出版社,2005.

［5］王新玲,王刚.会计信息系统实验教程［M］.北京:清华大学出版社,2002.

［6］李玉清,方成民.物流管理信息系统［M］.北京:中国财政经济出版社,2007.

［7］于文元.会计电算化［M］.大连:东北财经大学出版社,1997.

［8］吴扬俊.会计信息系统教程［M］.2 版.北京:电子工业出版社,2005.

［9］张耀武.会计信息系统［M］.武汉:武汉大学出版社,2003.

［10］李景峰.会计信息系统教程［M］.上海:上海财经大学出版社,2012.

［11］王新玲,陈利霞,汪刚.会计信息系统实验教程［M］.2 版.北京:清华大学出版社,2010.